살아 있는 화석으로 꼽히는 수송水松 마을의 풍수를 보호하기 위해 빼놓을 수 없는 지점에서 자라고 있다(복건성福建省 병남현屏南県 상루촌上楼村)

천하의 3대간 大幹

운남성의 최고봉인 매리설산梅里雪山의 새벽녘 용맥 남간의 명봉의 하나이다

수미산須彌山에서 발원한 기기의 분류奔流는 중국에 이르러 세 개의 용맥으로 되어, 천하의 구석구석까지 활력을 불어넣는다. 오른쪽 면의 명대明代 풍수서 개념도 概念図를 왼쪽 면의 지세도地勢図와 비교해 본다. 명대에 황하黃河는 산동반도山東半島의 남쪽을 돌고 있었으므로 오악五岳의 하나인 태산泰山이 섬처럼 그려져 있다. 조선도 섬, 일본과 류큐琉球가 같은 크기의 작은 섬으로 되어 있다.

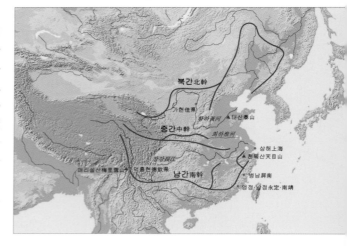

장강長江 상류·금사강金沙江 대만곡

협서성 백운산에서 바라본 황하黃河

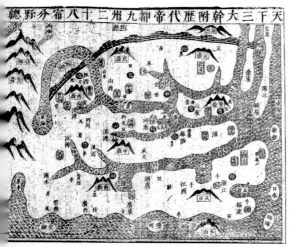

맥룡맥龍脈 3대간도大幹図, 『현관玄関』(도쿄대 소장)

개념도에는 황하黃河·회하淮河·장강長江 등의 큰 강, 항산恒山·태산泰山 등의 오악五岳, 그리고 천목산天目山 등의 이름이 용맥의 결절점으로 기록되어 있다. 이것이 풍수적인 세계관이다.

실제 지세도와 대응시키면, 남간南幹은 티베트 고원에서 운남성雲南省 서북부의 고산으로 전해져 귀주貴州의 고원을 거쳐, 복건성福建省과 강서성江西省의 경계인 무이산武夷山으로 흘러, 천목산에서 장강 하류 유역의 평야로 내려간다. 지금 번영하고 있는 상해上海에도 시가지 서남쪽에서 남간의 지류가 와서, 황포강黃浦江과 소주하蘇州河로 부딪쳐 기気를 머물게 한다.

태산泰山

번영한 상해上海

천목산 가는 길

천목산天目山 입구(절강성)

아침 안개 속 산기슭

중복中腹의 오리정五里亭 큰 나무는 일본 삼나무와 같은 야나기스기柳杉(*Cryptomeria fortune*

산속의 개산노전開山老殿(표고 1050m) 일박 후 이튿날 아침에 구름이 걷히다

매를 안고 있는 소년

매미 잡기

팔각연八角蓮(*Dysosma pleiantha*)

주의한 불로 타버린 큰 소원나무大樹訴冤

폭포 앞의 외잎쑥

산수화로 보는 기의 흐름

기공気功에 정통한 지인의 말이다. 중국 화가가 그린 산수화 앞에 서면 그림에서 이쪽을 향해 기류가 흘러오는 것이 느껴지나, 일본인이 그린 그림에서는 기가 느껴지지 않는단다. 풍수서를 한번 읽고 나서 산수화를 보면, 중국은 풍수의 원칙에 따르고 있음을 알 수 있다. 일본인은 필법 등을 중국에서 배웠지만, 그림의 정신이라고 할 수 있는 풍수의 감각은 끝내 몸에 배지 않았다.

목성木星형의 산의 모습

명당

물의 흐름 → 기의 흐름 →

남영藍瑛, 「추학고은도秋壑高隱図」(상해박물관 소장)

수송을 보호한 마을(복건성 병남현)

송(상루촌)

상루촌의 호리박 언덕

산에서 돌아오는 길

수구水口를 지키다

복건성의 산촌을 방문하면 마을을 관통하는 하천이 마을 밖으로 빠져나가는 곳 옆에 꼭 큰 나무가 그늘을 드리운 사당이 있다. 또 복건 북부에는 지붕 있는 다리 곽옥교廊屋橋가 있는데, 모두 좋은 기운이 마을에 머물도록 하는 풍수상의 배려이다.

동악전 신상(충의촌)

풍조우순風調雨順 천기天気의 태평을 빈다(충의촌)

의(상루촌)

구교水口橋 풍수의 요지로서 나무숲이 보호되고 있다(충의촌)

풍수와 토루土樓(복건성 영정현永定県)

복건성 남부에서 광동성広東省 동북부의 산지에는 커자客家족의
토루가 흩어져 있다. 북방에서 이주해 왔다는 전통을 자랑하는
커자족의 생명력이 구체화된 것이 토루이다. 풍수에 따라 지어져
입체적인 촌락을 형성하고 있다. 승계루承啓楼는 명말明末에 건
설이 시작되어 1709년에 완성되었는데, 풍격도 갖추었다.

승계루承啓楼 문은 3군데 있다

계루 내부 1층은 주방과 식당, 2층은 농작물 창고, 3~4층은 거실

승계루의 한 방

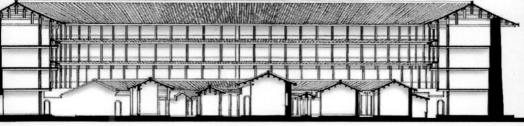

승계루 단면도

진성루振成楼

진성루는 담배 사업으로 성공한 임씨 일족이 민국시대에 세웠다. 그리 오래되진 않았으나 풍부한 재력에 힘입어 견고하고 장려한 토루가 되었다.

흙의 판축법版築法으로 찧어 다 져진 회갈색의 외관은 근엄하지 만, 한 걸음 안으로 들어가면 암 갈색의 4층 목조로 되어 있어 방 문객을 편안케 해 준다.

진성루의 중심부 무대가 설치되어 있다

최상층 창문에서

에 안긴 토루군土楼群

군꼴 토루의 내부

자기 집에서 술 빚기

군꼴 토루 배산임수로 풍수의 적지

자연보호구역이 된 풍수림_(복건성 남정현南靖県)

황씨黃氏의 조상을 제사하는 사당

복건성 남부에 있는 아열대림은 중국에서 가장 작은 자연보호구역이다(27헥타르). 삼면이 산으로 둘러싸이고 동남쪽은 트여 있어 바다에서 따뜻한 바람을 받아 희귀 식물이 우거져 있다. 명나라 홍무 2년(1369)에 이 땅으로 이주해 온 황씨가 풍수림으로 보전해 온 나무숲이다.

사당에 안치된 조상의 위패

지금도 나무숲을 보호하는 황씨의 후손

板根이 발달한 홍고紅栲(*Castanopsis hystrix*)

등나무가 얽힌 아열대의 큰 나무

라刺杪欏(*Alsophila spinulosa*)

풍수 · 신기神気가 살아 숨쉬는 류큐琉球

후쿠기フクギ 보호림

오키나와沖縄에서는 자연 자체에서 신을 느끼는 일본 고유의 감각이, 신도神道가 권력과 결합된 일본 본토보다 순수하게 살아 숨쉬고 있다. 또 오키나와에서는 풍수가 생활에 활용되고 있다. 기를 머무르게 하는 진초록 숲으로 집을 둘러싸인다. 풍수 사상은 류큐 왕국 시대에 복건에서 비롯되었다.

기원소[御願所

복주福州의 류큐인 묘
류큐에서 중국으로 건너
그곳에서 죽은 사람은
중히 매장되어 있다.

풍수 환경학

기가 흐르는 땅
풍수 환경학

우에다 마코토上田信 지음
최재목 감수, 조용미 옮김

21세기문화원

일러두기

이 책은 2007년 도쿄 (社)農山漁村文化協会에서 발행된 上田信의 『気の流れる大地—風水という名の環境学(기가 흐르는 대지—풍수라는 이름의 환경학)』을 저본으로 하여 번역한 것이다.

차 례

'풍수'라는 '환경학'을 생각하다

— 우에다 마코토의 『기가 흐르는 대지: 풍수라는 이름의 환경학』
한국판 번역에 부쳐

최 재 목(영남대 철학과 교수)

0. 들어가는 말

이 글은 우에다 마코토上田信의 『気の流れる大地: 風水という名
の環境学』(『기가 흐르는 대지: 풍수라는 이름의 환경학』)의 번역서 『기가
흐르는 땅: 풍수 환경학』(조용미 역, 21세기문화원. 이하 『풍수 환경학』) 간
행에 즈음하여, 저자의 '풍수' 논의를 정리하면서 해설자의 인문적
관심을 '대지-지구의 인문학' 차원에서 전망해 보고자 한다.

저자 우에다의 『풍수 환경학』은 중국 풍수의 '역사적-문화적-원
리적-현실적-지역적' 논점 및 내용, 풍수 관련 주요 자료, 개념 풀
이 등을 간략하면서도 평이하게 설명하고 있다. 저자는 풍수라는
문제를 순이론적-추상적-신비적 관점에서가 아니라 주로 복건성

福建省의 관련 지역을 중심으로 여러 지역을 답사하며 역사학적-사회학적-지리학적인 구체적·실제적 관점에서 서술하고 있다.

아래에서는 저자의 논의에 따라 해설자의 의견을 보태는 방식으로 기술하고자 한다.

1. 『기가 흐르는 대지: 풍수라는 이름의 환경학』에 대하여

『풍수 환경학』에 대하여

먼저 『풍수 환경학』의 저자에 대해 말해 두기로 한다. 『풍수 환경학』을 지은 우에다 마코토上田信(1957년 도쿄 출생)는, 이미 『호랑이가 말하는 중국사』(성균관대학교출판부, 2008; 원저 2002) 그리고 『동유라시아 생태 환경사』(어문학사, 2016; 원저 2006)라는 두 권의 책을 통해 국내에 소개된 바 있는 '중국사회사' 전공의 연구자이다. 그는 도쿄대학 대학원 인문과학연구과 석사과정을 수료한 뒤 릿쿄대학立敎大學 문학부 사학과 교수로서 중국사회사·아시아사회론을 가르치고 있다. 중국 난징대학南京大에 유학을 한 바 있고(1983~1985), 저서로는 『전통 중국』, 『숲과 나무의 중국사』, 『바다와 제국』, 『페스트와 마을』 등 다수가 있다.

'동유라시아 생태 환경사'라는 제목에서 알 수 있듯이, 우에다의 연구 시야는 넓다. 그리고 그가 다루는 '생태 환경'의 문제는 역사적 안목에다 필드워크를 통한 디테일을 겸하고 있어 섬세하다. '추상적'이 아닌 '구체적'인 차원에서 중국의 사회와 문화를 들여다보면서 흥미를 더한다. 이 『풍수 환경학』도 그렇다.

책의 목차

『풍수 환경학』의 목차는 다음과 같다.

저자는 다음과 같이 집필 목적을 말한다.

이 책을 집필한 목적은 중국인의 풍수관을 원리부터 설명하여 자연과 인공의 조화로운 공간 질서가 어떻게 생기는지를 밝히는 데 있다. 지금까지 일본의 풍수 해설에서 누락되었던 택지 풍수를, 초보이긴 하지만 보완하게 될 것이다. 더욱이 이 책의 마지막에는 일본의 전통적인 환경관에도 시야를 넓혀서, 일본과 중국 사이의 땅에 대한 감각의 차이에도 눈을 돌리게 될 것

이다. ('머리말'에서)

요약하자면 '중국의 풍수, (일본 풍수에서 빠진) 택지 풍수, 일본과 중국의 땅[地] 감각 비교'이다.

① 중국인의 풍수관을 원리부터 설명하여 자연과 인공의 조화로운 공간 질서가 어떻게 생기는지를 밝힘 → 중국의 풍수

② 지금까지 일본의 풍수 해설에서 누락되어 온 '택지 풍수'(= 주택의 풍수 이론)를 보완 → 택지 풍수

③ 일본과 중국 사이의 땅에 대한 감각의 차이를 비교.

이렇듯, 대부분 중국의 풍수에 대해서 서술하되 일본의 풍수에 대해서도 예컨대 쿠마자와 반잔熊澤蕃山(1619~1691)의 수토론水土論 등을 부가한다.[1] 그런데 아쉽게도 조선(한국)의 풍수에 대해서는—무라야마 지준村山智順(1891~1968)의 『조선의 풍수朝鮮の風水』(조선총독부, 1931)[2]에 대해서는 구체적인 설명이 없다.[3]

---

1) 이에 대해서는 후술.

2) 무라야마 지준(최길성 역), 『조선의 풍수』, 민음사, 1992.

3) 참고로, 김두규가 「우리 땅 우리 풍수」라는 글에서 무라야마 지준에 대해 이야기한 것을 언급해 둔다.
우리 민족의 풍수 본질을 정확하게 파악한 사람은 무라야마 지준이다. 1931년 그가 펴낸 『조선의 풍수』에서였다. 그는 이 책에서 "풍수는 조선 사회의 특질로서 멀리 삼국시대부터 신라·고려·조선이라고 하는 유구한 세월을 거쳐 왔으며 그 영향력은 미래에도 깊은 영향을 줄 것"이라고 했다.
무라야마 지준은 『조선인의 사상과 성격』, 『조선의 습속』, 『조선의 귀신』, 『조선의 풍수』, 『조선의 무격巫覡』 등과 같은 저서를 20여 년(1919~1941)에 걸쳐 출간하여 조선학(한국학)에 커다란 업적을 남겼다. 그럼에도 그에 대한 평가는 제대로 이뤄지지 않고 있다. 그의 활동이 조선총독부 촉탁으로 이뤄졌다는 이유에서다. 해방 이후 한국학자들은 그를 인용하면서도 제대로 그를 평가한 이들은 없다. 일부러 무시하려 한다.

풍수가 유행한 이유 = 서구의 오컬티즘occultism 재평가 움직임과 같은 궤도

저자는 풍수가 유행한 것은 "구미歐米에서의 오컬티즘 재평가 움직임과 궤도를 같이하고 있다"고 본다. '오컬티즘'이란 저자가 말한 대로 '초자연적인 힘을 믿고 그것을 연구하는 것'으로 '심령술·점성술·연금술 등 신비학'을 말한다.

그가 1931년에 출간한 『조선의 풍수(일본어)』는 850쪽이 넘는 방대한 책이다. 당시 이 책이 출간되자 그 어떤 책보다 많이 팔렸다. 복사판들이 풍수술사들뿐만 아니라 일부 지식인 사이에 나돌았다. 1960년대 경부고속도로를 건설하려 할 즈음 이 책이 긴급히 수배되었다. 도로를 내면서 잘리게 될 수많은 산맥으로 인한 재앙을 두려워하여서이다. 많은 사람에게 풍수 교과서 역할을 하였으며, 필자 역시 번역본이 나오기 전부터 일어판을 복사하여 읽은 적이 있다.

이 책이 '풍수 고전'으로 지속적으로 읽히는 이유는 무엇인가? 2가지 이유이다.
첫째, 책의 내용이 충실하여 풍수 입문으로 이보다 더 좋은 책이 없다.
둘째, 우리 민족이 본래 갖고 있던 풍수에 대한 관심 때문이었다. 무라야마는 조선 문화의 핵심 가운데 하나가 풍수임을 단언한다.

"조선 문화의 이면적 근저적根底的 형상의 하나가 풍수라는 것이다. 이 풍수라는 것은 현재 표면적 문화 형상만을 가지고서 조선 문화를 논하려는 많은 사람, 이른바 신세대 가운데에서는 '구세대의 누습, 문맹자 사이에서 지지되는 미신'이라 하여, 이것을 조선 문화의 하나로 추가하는 것을 꺼리는 자가 있으며, 비교적 진지한 조선 문화 연구가들조차도 이를 옛 시대의 풍습이며, 민도 낮은 자들에 의해 형성된 문화라는 이유로 그다지 중요시 않는 것 같다.
그렇지만 이 풍수라는 것은 적어도 십수 세기의 장기간 조선 민속 신앙계에 그 지위를 점해 왔고, 고려를 거쳐 조선에서도 반도 어디를 가더라도 믿지 않은 자가 없을 정도로 일반에게 보급되어 오늘에 이른 것이므로 다른 문화에 비해 그 지지의 강고함과 광범위함을 인정하지 않을 수 없다. (…) 그 특질이 멀리 삼국시대로부터 신라·고려·조선이라고 하는 오랜 세월을 거쳐 지금에 이르고 있으며, 그 심원한 깊이와 강한 보급력은 앞으로도 생활상에 영향을 충분히 약속할 수 있는 것이다."
김두규, 「우리 땅 우리 풍수」('계급독재'와 조선의 풍수: 성군聖君과 반反풍수 대신大臣과의 풍수 논쟁), 『월간조선』, 2017.8
http://monthly.chosun.com/client/news/viw.asp?ctcd=&nNewsNumb=2017081 00059rj (검색일 2022.4.29)

풍수는 적어도 복건성에서는 생태 환경을 보전하고 희귀 식물을 보호해 왔다. 다만, 풍수는 환경 보호를 위한 이론은 아니다. 풍수가 가지고 있는 의미의 구조가 결과적으로 풍수를 하나의 환경학으로 만들어 냈다고 해야 할까. 중국 문화의 의미 체계를 밟으면서, 풍수가 환경학이라는 측면을 가지는 이치를 지금부터 추적해 간다. 우리는 언어의 숲으로 발을 내디딘다.

80년대 후반의 포스트모더니즘postmodernism 전성기, 중국 전통사회에 기원을 둔 풍수론이 주목을 받게 되었다. 건축 현장에서 풍수에 기초를 둔 설계가 나타났다. 많은 풍수론의 해설서가 나오고 일상으로 넓게 스며들자, 인테리어의 방법으로 혹은 가상家相 판단의 입문으로 풍수가 널리 보급된 것이다. 여기에 환경 문제에 대한 관심이 높아지고, 중국 도교道教가 근대과학에 맞서는 타오이즘taoism이라는 패러다임paradigm으로 각광을 받자 풍수도 주목받게 되었다.

이른바 근대과학, 즉 인과율因果律에 근거해 논증되는 합리적 인식에 대해 현대를 사는 우리들은 한계를 느끼고 있다. 거기에 현대인이 풍수에 매혹되는 이유가 있다. 예를 들어 지구 환경 문제. 지구는 무수히 많은 요소가 복잡하게 연결되어 있는 하나의 시스템이지만, 이 복잡한 체계에 대해 과학이 해명하고 있는 것은 아주 미미하다. 동시에 발현되는 언뜻 보기에는 무관한 현상들 사이에서, 연관성을 직감하는 방법론이 지금 요구되고 있다.

이와 같이 생각하면, 풍수의 유행은 구미에서 오컬티즘의 재평가 움직임과 궤도를 같이한다고 할 수 있다. 근대 과학에서는 충분히 관계를 입증할 수 없는 현상 사이의 관계를 보려고 할 때, 오컬티즘에서는 신(또는 악마)을 상정하는 것에 대해, 풍수에서는 '기氣'의 흐름을 전제로 한다. 신도 '기氣'도 그 이상은 해석할 수 없는 개념으로 인지력 밖에 있는 점에서 공통된다.

(「제2장 생기를 받다」 '현대에서의 풍수'에서 발췌)

저자는 근대 과학에서는 "충분히 관계를 입증할 수 없는 현상 사이의 관계"를 말하고자 할 때 "오컬티즘에서는 신(또는 악마)을 상정"하고, "풍수에서는 '기氣'의 흐름을 전제"로 하는데, '신'이나 '기'나 공통적으로 "더 이상 해석할 수 없는 개념" = "인지력 밖에 있는 것"이라고 본다.

저자는 '맺음말'에서 풍수에 대한 저자의 관심·시점, 풍수론의 전개를 간략하게 정리하고 있다. 이를 중심으로 『풍수 환경학』의 의의를 살펴보고자 한다.

저자의 '풍수'에 대한 관심

저자의 '풍수리지'에 대한 관심은 대학원 시절에 "호남성湖南省 출신 관료가 19세기 전반부에 복건福建과 대만臺灣의 지방 장관을 역임하며, 그때 만났던 풍속을 자세하게 기록한 책" 『문속록問俗錄』을 만나고부터였다. 이때 "풍수란 무엇인가?"를 묻게 되고, 오늘날까지 "풍수론의 고전"으로 인식되는 무라야마 지준의 『조선의 풍수朝鮮の風水』를 읽게 된다. 여기서 저자의 "환경 인식의 세계에 눈이 열리"는 계기가 된다.

풍수를 하나의 주제로 내가 의식하기 시작한 것은, 코지마 신지小島晉治 선생의 대학원 연습에서 『문속록』이라는 이름의 교재를 읽었던 때로 거슬러 올라간다. 이 교재는 중국 호남성 출신 관료가 19세기 전반부에 복건과 대만의 지방 장관을 역임하며, 그때 만났던 풍속을 자세하게 기록한 책이다. 그중에 풍수에 관한 항목이 몇 가지 포함되어 있었다. 그 일부를 이 책에서도 소개했다.

이 관료는 복건 사람들은 이상할 정도로 풍수에 집착한다고 적고 있다. 나는 그 문장의 한문을 읽어 내려가며 일본어 번역문을 만들게 되었다. 그 당시에 풍수란 무엇인가가 문제가 되었다. 무라야마 지준의 『조선의 풍수朝鮮の風水』를 도서관에서 빌려와, 거기에 그려져 있는 환경 인식의 세계에 눈이 열리면서 간신히 번역문을 써낸 것이다. 무라야마의 책은 풍수론의 고전으로서의 지위를 지금도 유지하고 있다.

거품 경제, 1980년대 후반~1990년대 초반의 동아시아 풍수 붐

풍수는 일단 "포스트모던이라는 풍조가 학술계를 석권"할 무렵과 궤를 같이한다. "건축이나 도시 계획의 영역에서 불붙은 풍수에 대한 관심은 문화인류학으로 확산되어 더 나아가서는 중국 사상 연구로도 파급되었다."고 저자는 말한다. 저자도 이때를 "설레는 시기"였다고 한다. 젊은이들의 시야가 미국의 팝 문화에서 서서히 '홍콩·동남아'의 '민족 전통적'인 '무국적인 문화'가 일본에 유입되었다. 이때 "홍콩상해은행 본사 건물이 홍콩에서 가장 풍수가 좋은 지점에 지어졌으며" 아울러 "전면 유리로 된 삼각형의 중국은행이 나쁜 기운을 홍콩상해은행 건물에다 쏘듯이 세워졌다"는 풍문이 있었다. 일본의 학계에서도 와타나베 요시오渡邊欣雄 씨(문화인류학), 미우라 구니오三浦國雄 씨(동아시아 사상) 등의 풍수에 관한 중요한 업적4)도 이 시기에 출간된다. 한국에서도 예외는 아니다. 사회교육원 및 분야에 풍수강의 및 풍수학과가 신설되고 저서·학위논문도 증가하였다.

때마침 일본은 거품 경제, 땅 투기라는 폐해를 동반하면서 잇따라 고층 빌딩이 세워졌다. 포스트모던이라는 풍조가 학술계를 석권하고 있었다. 건축의 영역에서는 근대가 만들어 낸 정사각형의 효율 일변도의 빌딩을 대신하여 포스트모던이라고 불리는 건축이 유행했다. 이러한 유행의 하나로 풍수도 휩쓸려 들었던 것이다. 건축이나 도시 계획의 영역에서 불붙은 풍수에 대한 관심은 문화인류학으로 확산되어 더 나아가서는 중국 사상 연구로도 파급되었다. 옆에서 보기에도 설레는 시기였다고 할 수 있다. 미국발 팝 문화pop culture에 싫증 난 젊은이의 관심은 홍콩과 동남아 등의 흙냄새를 풍기고 뜨거운 열기를 뿜는 지역으로 번져 나가, 에스닉ethnic(민족 전통적인)이라는 정체를

---

4) 참고로, 와타나베 요시오渡邊欣雄와 미우라 구니오三浦國雄의 저술을 보면 이렇다.
渡邊欣雄, 『風水思想と東アジア』, 人文書院, 1990.
渡邊欣雄, 『風水 氣の景觀地理学』, 人文書院, 1994.
渡邊欣雄·三浦國雄 編, 『風水論集』, 凱風社, 1994.
三浦國雄, 『風水 中国人のトポス』, 平凡社, 1988.
三浦國雄, 『氣の中国文化 ― 氣·養生·風水·易』, 創元社, 1994.
三浦國雄, 『朱子と氣と身体』, 平凡社, 1997.
三浦國雄, 『風水·曆·陰陽師 ― 中国文化の辺縁としての沖縄』, 榕樹書林, 2005.
三浦國雄, 『風木講義』, 文藝春秋, 2006.

알 수 없는 무국적인 문화가 서로 뒤섞이면서 일본에 유입되었다. 이 가운데 역시 풍수도 있었다. 홍콩에서 포스트모던을 구현하는 듯한 홍콩상해은행 본사 건물이 홍콩에서 가장 풍수가 좋은 지점에 지어져 있다고 한다. 이 풍수를 깨기 위해 전면 유리로 된 삼각형의 중국은행이 나쁜 기운을 홍콩상해은행 건물에다 쏘듯이 세워졌다는 이야기가 아시아의 각지로 나가는 젊은이들의 입에 오르내리고 있었다. 요즘 풍수를 말할 때 빼놓을 수 없는 와타나베 요시오渡邊欣雄(문화인류학), 미우라 쿠니오三浦國雄(동아시아 사상) 등의 풍수에 관한 중요한 업적도 1980년대 후반부터 1990년대 초반에 모두 나왔다.

거품 경제가 꺼지자 풍수라는 말도 위축

저자는 거품 경제가 사라지자 "풍수라는 말도 위축"되었다고 본다. 앞서 거품 경제 시기의 풍수는 "땅을 논하고 도시를 말하는 용어"였다. 여기서 "① 집을 고르는 방법, ② 나아가 가구의 배치 등 풍수 인테리어라고 하는 형태로, ③ 개인의 일상사를 정리하는 방법으로" 그야말로 관심이 '축소'되었다고 본다.

거품 경제가 꺼지며 풍수라는 말도 위축된다. 땅을 논하고 도시를 말하는 용어에서 집을 고르는 방법, 나아가 가구의 배치 등 풍수 인테리어라고 하는 형태로, 개인의 일상사를 정리하는 방법으로 풍수라는 말이 쓰이게 되었다. 이것도 일본에서 사는 사람들의 관심이 작게 축소되어 버렸기 때문이리라.

저자의 풍수에 대한 시점의 변화 ① 유사과학으로서의 '거리' →
② 근대적 학문과 다른 것으로서의 '흥미'와 '환경학적 의미'

저자는 솔직하게 자신의 풍수에 대한 관점의 변화를 기술하고 있
다. 먼저, "어디까지나 유사 과학일 뿐임을 강조하고, 풍수에 관해
말할 때는 반드시 그 한계를 언급"하였다고 한다. 다시 말해서 '유
사 과학'으로서 비판적 관점을 유지하고 일정한 거리를 두며, 풍수
를 '친환경적인' 것으로 간주하지는 않았다. 이런 배경으로 풍수의
추상화라는 실망감이 있었던 것 같다. 즉 "절강성浙江省에서는 풍수
가 너무 추상화"되어 "숲을 베고 나무 한 그루만 남기고 '이것으로
풍수는 보호되고 있다'라는 경향이 강했던 것"에 (실망하여), "풍수
를 무조건 친환경적인 인식론으로 내세울 생각은 하지 않았다."고
토로한다.

이후 풍수의 유행이 지나가고 논의는 위축되었다. 그러나 저자는
다시 "근대적인 학문적 지식과는 다른 재미를 풍수론이 갖추고 있
다고 강조"하게 된다. 그 사이 공교롭게도 관심 대상의 지역도 절
강성에서 복건성으로 넓혔다. 복건성에서 '띠 모양의 숲'을 보았을
때, "풍수도 좀 더 잘되지 않을까 하고 실감한 것"이 풍수 연구에
재미를 붙이는 "계기가 되었다"는 것이다. 이때 다시 중국에서 풍
수 열풍이 불었다. "풍수의 본고장인 중국의 풍수 붐을 일본에서
소개하는 것도 중국 연구자의 책임 중 하나가 아닐까" 하고, 다시
"풍수에 관한 서적과 풍수서를 읽기 시작한 것"이라 고백한다. 그
러나 잊어버리지 말아야 할 것은 저자의 책은 "자신이 사는 환경을
다른 시각으로 보는 것"이다. 다시 말해서 '환경학'이라는 관점이
다.

나의 풍수에 대한 평가도 항상 흔들려 왔다. 나는 약하기 때문에 풍수가 유행할 때는 풍수는 어디까지나 유사 과학일 뿐임을 강조하고, 풍수에 관해 말할 때는 반드시 그 한계를 언급했다. 그 무렵 주로 야외수업의 대상으로 삼았던 절강성에서는 풍수가 너무 추상화되었기 때문에, 숲을 베고 나무 한 그루만 남기고 '이것으로 풍수는 보호되고 있다'라는 경향이 강했던 것도 있어, 풍수를 무조건 친환경적인 인식론으로 내세울 생각은 하지 않았다.

그러나, 풍수의 유행이 지나가고 논의가 위축되자, 이번에는 근대적인 학문적 지식과는 다른 재미를 풍수론이 갖추고 있다고 강조하게 된다. 우연하게 지역도 절강성에서 복건성으로 넓혔다. 복건성에서 이 책「사토야마里山의 얼굴」에 소개한 띠 모양의 숲을 보았을 때, 풍수도 좀 더 잘되지 않을까 하고 실감한 것도 하나의 계기가 되었다.

21세기가 되어 북경올림픽이다, 상해박람회다 하고 중국 사람들이 들뜨면서 풍수의 본고장인 중국에서 풍수 열풍이 불고 있다. 잘 팔리는 책만 진열하는 공항 면세점에서도 풍수 서적 코너가 반드시 있을 정도이다. 풍수의 본고장인 중국의 풍수 붐을 일본에서 소개하는 것도 중국 연구자의 책임 중 하나가 아닐까 하고, 다시금 풍수에 관한 서적과 풍수서를 읽기 시작한 것이다.

(……) 독자가 이 책을 손에 들고 자신이 사는 환경을 다른 시각으로 보려고 생각해 주신다면 이것만큼 기쁜 일은 없으리라.

2. 구체적으로 풍수를 보여주는 지역 '복건성'

복건성의 풍수목風水木·풍수림風水林·수송水松

저자는 중국 복건성에서 '풍수'가 지켜 온 수종樹種인 '수송水松(쉐이송)'(메타세쿼이아와 유사)을 만나 감동한다. 이 나무를 저자는 '살아 있는 화석으로 불리는 나무'로서 만날 수 있었던 것이다.

중국어로 적으면 '수송水松(쉐이송)', 일본명은 그대로 음독하여 '스이쇼우スイショウ', 그리고 라틴어 학명으로 하면 'Glypto-strobus pensilis'가 되는 침엽수이다. '송松'이라 하지만, 삼나무과의 낙엽수로서 가을이 되면 낙엽을 떨어뜨린다. 중국 국무원이 1999년에 비준한 '국가 중점 보호 야생식물' 목록 중에서 이 나무는 1급 보호 식물로 꼽히고 있다.

그리고 이 수송은 "희귀 식물이기 때문에 보호했던 것"은 아니며, "우연히 수송이 자라고 있었던 장소가 마을의 풍수를 지키기 위해서"였다고 한다. '풍수림'에 속한, 풍수목으로서의 '수송'이란 나무에 대해 이렇게 설명한다

살아 있는 화석, 수송과 내가 만났던 상루촌에서는 수송이 희귀 식물이기 때문에 그 숲을 보호했던 것은 아니다. 우연히 수송이 자라고 있었던 장소가 마을의 풍수를 지키기 위해 빼놓을 수 없는 지점이었기 때문에 벌목을 금지해 온 것이다. 그러면 풍수란 무엇인가, 어떻게 해서 풍수가 살아 있는 화석을 결과

적으로 보호하게 된 것인가, 그것이 이 책의 과제이다.

구체적 풍수의 땅 복건성

복건성만큼 "구체적으로 풍수를 말하는 지역을 지금까지 만나 본 적이 없다"고 저자가 단언하듯이, 능선을 따라 이어진 울창한 복건의 풍수림 같은 숲은, "절강성 등에서는 만난 적이 없다"고 한다. 중국 전체를 살펴보아도 복건의 풍수는 "특이한 양상"이란 것이다. 저자는 복건성 외에는 풍수가 '추상적'으로 논의되며, 이런 것들이 결국은 "산림 파괴의 구실"을 제공한다고 보았다.

복건만큼 구체적으로 풍수를 말하는 지역을 지금까지 만나 본 적이 없다. 복건에서는 "저 숲은 풍수림이다"고 가리키는 방향을 보면 분명 울창한 숲이 능선을 따라 이어져 있다. 그런데, 예를 들면 절강성 등에서는 이러한 숲을 만난 적이 없다.
복건 이외의 토지에서는 풍수가 극히 추상적으로 논의되고 있어, 삼림을 보전하는 작용을 한다고는 잘라 말할 수 없기 때문이다. 마을 뒤로 올라갈 수 있는 산에는 거의 나무가 없고, 오직 산등성이의 어깨쯤 닿는 곳에 한 그루의 고목만이 남아 있다. 마을 사람들의 설명에 의하면, 저 나무는 풍수목이고, 저 나무만 풍성하게 우거지면 마을의 풍수는 좋다고 한다. 더욱 극단적인 사례로는 나무가 아니더라도 인공적으로 세워진 탑이 마을의 풍수를 지키고 있다고 한다.
나무를 한 그루만 남겨 두면 된다, 탑으로 숲을 대신할 수 있다, 이런 추상화된 풍수론은 자칫 산림 파괴의 구실을 주기도 한다.

복건성처럼 풍수가 직접적으로 숲을 보전하고 있다고 하는 경우는 사실 중국 전체를 둘러보면 특이한 양상이기 때문이다.

이렇게 복건의 풍수를 만난 저자는 "풍수라는 환경을 파악하는 이론이 왜 수송 숲을 보전할 수 있었는지?"에 답하기 위해서는 "풍수 전반을 논하는 것만으로는 부족"하며 "복건이라는 지역 사회에 뿌리를 둔 풍수론을 발굴하고, 그 특질도 아울러 검토"해야만 한다고 보았다. 이런 문제의식에서 일본의 중국 풍수 서적을 읽어 보니, 단 한 권만을 빼고는 "대부분은 지역적인 특징이 느껴지지 않는 일반론을 전개"하고 있었다는 것이다.

풍수라는 환경을 파악하는 이론이 왜 수송 숲을 보전할 수 있었는지? 이 물음에 답하기 위해서는 풍수 전반을 논하는 것만으로는 부족하다. 복건이라는 지역사회에 뿌리를 둔 풍수론을 발굴하고, 그 특질도 아울러 검토해야만 한다. 이러한 문제의식을 안고, 주로 일본에 가져온 중국의 풍수에 관한 저서를 읽어 보았다. 풍수에 관한 책은 풍수서, 또는 지리서 등으로 불린다. 대부분은 지역적인 특징이 그다지 느껴지지 않는 일반론을 전개하고 있는 것에 머문다. 많은 풍수서들 중에서 단 한 권만이, 복건에 대해 고유하고 독특한 견해를 제시하고 있었다.

복건의 풍수서: 곽박의 『장서』와 서세언의 『지리독계현관』

저자는 복건福建의 풍수서 두 권을 소개한다. 곽박郭璞의 『장서葬書』와 서세언徐世彦의 『지리독계현관地理獨啓玄關』이다.

최초의 풍수서는 곽박(276~324)의 『장서』라고 한다. '풍수'라는 말이 처음 등장한 것도 『장서』에서이다. 조상을 매장하는 것의 이상적인 지점('혈穴')을 찾아내는 방법을 적은 이 책은, 산맥이 통해서 항상 새로운 '기氣'를 공급해, 삼면을 산이 둘러싸서 바람에 따라 기가 흩어지는 것을 막고, 물이 침체된 나쁜 기운을 흘려보내 주는 장소에 조상의 뼈를 매장해야 한다고 말한다. 그리고 기는 '바람'에 의해 흩어지고, '물'과 함께 흐른다고 『장서』에서는 논하고 있다. 이것이 '풍수'의 어원이다.

이 저서는 곽박의 작품으로 전해지지만, 실제로는 그 정도로 오래된 것은 아니다. 아마도 송대宋代에 저술되어, 값어치를 더하기 위해 곽박에 가탁된 것으로 보인다. 『장서』를 포함해 그야말로 무수히 많은 풍수서가 편찬되었다. 많은 풍수서가 정형화된 기술을 하고 있는 가운데, 명나라 후기에 서세언이 편찬하고 복건성에서 출판한 『지리독계현관』은 지역과 시대를 뚜렷이 반영하고 있다는 점에서 흥미롭다. 개성적인 기술을 적지 않게 전개하고 있다.

우리나라에 『장서』는 잘 알려져 있다. 곽박은 동진東晉의 학자이자 문인이며, 산서성山西省 문희聞喜 사람이다. 경학·시문·역수를 통하여 『이아爾雅』, 『방언方言』, 『산해경山海經』에 주를 달았다.

그런데 서세언의 『지리독계현관』은 ― 그 이유는 잘 모르겠으나 ― 아직 소개되고 있지 않다. 저자가 설명하는 대로 서세언의 경력은 상세하지 않고 회옥懷玉(복건·절강·강서 등 삼성에 걸친 산지) 출신의 청은淸隱이라는 정도만 알려져 있다.

서세언은 어릴 때는 시·서에 힘쓰고, 장년이 되어 풍수에 정통하였는데, 태어난 곳은 강서성江西省이지만 복건성의 문인들과 교류가 깊었고, 복건성의 무이산武夷山을 자주 찾았으며 풍수적 관심에서 현지를 답사하였다고 한다. 이 때문에 풍수의 양대 유파인 강서파江西派와 복건파福建派 두 파 각각의 좋은 곳을 취사해 독자적인 풍수론서인 『지리독계현관』을 저술하여 복건성에서 출판하게 되었던 것으로 본다.

『현관』: 강서파와 복건파를 절충한 책

저자는 『풍수 환경학』에서 『현관』을 이렇게 평가한다.

> 『현관』이 비슷한 종류의 다른 풍수서보다 더 뛰어난 점은, 그 지역의 전문성을 갖고 있다는 점만은 아니다. 저자가 자신의 견해를 제시할 때 반드시 선행하는 풍수서를 다루고, 어디까지가 기존의 논의인 것인지, 어디서부터가 자신의 독창적인 기술인지를 명확히 하고 있다. 책의 앞부분에는 저자가 참조한 지리서의 목록과 36개의 책 이름이 게재되어 있다. 『현관』의 기술의 흐름을 읽어 나가다 보면, 거기에 있는 풍수론의 계보도 자연스럽게 밝혀지는 것이다.

『현관』은 전 10권으로 『나경비지羅經秘旨』 4권과 합책合冊되어, 명대 숭정崇禎 5년(1632)에 민건서림閩建書林에서 출간된다. 아쉽게도 중국이나 한국에는 없고, 현재 도쿄대학 동양문화연구소에 소장되어 있다.

3. 풍수론의 계보와 이론

풍수론의 계보

저자가 밝힌 대로, '풍수風水'의 발상은 중국이며, 그것은 고대기에 생겨났다. 풍수론의 계보와 이론화, 전개에 대해 저자의 논의를 바탕으로 정리해 본다.

① 한대의 '국음법國音法'

기원전 한대漢代에는 주택 방위의 길흉이 점쳐지게 되었다. 이 시대에 '국음법'이라 불리는 점占이 생겨났다. 이것은 성씨를 그 음운에 따라 '궁宮·상商·각角·치徵·우羽'로 분류하여 오행五行에 대응시켜 운세를 점치는 방법이다. 음운론에 기초를 두고 점치고자 하는 사람의 성姓을 다섯 범주로 나누어, 그것을 오행과 대응시켜 묘지와 택지의 방위를 밝혀낸다. 이것은 단절을 겪으면서도 천년 정도 지난 송대에까지 이어진다.

② 후한~위진남북조 문벌귀족과 『장서』

문벌귀족門閥貴族들이 지배층이 된 후한에서 위진남북조魏晉南北朝의 시대에는 묘지 선정이 일족의 번영과 밀접하게 관련된다는 사상에 따라 풍수론의 형태가 정리된다. 이 시기의 가장 저명한 사람이었던 곽박에 가탁된 『장서』도 이런 역사적 사상사적인 흐름을 배경으로 한다.

③ 당대唐代의 양균송楊筠松: 강서풍수파江西風水派

당대唐代에 이르면 풍수론의 기본 틀이 갖춰진다. 당대 풍수론의

대가로 꼽히는 사람이 양균송이다. 그는 당나라 희종僖宗 때에 금자
광록대부金紫光祿大夫라는 벼슬을 맡아 국가의 풍수를 담당했다는
전설이 있다. 그리고 황소黃巢의 난 때 반군이 수도 장안을 점거하
자, 궁중에 소장된 지리 및 풍수에 관한 서적을 모은 뒤 전화戰火를
피해 복건성 옆 현재의 강서성으로 피신한 것으로 전해진다. 그는
강서성에서 풍수 서적을 정리하여 풍수술을 익히며 이름을 알리게
되었다. 택지(양택)와 묘지(음택)를 놓고 소송사태가 발생하면 모두
양균송을 찾아 택지를 고르는 올바른 방법, 묘지 조성의 올바른 방
법에 대해 조언을 듣고 나서 소송 논란이 줄었다고 한다. 이런 일화
때문에 양균송은 '구빈선인救貧仙人'으로 불린다. 이렇게 해서 양균
송은 강서풍수파의 시조가 되었고, 증구기曾求己·요우廖禹·뇌문준賴
文俊 등의 제자들에게 택지나 묘지 선정 방법을 전했다고 한다.

강서파의 많은 풍수서 중 상당수는 양균송이 저술한 것으로 알려
졌다. 예컨대 원대元代에 이미 존재하던 풍수서『감룡경撼龍經』,『의
룡경疑龍經』등은 그의 이름에 가탁한 것이다. 서세언의『현관』도
이들 풍수서를 많이 참조하여 자기 의견을 개진하고 있다.

그러나 양균송이 저술한 것으로 알려진 풍수지리서는 그 내용으
로 보아 송대에 체계화될 기氣 사상의 바탕이 되기 때문에, 이를 근
거로 보면 당대唐代에 완성된 것은 아니라고 본다.

④ 풍수의 이론화 1—사마광의 풍수 회의론과 비판

풍수술의 원형은 당대唐代에 이미 그 원형이 완성되어 민간에 유
포되었지만, 민간과 달리 지식인들은 풍수에 신중한 입장을 보이고
있지 않았다. 그 당시 저작으로 정리된 것이 없었던 것도 이런 이유

에서가 아닐까 추정된다. 북송을 대표하는 학자이자 정치인인 사마광司馬光(1019~1086)[5]은 풍수를 비판한 것으로 잘 알려져 있다. 그는 신종神宗 때 왕안석의 신법新法에 반대하여 사직하였고, 『자치통감資治通鑑』의 편찬에 주력하였다.

사마광은 아내가 사망했을 때 지관과 상의도 없이 매장하였지만, 지금까지 불행이 닥칠 기미도 없었던 것처럼 '지관의 말은 근거가 없는 것으로 현혹되어서는 안 된다'고 결론지었다.

⑤ 풍수의 이론화 2―주희의 풍수 관심과 중시

사마광으로 대표되는 풍수론에 대한 '회의론'이 극적으로 변화하는 것은 새로운 유학(=신유학)을 대성한 남송의 주희朱熹(1130~1200)가 풍수를 중시하면서부터이다.

참고로 주희의 학문 즉 주자학朱子學은 한국에도 큰 영향을 미쳤기에, 예컨대 다음의 오구라 기조小倉紀藏(현 京都大 교수)가 한 다음의 말은 어느 정도 타당하다고 하겠다.

> 한국의 풍수사 사이에서 주자학은 대도大道, 풍수는 소도小道라고 말해지고 있다. 즉 풍수의 '리'는 주자학의 '리'에 따른다[野崎充彦, 『韓國の風水師たち ― 今よみがえる龍脈』(한국의 풍수사들 ― 지금 소생하는 용맥), 人文書院, 1994]. 요컨대 풍수 이데올로기를 지배하는 것은 '주자학의 이데올로기 = 리'인 것이다."[6]

---

5) (1019~1086) 북송의 정치가·학자. 산시성의 사람. 사마온공司馬溫公이라고도 한다. 신종 때 왕안석王安石의 신법新法에 반대하여 사직. 『자치통감資治通鑑』의 편찬에 주력하였다. 철종 때 재상이 되었지만, 8개월 후에 병사.

6) 오구라 기조(조성환 역), 『한국은 하나의 철학이다』, 모시는 사람들, 2017, 94쪽.

풍수 회의론이 복건에서 주희에 의해 긍정적으로 바뀐 현실적 배경은 무엇인가? 저자는 "주희가 학문적 사유를 심화시킨 곳이 복건의 산간지역이고, 이미 이 땅에서 행해지고 있었던 풍수술을 몸소 체험한 것"으로 본다.

그런데 주희의 풍수 풍수관에 "가장 깊은 영향"을 준 것은 주자학파의 지도자(朱門領袖)로 추앙받는, 남송의 학자인 채원정蔡元定(1135~1198)이다. 그는 『율려신서律呂新書』, 『홍범해洪範解』 등을 지었다.

저자는 이렇게 말한다. "채원정은 주희보다 다섯 살이나 어리지만, 주희가 신유학을 일으키려 악전고투할 때 늘 주희 가까이에서 여러 시사점을 주었다. 그 범위는 수리數理로부터 음악에 이른다. 그 영향의 하나로 풍수도 포함된다." 아울러 "주희의 장남인 주숙朱塾이 사망하여 안장할 때, 주희는 채원정과 편지를 주고받으며 그의 묘지 선정에 만전을 기했다."고 한다.

⑥ 풍수의 이론화 3 ― 형법形法과 이법理法

이후 풍수론은 민간에서만이 아니라 "지식인의 소양의 하나"로 자리매김하였다. 아울러 풍수에 관한 이론 또한 정교하게 전개된다. 다시 말해서,

> 풍수는 묘지(음택)와 택지(양택)로 각각 특화하면서 정밀한 이론이 짜였고, 지세를 읽는 것을 중시하는 형법形法과 나침반羅針盤을 이용해 음양오행陰陽五行과 연결하는 이법理法으로 나누어져 체계화되었다. 형법은 강서에서, 이법은 복건에서 각각 발전

하였다.

저자가 말했듯이, "풍수는 묘지와 택지로 각각 특화하면서 정밀한 이론이 짜였고" 또한 "지세를 읽는 것을 중시하는 형법"과 "나침반을 이용해 음양오행과 연결하는 이법理法"으로 나뉘어 체계화되었다. '지세를 읽는 것을 중시하는' 형법은 '강서'에서, '나침반을 이용해 음양오행과 연결하는' 이법은 '복건'에서 각각 발전하게 되었다.

보통 강서파란 형기론을 위주로 연구하는 부류로 '형법가形法派 또는 형기파形氣派(형세파形勢派)'라 하고, 복건파는 이기론을 위주로 연구하는 부류로서 '이기파理氣派 또는 방위파方位派'라 한다.

- 형법形法 = 강서파江西派: 형기론形氣論 위주-형법가形法派 = 형세파形勢派
- 이법理法 = 복건파福建派: 이기론理氣論 위주-이기파理氣派 = 방위파方位派

⑦ 이론과 실천의 연결 『지리인자수지地理人子須知』

저자는 "남송에 이론적으로 체계화된 풍수론은 명나라 중기 이후에 다시 전개된다"고 말한다. 그 방향은 "음택과 양택, 형법과 이법으로 세세하게 분리된 이론을 집대성"하는 것, 아울러 "풍수가 뛰어나다고 여겨지는 땅을 실지로 조사하여 이론과 실천을 연결시키려는" 이른바 '실천론'의 발전이다. 명대의 대표적인 풍수지리서의 하나로 『지리인자수지』(전 8권. '지리'는 '풍수'를 말함)가 탄생한다.

저자는 서선계徐善繼와 서선술徐善述이다. 이들은 강서성 덕흥현德興縣에서 태어난 쌍둥이 형제였다고 한다. 두 사람은 30년이란 세월에 걸쳐 『지리인자수지』를 완성한다. 이 책이 획기적인 것은 풍수적으로 뛰어난 곳을 '실제 답사'했다는 점이다. 저명인사를 배출한 집안과 그 조상의 무덤을 찾고, 그 지형도를 그렸으며, 집안의 흥망성쇠를 듣고 무덤의 풍수를 해석해 냈다. 그래서 기술記述은 매우 구체적이었다. 가정嘉靖 43년(1564)에 완성되었고, 2년 후인 가정 45년(1566)에 출판되었다. 이 책은 "실제 조사에 따라 풍수서를 정리한다"는 방침을 보여 주며, 그 뒤에 간행되는 풍수서의 '표본'이 된다. 이 『지리인자수지』는 『지리독계현관』에 직접적으로 영향을 주었으며, 따라서 두 책을 비교해 보면, 비슷한 기술도 보인다.

주희의 기氣와 리理

흔히 풍수에서 '이우어기理寓於氣'라 한다. 세상만사의 이치, 아울러 풍수의 이치는 '기氣'를 근본으로 한다. 기의 운동에서 만물이 형성된다. 기의 사상은 『맹자』에서 출발하여 한나라의 동중서董仲舒로, 나아가 주자가 체계적으로 정리했다고 본다.

감각으로 존재하고 있었던 기氣가 사상의 언어로 사용되는 시기는 전국 시대이다. 그 처음은 『맹자』였다. 그 후 기의 발상은 한나라 때 동중서 등의 인물에 의해 철학적 명제로 다뤄졌고, 위진 남북조 시대에 불교 영향을 받아, 인도 철학의 사고방식을 도입하면서 철학으로서 깊어져 갔다. 기의 운행이라고 하는 견해에 따라 삼라만상, 자연에서 인간에 이르는 모든 사상을 설명하고자 사색을 깊이 하여 체계적인 철학으로 정리한 인물이 남송의 주희이다.

주희는 흘러가는 기의 운행 가운데 만물이 생겨났다고 했다. 기를 에워싸는 기운이 빨라지면, 그 중심 부분에서는 눌려 딱딱한 것이 생기고, 테두리 부분에서는 속도가 빠르기 때문에 빛나는 해와 달·별들이 생긴다고 한다. 이렇게 태어난 것들은 같은 기를 공유하기 위해 서로 교감하면서, 새로운 운동이나 물질을 속속 만들어 낸다. 주희에 의해 그전까지는 막연했던 '만물은 기에서 나온다'는 명제thesis가 확립된 것이다.

그렇다면 기의 흐름은 어떻게 정해지는 것일까. 흐름은 '법칙'을 갖게 되는데 주희는 이것을 '리理'로 본다. 기의 흐름에서 가족 관계를 본다면 '부모에서 자식으로' 흘러가듯 '부모가 없으면 자식도 없다!'는 말이 성립하며, 이런 흐름의 법칙이 '리'이다. 따라서 '효孝'의 덕목은 '가족이라는 기에 들어 있는 리'인 셈이다. 이 리는 자연의 법칙인 동시에 인간 삶의 질서인 것이다. 주희는 리를 고정불변으로 보기에 '도덕상의 엄격한-경건한 규율'을 강조하는 리고리즘rigorism에 속한다.

주희가 이 문제를 풀기 위해 갈고 닦은 개념이 '리理'이다. 가령 물이 흐르려면, 유체流體는 위에서 아래로 향해 간다는 법칙이 전제된다. 마찬가지로, 부모에게서 자식이 나오는 것이지 자식에게서 부모가 나오는 것은 아니다. 이것이 리이며, 리를 바탕으로 질서가 만들어진다고 하였다. 기가 부모를 상류로 하

46

고, 자식을 하류로 해 흐르는 것이라면, 자식은 스스로를 낳은 기의 흐름을 상류에서 더듬어, 부모가 존재하지 않으면 자신도 존재하지 않는다는 것을 느끼며 부모를 공경하는 질서가 생겨난다. 그것이 '효孝'라고 불리는 덕목인 것이다.

주희 철학의 이해하기 힘든 부분은 리와 기를 나열할 때에, 리가 기보다 앞에 있고, 리가 기보다 근원적이라고 생각했던 것이다. 이 점이 나중에 주자학으로 고정되었을 때 인간의 삶의 방식을 도덕적 틀에 밀어 넣으려는 경향을 낳게 되지만.

친족 관계에 흐르는 '기'

이렇게 보면 '기'가 흘러감이 있으면 당연히 거기에는 '리'라는 질서가 생긴다. 아니 보다 근원적으로 '리가 있어야 한다'거나 '리가 있다'는 감각이 생겨난다. 이것은 '부모와 자식의 관계에도 반영'된다. 나아가 친족에 흐르는 기, 즉 '시조 (……) → 고조 → 증조 → 조부 → 부 → 나'라는 도식이 설정된다. 아울러 '조祖 → 종宗'이라는 관계의 '종법宗法' 규범이 생겨난다. 여기서 끝나지 않는다. '종宗'은 다시 '가家'로 '가'는 다시 가족들이 살아가는 '방房'으로 연결된다. 자연스럽게 '친족 관계'에도 '흐르는 기'가 있는 것이며, '자연-인간'의 조응·공명共鳴이 이루어진다.

한족漢族은 부모와 자식 간의 관계에서, 기의 흐름을 느끼고 있다. 그 흐름에서 특징적인 것은, 아버지로부터 자식으로의 기의 흐름을 어머니로부터 자식으로의 흐름보다 중요시한다는 것이다. 이 기의 흐름은 가족이라는 하나의 질서를 낳는다. 아들은 그 아버지로부터 물려받은 기의 흐름을 자식에게 물려줄 수 있지만, 딸은 그녀가 낳는 자식에게 기를 전해 줄 수 없다. 여성은 기의 흐름에 대해 수동적인 입장에 있다. 아들이 여러 명 있을 경우, 각자가 아버지로부터 물려받은 기는 같다고 생각할 수 있다.

아버지로부터 자식으로 흘러가는 기를 북돋우는 것으로, 친족 관계가 만들어진다. 친족 관계란, 쉽게 말하면 어떤 사람과 사귈 때 실제로 교제하기 전에 자신과 상대가 각각 자신의 부모, 또 부모와 거슬러 올라가 어딘가에서 공통되는 인물을 찾아냈을 때 태도를 바꾼다는 것이다.

송대 이후 한족의 친족 관계는 범위가 넓다. 예를 들면 자신이 남자일 경우, 나는 그 아버지에게서 기를 물려받고, 그 아버지는 다시 아버지, 즉 나의 할아버지로부터 기를 물려받았으며, 그 할아버지는 증조부로부터……, 라고 기의 흐름을 더듬어 간다. 이제부터 내가 교제하려고 하는 상대도, 그의 몸에 흐르는 기를 그의 아버지·조부·증조부……로 더듬어 간다. 이런 작업의 결과, 한 남성과 연이 닿았을 때, 자신과 상대가 각각 이어받은 기는 같다는 것이다. 같은 기라면, 서로 돕는 친화적인 태도를 취해야만 한다. 만약 내가 상대방에게 적대적인 태도를 보인다면, 나는 기의 섭리를 저버리는 것이 되어 주위로부터 비난받게 된다.

이와 같이 2명 이상의 사람이 각각 몸에 흐르는 동질의 기가 온 근원으로 발견한 과거의 인물이 '조祖'이다. 그 조祖에서 갈라져 나온 기를 물려받은 사람들의 집단은 '종宗'이라고 부른다.

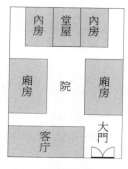

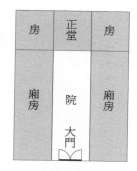

사합원四合院　　　　　　　삼합원三合院

■ 지붕이 있는 부분

(……) 종宗이라는 집단에서 실천해야 할 규범이 바로 '종법宗法', 종법에 따라 조직화된 것이 바로 '종족'이다.

'기氣'는 부모로부터 자식으로 흘러갈 뿐만 아니라, 남편으로부터 아내에게로 성관계를 통해 전해진다. 이 기의 흐름은 아버지에서 자식으로의 기의 흐름을 분기시켜, 새로운 하나의 질서의 장을 형성한다. 이것이 '가家'이다. 아들이 아내를 얻어 부부 사이에 기의 교류가 생기면, '종宗'과는 구분된 공간이 만들어진다. 이 공간은 조상을 모시는 방 옆에 만들어진 아들 부부의 방으로 구상화된다. 이것을 '방房'이라 한다.

4. 양택陽宅과 음택陰宅의 평가 기준

음택과 양택

기라는 자연의 기운이 인류을 관통하거나 그 아래로 흐른다. 그런데 살아 있는 사람이 거주하는 촌락·가옥(집)이나 방의 택지인 '양택'의 원리는 사람이 죽어서 묻히는 무덤 즉 '음택'과는 다르다. 저자는 음지를 '산의 품에 안겨서 햇빛이 별로 비치지 않는 땅', 양지를 '평지에 펼쳐져 밝은 땅'이라 보고, 양택은 '넓은 공간 안에 펼쳐져 있는 곳'을, 음택은 '수렴되어 있는 곳'을 '좋다'고 말한다.

『현관』에 의하면, 음택과 양택의 원리는 다르다고 한다. 음택은 수렴되어 있는 점, 즉 매장埋葬되는 지점을 중심으로 풍수론상의 여러 요소가 콤팩트하게 집약되어 있는 점을 선호한다. 양택의 경우는 넓은 공간 안에 펼쳐져 있는 것을 좋다고 한다.

양택의 평가 기준

양택의 평가 기준은 무엇인가? "용맥에서의 원근, 취락의 대소에 따라 그 우열이 결정"된다고 본다.

양택을 평가하는 기준은, 크게는 제도帝都에서 성도省都, 이어서 현縣 등의 행정 소재지와 상공업 중심지인 진鎭, 작게는 도로와 촌락에 이르기까지, 용맥에서의 원근, 취락의 대소에 따라 그 우열이 결정된다. 그 때문에 용맥의 대간大幹에서 수천 리를 멀다 하지 않고, 멀리 떨어진 곳에서 기맥氣脈이 오고 있는 곳이라 하더라도, 그 땅에 기가 들어오는 처음 부분은 양택의 배치 안에 포함되어 있어야 한다. 안방의 정면은 전망이 좋고, 마을을 둘러싼 성벽은 널찍하며, 수구水口까지의 거리도 아주 멀어야만 한다. 제도帝都 등의 대도시의 풍수상의 배치는 어느 면으로 봐도 이러한 확장을 갖추고 있다.

만약 그 공간 배치가 2, 3백 리(백 수십 킬로미터) 사이에 전개되고 있다면, 그 땅에서는 출세하는 사람이 반드시 나온다. 어느 정도의 인물이 나타날지는 용맥의 본류와 지류의 역량에 따라 결정된다. 용맥이 아득히 먼 곳에서 온다 해도, 공간 배치가 넓고, 기를 유지하는 지형이 조밀하고, 많은 물을 얻을 수 있다면, 인재도 재화도 넘쳐흐를 정도로 번영하고, 주민도 세대를 거듭할수록 번창해지기 마련이다. 그 때문에 대도시는 반드시 큰 강에 위치한다. 작은 마을이라도 배가 다니는 곳이 있으면 발달하게 된다.

가장 좋은 양택, '음지陰地와 양지陽地를 겸비한 곳'

아울러 양택을 선택하기에 가장 좋은 지형은 "묘지에 적합한 음지와 주택에 적합한 양지를 겸비한 곳"임을 밝힌다.

양택을 선택하기에 가장 좋은 지형은, 묘지에 적합한 음지와 주택에 적합한 양지를 겸비한 곳이다. 음지와 양지의 구분은, 반드시 명확하게 되어 있지는 않다. 그러나, 『현관』에 나타나 있는 이미지로는, 음지는 산의 품에 안겨서 햇빛이 별로 비치지 않는 듯한 땅, 양지는 평지에 펼쳐져 밝은 땅이라는 것이 된다. 음지와 양지 두 가지를 갖춘 땅을 찾지 못한다면, 거주하는 곳은 양지를 선택해야만 한다.

산속의 경우 음택 양택 기준

산속의 땅은 "뼈를 매장하는 것을 우선시해야" 하며 "사람이 살기에는 기가 박薄하다", "평평하고 넓은 땅"이라면 "매장은 둘째로 하고, 우선 주거지로 선택하면 좋다." 왜냐하면 "기가 후해야 복이 찾아온다"고 한다.

산속의 땅은 뼈를 매장하는 것을 우선시해야지, 사람이 살기에는 기가 박薄하다. 만약 주거지로 하기 위해서는, 다른 산수山水도 사는 공간 안에 넣어 기를 보충하지 않으면, 후손이 끊어지고 재산도 잃게 된다. 평평하고 넓은 땅이라면 매장은 둘째로 하고, 우선 주거지로 선택하면 좋다. 기가 후해야 복이 찾아온다. 매장에 적합한 음지가 가까이에 없어도 단지 양지라는 것만으로 번영의 계기를 얻을 수 있다.

주택의 풍수, 초목의 영향 및 수목의 종류

저자는 『현관』을 근거로 주택의 풍수, 즉 양택을 결정하는 중요 요소는 집의 방위나 방 구조만이 아니라 주변의 나무도 중요하다.

주택의 풍수를 결정하는 중요한 요소는 집의 방위나 방 구조만이 아니다. 주변의 나무들도 집의 풍수를 크게 좌우한다. 집 주위에 수목이 없으면, 주민의 생명력을 지켜줄 수 없다, 매일 반복되는 산바람과 계곡 바람에 시달려서 겨울은 추위에 노출되고, 여름은 더위에 시달리게 된다. 초목이 무성하면, 생기가 왕성해져서 지맥이 지켜진다고 한다. 이러한 풍수론은 지극히 이치에 맞는 것이다. 예를 들면, 한여름에 수목은 한창 땅속에서 물을 빨아들여 잎에서 수분을 발산시킨다. 기화열을 발산하는 잎은 차갑다. 이 잎을 스치는 바람도 자연히 시원한 바람이 되는 것이다. 나무에 둘러싸인 집에는 숲에서 빠져나온 상쾌한 바람으로 기분이 좋아진다.

풍수론에서는 방위마다 심어야 할 수목이 정해져 있다. 동쪽에는 복숭아桃·버드나무楊, 남쪽에는 매화梅와 대추나무棗, 서쪽에는 회화나무槐와 느릅나무楡, 북쪽에는 살구나무杏와 자두나무李를 심으면 운세가 좋아진다. 또 산뽕나무柘는 임자계축壬子癸丑에, 소나무松와 측백나무柏은 인갑묘을寅甲卯乙에, 버드나무楊柳는 병오정미丙午丁未에, 석류石榴는 신경유신申庚酉辛에 각각 심는 것이 좋다고 한다.

이런 문제들은 결국 저자가 구상하는 '환경을 살리는 풍수'를 조명하는 대목으로 수렴되어 간다. 책의 제목에서 간과하면 안 될 것은 "기가 흐르는 대지大地"라는 부제이다. '생명이 살아나는', '생명을 살리는 기가 순환되는' 대지라는 구상에서 풍수의 문제는 다루어진다.

5. 환경의 문제, 그리고 '환경학'이라는 관점

명대 후기라는 시대는 환경 파괴나 공해 문제

저자는 이 책에서 『현관』을 중심으로 양택·음택의 문제를 논의했다. 따라서 『현관』은 '명대 후기라는 시대는 환경 파괴나 공해 문제'라는 시대적·사회적 문제를 배경으로 가지고 있음을 논증한다.

이 해설에서는 생략했지만, '봉금산封禁山'이 벌채의 위기에 처했을 시기이다. 잠시 저자가 언급한 봉금산의 이모저모 일부를 살펴둔다.

강서성 광신부廣信府의 상요현上饒縣과 광풍현廣豊縣에 걸쳐 있는 산지는 한때 봉금산으로 불렸다. 동당산銅塘山이란 지명이 있다. 명대 중기인 16세기 전반부터 청대 후기의 동치 8년(1869)에 이르는 약 350년간 왕조의 정책으로 산지를 봉쇄하고 출입을 금지하는 '봉금封禁'이라 불리는 조치가 취해져, 일관되게 개발이 억제되었기 때문에 봉금산이란 통칭이 성립된 것이다.

명나라 정덕正德 연간에 복건에서 처음 일어난 등무칠鄧茂七의 난은 강서에도 파급되어 엽종류葉宗留·양문楊文 등이 호응하여 이 산중에서 반란을 일으켰다. 이들은 산속에 풍부한 자원이 있다고 선전하며, 이익을 가지고 사람들을 유인해서 오랫동안 세력을 유지했다. 산맥은 무이산맥武夷山脈으로 이어져 강서와 복건의 경계에 위치하며, 강남지역과 영남지역을 잇는 교통 요충지를 내려다본다. 왕조의 입장에서는 이 산지가 반란자의 영역에 있음을 간과할 수 없었고, 치안을 회복한 뒤에 봉금했다.

『현관』에서 기술하는 '풍수'란 이러한 봉금산 등의 환경 변화가 배후임을 제시한 것이다.

『현관』이 탄생한 명대 후기라는 시대는 환경 파괴나 공해 문제가 쏟아져 나온 '상업의 시대'이기도 했다. 화폐경제가 지역사회에 스며들면서 특산물 생산이 활발해져 농민들은 면직물 등의 부업에 힘쓰고, 시장에 생산물을 가져 나감으로써 호경기의 혜택을 본다. 인구의 대부분을 차지하는 농민들이 화폐를 손에 넣고 농기구나 생활용품을 구입하게 되자, 철제품 수요가 증가하게 되고 제철업은 갑자기 활황을 띠게 되었다. 경제 호황을 배경으로 민간에서도 수공예품에 대한 수요가 많아지고, 제혁·제지 등에서 필요한 명반明礬 등의 채굴도 활발해진다. 게다가, 건축 붐에 힘입어 건설 자재나 한약재로도 쓰였던 석고石膏도 각지에서 채굴되기 시작했다. 이 가운데, 산지에 들어가 개발하는 민간업체가 많이 나타났다.

또한, 당시 왕조는 만성적인 재정 적자를 겪고 있었고, 황제는 자신에게 직속하는 환관들을 각지에 파견하여, 상업 활동을 통해 여러 가지 구실을 만들어 수탈함과 함께 광산 개발에도 힘썼다. 민간의 지하자원 수요 및 왕조의 광산 개발로 각지에서 풍수를 둘러싼 사건이 자주 일어났다. 민간자본을 가진 개발업자와 환관이 연계하여 이루어졌던 것이다.

이어서 저자는 「3. 기氣가 솟는 일본」을 논의한다. 중심은 구마자와 반잔熊澤蕃山(1619~1691)의 '신기神氣·수토水土의 사상'이다. 이런 구마자와의 논의가 '개발에 항거하는 사상'임을 저자는 논증한다.

구마자와 반잔의 개발에 항거하는 '환경론'

저자는 일본의 양명학자인 구마자와 반잔이 개발에 항거하기 위해 '환경론'을 논하고 있음을 말한다. 구마자와는 에도 전기의 유학자이다. 나카에 토쥬中江藤樹에게 양명학을 배우고 오카야마岡山 번주藩主 이케다 미쓰마사池田光政를 섬기며 대홍수나 흉작 대기근 때 구제에 힘썼다. 말년에 정치 비판으로 막부에서 소외되어 투옥 중에 병사했다. 저서로는 『집의외서集義外書』, 『대학혹문大學或問』, 『집의화서集義和書』 등이 있다.

중국이 상업의 시대 속에 있고, 봉금산이 벌채의 위기에 처했을 때, 일본 또한 상업의 시대, 대개발의 한가운데에 있었다. 대규모 치수 관개治水灌漑가 이루어지고 새로운 농지가 조성되어 식량이 증산되었다. 17세기에 도쿠가와德川에 의해 평화로운 시대로 넘어갔을 때, 일본에서는 인구가 급증하기 시작한다. 경지가 늘어나면, 논밭에 뿌릴 퇴비를 얻기 위해 사람들은 야산에 들어가 풀을 베는 횟수가 많아진다. 주민이 늘어나면, 날마다 취사에 쓸 땔감과 숯도 많이 필요해진다. 생태 환경이 지닌 보존력을 넘을 정도로 초목을 빼앗기게 되면 산야는 황폐해진다. 17세기 중반 일본은 생태 환경의 열악화로 토사류·홍수·야생동물에 의한 비정상적인 피해 증가 등에 직면하게 되었다.

상업의 시대에 심각해진 환경의 열악화에 직면하여, 17세기 후반에서 18세기 전반에 걸쳐 일본에서는 환경을 보전하려는 다양한 시도가 행해졌다. 이러한 시책을 이론적으로 지지한 것이, 중국에서 전래되어 일본이 선택한 '기氣'의 사상이었다.

17세기에 일본이 직면한 생태 환경의 열악화를 재빨리 알아차리고, 환경의 보전에 힘쓴 인물로는 에도江戸 시대의 유학자인 구마자와 반잔이 있다. 그의 책 곳곳에서 생태 환경에 대한 사색이 묻어난다.

'대지를 흐르는 것'이 아닌, '저절로 솟아나는' 기氣

저자는 구마자와 반잔의 논의에서 명확하게 드러나는 것이 "일본에서는 '기'는 대지를 흐르는 것으로는 상상되지 않는다."는 것이다. 그렇다면 어떻게 되는가? 구마자와는 "그 땅의 '수토水土', 즉 물과 토양, 그리고 일본의 온난한 기후가 기르는 식생, 이러한 풍요로운 생태 환경 속에서, 저절로 솟아 나온다."고 보았다. 그래서 "솟아난 기는 산신山神·바위신磐神·나무신大樹神·폭포신瀑神이라는 자연에 기인한 신들로 의식되고 신앙된다."고 본다. 결국 "기를 유지하기 위해서는 그 토지의 '수토水土'를 보전하면 된다."는 것이다.

그러면 중국의 풍수사들이 하는 '복잡한 기술, 습득해야 할 방대한 지식은 불필요'하게 된다.

여기에서 확인해 둘 필요가 있는 것은 그 수토水土는 태양이 떠오르는 일본에서의 고유한 생태 환경으로 여겨지며, 그것이 일본 우위성의 근거가 된다는 점이다. 구마자와는 수토로 되돌아갈 수 있다면, 일본에서는 불교는 물론이고 유교조차 필요 없다고 단언한다. '신기神氣'를 보전하기 위해서는 심플하게 그 땅의 '수토水土'에 몸을 담그는 것으로써 취해야 할 길이 보이기 시작한다. 이것이 구마자와 반잔이 말하는 '이간易簡'이 아닐까. 결국 중국의 풍수사들이 하는 복잡한 기술, 습득해야 할 방대한 지식은 필요 없다.

일본의 고유성, 수토론(= 時處位論)

저자도 언급하지만 구마자와를 비롯한 일본의 초기 양명학자들은 일본적 특성을 포함한 일본이라는 '지상적[地] 공간'의 우수성을 '수토론水土論'으로 표출했다.

일본적 특성을 포함한 일본이라는 '지상적[地] 공간'의 우수성은 '수토론'으로 표상된다. 참고로 수토론은, 중국의 전통적인 천 = 시간성 / 지 = 공간성을 참고한다면, 해당 지역의 구체적 환경과 특수성을 사상적·문화적으로 다시 영유領有(appropriation. 專有라고도 함)하는 일이다. 수토론은 '시처위론時處位論'과 통하며 일본적 '풍토론風土論'의 재구성이라 하겠다.[7]

중국의 학술/예법	➡	일본이라는 여건 (水土/風土) = topos 시처위時處位라는 틀[型]	➡	일본화 일본적 일본의 학술/예법

일본화 - 일본적인 것의 형성 과정

---

7) 이에 대해서는 최재목(이우진 역), 『동아시아 양명학의 전개』, 정병규에디션, 2016, 590~623쪽 참조.

'시처위'의 '시'는 '천'(시간성)을, '처'는 '지'(공간성. 수토 = 풍토)를, '위'는 '인'(인간)을 말한다.

천天	천시天時	시時	시간
지地	지리地利	처處	공간
인人	인위人位	위位	인간

시처위와 천지인의 대비

일본의 고유성 주장이라는 한계

그런데 저자는 구마자와의 논의는 '개별적인 환경 파괴에 직면할 때에는 효과'가 있을지 모르나 '지구적 규모의 생태 환경의 열악화'에는 한계가 있다고 말한다. 그래서 저자는 마지막으로 류큐 왕국의 정치가 채온蔡溫(1682~1761)을 예로 든다. 채온은 중국식 이름[唐名]이며, 청나라의 복건에서 유학하고 귀국 후 상경왕尚敬王의 후견역으로 업적을 올린 사람이다. 채온의 『유산법식장柚山法式帳』(이하 『법식장』)은 풍수론이 설명의 기초가 되고 있다.

이러한 신기神氣·산기山氣는 개별적인 환경 파괴에 직면할 때에는 효과가 있을지도 모른다. 그러나 지금 우리가 직면하고 있는 지구 전체적 규모로 진행되고 있는 생태 환경의 열악화라는 문제에 대처하기에는, 너무 일본의 고유성에 얽매여 있는 것 같기도 하다. 일본인이 중국에서 배운 '기氣'의 감각을, 지금 현대에 살려 나가기 위해서는 체계적이면서 보편적이기도 한 풍수론에서의 '기' 이론과 연결해 갈 필요가 있지 않을까. 일본과 중국을 연결하는 하나의 단서로서, 마지막으로 또 한 사람의 논의를 살펴보도록 하자. 그 인물은 류큐국琉球國을 만든 채온이다.

『법식장法式帳』에 보이는 풍수론을 복건의 『현관玄關』과 비교하면, 같은 점과 다른 점이 있음이 밝혀진다. 『법식장』의 '영지嶺地'는 복건 풍수론의 용어 '후룡後龍'에 해당한다. '후룡'의 뒤에는 산맥이 이어져 그 갈라지는 지점에 위치하는 산을 '조산祖山'이라고 부르는 것은 양쪽이 같다. 『법식장』에서 '포호抱護의 폐閉'는 『현관』에서 말하는 '수구水口'에 해당한다. 지형을 읽는 방법에서, 『법식장』은 복건의 풍수론을 완전히 따르고 있다고 할 수 있다. 채온은 복건에서 유학했을 때, 산맥을 따라 전해 온 '기氣'가 어디에 응집하는지 판별하는 방법을 배운 것이다.

『법식장』의 수토 vs 『현관』의 풍수 — '거시적 구도'와 '국지적 개성'의 양상

저자는 『법식장』에서 말하는 '포호抱護의 폐閉'를 복건성 풍수의 『현관』에서 말하는 '수구水口'에 해당한다고 본다. 그래서 '지형을 읽는 방법'에서 『법식장』은 "복건의 풍수론을 완전히 따르고 있다"고 단언한다.

다만 중국의 풍수 사상은 '기의 흐름을 기준으로 발전'해 왔기에 '각 토지의 고유성'을 그다지 고려하지 않았다.

이에 대해 류큐의 풍수를 대변하는 채온의 포호는 중국 복건의

"수구의 이론에 따르면서도 그 구체적인 모습은 크게 다르다." 즉 일본의 '수토'에 가까운 감각을 가지고 있으면서 "기의 흐름을 땅에 연결시켜 그 장소의 '수토'를 기른다". "큰 용맥의 구도를 내다보면서도 동시에 국지적인 땅의 개성에 신경을 쓴다." '기의 흐름=용맥'이라는 '거시적 구도'와 수토론 같은 '국지적 개성'을 신경 쓰고 있다. 이 양면성의 포용으로 "산업 시대에 세계 각지에서 진행된 자연의 황폐로부터 류큐를 보호한 것"이었다.

『법식장』에 보이는 풍수론을 복건의 『현관』과 비교하면, 같은 점과 다른 점이 있음이 밝혀진다. 『법식장』의 '영지嶺地'는 복건 풍수론의 용어 '후룡後龍'에 해당한다. '후룡'의 뒤에는 산맥이 이어져 그 갈라지는 지점에 위치하는 산을 '조산祖山'이라고 부르는 것은 양쪽이 같다. 『법식장』에서 '포호抱護의 폐閉'는 『현관』에서 말하는 '수구水口'에 해당한다. 지형을 읽는 방법에서 『법식장』은 복건의 풍수론을 완전히 따르고 있다고 할 수 있다. 채온은 복건에서 유학했을 때 산맥을 따라 전해 온 '기'가 어디에 응집하는지 판별하는 방법을 배운 것이다.
중국의 풍수 사상은 기의 흐름을 기준으로 발전해 왔기 때문에 각 토지의 고유성에 대해서는 그다지 크게 고려하지 않았다. 흐름만 유지되면, 설령 산지가 민둥산으로 되어 있다 해도 산등성이에 몇 안 되는 나무만 남으면 그것으로 충분하다고 한다. 중국에서는 마을에서 하천이 흘러나오는 곳을 수구로 보고, 좋은 기가 마을 지역에서 흘러나가지 않고, 나쁜 기가 하류에서 마을로 거슬러 흘러들어오지 않도록 나무를 남긴다. 그러나 그

것은 단 한 그루의 큰 나무로도 충분하다고 여겼다.

채온의 포호는 이 수구의 이론에 따르면서도 그 구체적인 모습은 크게 다르다. 일본의 사색에 나타나는 '수토'에 가까운 감각을 채온은 가지고 있다. 포호는 단순한 흐르는 기의 방파제가 아니다. 기의 흐름을 땅에 연결시켜 그 장소의 '수토'를 기른다. 한편으로는 큰 용맥의 구도를 내다보면서도 동시에 국지적인 땅의 개성에 신경을 쓴다. 이러한 채온 사상의 양면성이 산업 시대에 세계 각지에서 진행된 자연의 황폐로부터 류큐를 보호한 것이다.

여기서 잠시, 저자가 '서문'에서 중국의 풍수에 주목하며 특히 복건福建(푸젠)의 토루土樓를 답사할 때 언급한 말을 상기시켜 본다.

중국인의 발상에 따르면, 사람과 사람 사이에 기氣가 흐르고 땅에도 기가 흐르고 있다. 조상으로부터 자손에게 미치는 기와, 산에서 마을로, 마을에서 강으로 함께 이르는 기가 서로 공감해 만날 때, 그곳에 하나의 거대한 공간의 질서가 생겨난다. 이 질서에 따라 집을 지으면, 자연과 인공을 서로 포용하는 아름다운 무라나미村並み(마을과 마을이 즐비하게 이어짐)가 거기에 나타나게 된다. 극한極限이라고도 할 수 있는 무라나미는 복건성 서남부 산지에 있는 토루土樓일 것이다.

복건성의 토루와 채온의 포호를 오버랩시켜 보면 흥미롭다.

오키나와의 '순수한 생태 환경 = 성역'

저자는 마지막으로 오키나와의 나고시에 "풍수 사상에 따라 기를 놓치지 않기 위해 심어진" '포호抱護의 숲'으로서 후쿠기福木 숲인 '우타키御嶽'를 든다. 이곳은 "거의 사람의 손이 닿지 않는 원시림 속에 절대 남자는 발을 들여놓지 못하게 했던" 성역이다. 저자는 결론적인 이야기 "풍수와 수토가 교감하는 모습"을 말한다. 아마도 저자가 구상한 '환경학'이 아닐까.

> 오키나와沖縄현의 나고名護 시. 그곳의 민가는 짙은 녹색의 상록수에 안기듯이 세워져 있다. 후쿠기福木(Garcinia subelliptica)이다. 후쿠기는 풍수 사상에 따라 기를 놓치지 않기 위해 심어졌다. 채온의 말로 하면 '포호抱護'의 숲이다. 그리고 마을에는 신들과 교감하는 숲森(무이)이 있다. 거의 사람의 손이 닿지 않는 원시림 속에 절대 남자는 발을 들여놓지 못하게 했던 성역聖域이다. 우타키御嶽라고 불린다. (……) 거기에 있는 것은 순수한 생태 환경이다. 일본에서도 신도神道가 제도화되기 전, 이러한 성역이 여러 곳에 있었을 것이다. 나는 오키나와에서 숲에 몸을 담그고, 풍수와 수토가 교감하는 모습을 보았다.

일본에 없는 발상 = '용맥' vs 중국에 없는 감성 = '나무숲의 성역'

저자는 마지막으로 이런 언급을 한다.

> 사람의 환경을 인식하는 틀이 다르면, 사람의 손길이 미친 다음의 생태 환경은 크게 달라진다. 일본에는 용맥龍脈이라는 발

상이 없고, 중국에는 나무숲樹林에 성역이 있다는 감성은 없다. 어느 쪽이 올바르게 숲과 접하는 방법이냐가 아니라, 각각이 전승해 온 자신의 문화를 존중하면서, 배워야 할 점을 서로 배우면서 지구 환경을 염두에 둔 새로운 환경학을 발전시켜 나가야 할 것이다.

즉 <일본에 없는 발상='용맥'>과 <중국에 없는 감성='나무숲의 성역'>을 대비시킨다. 앞서 말한 '『법식장』의 수토에는 거시적 구도가 없고' '『현관』의 풍수에는 국지적 개성이 없다'는 것을 말한다.

6. 나오는 말

전승문화의 존중과 타문화의 수용에서 '새로운 환경학'을

결국 저자는 "풍수와 수토가 교감하는 모습"을 바란다. 과연 이런 생태 환경이 어디에서, 얼마나 실현될 수 있을지는 차치하고서 저자가 말한 "어느 쪽이 올바르게 숲과 접하는 방법이냐?"가 아니라, "각각이 전승해 온 자신의 문화를 존중하면서, 배워야 할 점을 서로 배우면서 지구 환경을 염두에 둔 새로운 환경학을 발전시켜 나가야 할 것"이라는 점에 동의하고자 한다.

이처럼 <전승해 오는 개성 있는 문화를 존중하며, 타문화를 수용하는 개방성을 통해 '새로운 환경학'을 구축하는 것>은 우에다 마코토가 저서를 통해 이 시대에 호소하고픈 대목이라 할 것이다.

몇 가지, 고려되어야 할 점에 대해

이제 우에다 마코토의 저서를 검토하면서 몇 가지 고려되어야 할 점들을 제시하면서 글을 마무리하고자 한다.

첫째, 일본에 없는 '용맥'이라는 발상과 중국에 없는 "나무숲의 성역'이라는 감성은 대륙 풍수와 섬 풍수의 차이로 대별해 보는 방법은 불가능한가 하는 점이다.

둘째, 이 책에서는 '조선의 풍수'가 결여되어 있다. 조선의 풍수를 결락시킨 이유가 궁금해진다. 앞선 물음과 연관되는 것으로서 섬의 경험론과 대륙의 합리론이 만날 수 있는 지역으로서 '조선의 풍수'를 바라보는 것은 가능할까 하는 점이다.

셋째, 저자의 <전승문화의 존중과 타문화의 수용에서 '새로운 환경학'>이라는 구상을 '대지-지구적 환경 인문학'으로 발전시켜 가는 방안도 고려해 보면 어떨까 한다.

이 점에 관하여 아래의 사족으로 일단 대체해 둔다.

7. 사족: '대지-지구적 환경 인문학을 위한 단상'

어떤 '형식'이라는 것

지상의 좋은 곳이란 어떤 곳일까? 그리고 그런 곳의 '형식'은 어떻게 정해지는 것일까? 이런 막연한 생각을 해 본다. 그저 두리번거리며 이곳저곳을 떠돌아다니는 것도 재미있는 일이다. 벤치·쓰레기통·화분·가로등·신호등·간판·편지함의 형식이다. '왜, 하필 저것은 저렇게 되어 있을까?' '왜 다른 곳과 다를까?' 이런저런 의문을 가지며 생각해 보는 것도 꽤 흥미롭다.

흔히 책이나 논문을 읽을 경우 나는 표지를 넘기고 나서 '목차目次'를 쓰윽 훑어본다. 그리고 가만히 눈동자를 멈추고 왜 이런 순서로 되어 있는지 살펴본다. 그러면 그 내용의 대략을 알 수가 있다. 목차라는 형식은 내용을 살필 수 있는 가장 유효한 방법이다. 만일 목차가 없다면 내용을 다 읽기 전까지는 그 대략을 알 수가 없을 것이다. 따라서 목차는 내용에 다가서는 가장 유효하고도 확실한 형식이다.

무한한 시간을 합리적으로 인식하기 위해 우리는 표시를 해 둔다. '달력'이라는 것이다. 달력이라는 형식으로 인간은 시간을 분절화해서 활용한다. 그때그때마다 시간을 계산할 필요 없이, 달력을 쳐다보며 현재라는 시간을 손쉽게 짚어 낸다. 하루의 시간은 일과표에 따라 나뉘고, 한 시간의 내용은 분과 초로 나누어서 생각한다. 이렇게 시간을 나누는 형식은 그 나름의 이유가 있을 것이다. 여하튼 이런 형식으로 무한 시간을 유한하게 표시해 주는 것은 스스로의 소멸을 인식하고 준비하라는 뜻이리라.

또한 우리는 무한 공간을 합리적으로 인식하기 위해 우리는 선을 긋고 집을 짓거나 길을 만든다. 무한 공간에서 설계를 통해 일정 공간을 구분해 낸다. 아니 하나의 형식으로 무한 속에서 일부를 구출해 낸다. 들어가는 위치와 나오는 곳을 나누고, 누울 곳과 앉을 곳을 가르고, 어두워야 할 곳과 밝아야 할 곳 등 활동에 필요한 공간을 분할하고 규정한다. 강의실이나 공연장, 시장이나 식당이라는 공간도 필요와 유용성에 따라 형식을 기획하고 분할한다.

이처럼 '시간·공간이라는 형식'은 무한 속에서 사람이 규정하여 구출해 낸 것이다. 하지만 이러한 규정이 거꾸로 사람을 만들어가고 의식을 재규정·한정하기도 한다. 가끔은 이러한 형식들의 생성과 소멸을 낯설게 바라볼 수 있어야 한다. 거기에 익숙해져 버리면 그것이 잘 보이지 않는다. 어디론가 숨어버리고 만다. 시인과 예술가·건축가·철학자들은 사물의 형식을 만들면서 그 형식에 갇히고, 또한 그 형식을 부수고 새롭게 넘어설 수 있는 존재들이다. 익숙한 풍경 속에서 낯선 형식들을 찾아내고 바라보고, 부수고 만드는 재능을 지닌 사람들이다.

인간 세상의 형식들은 어디서 온 것일까? 그 고향은 어디일까? 이 세상의 모든 표시들을 만들어 낸 생각의 근원은 어디일까? 아마 그것은 우리들의 마음이라 할 수 있겠으나, 결국 마음이 깃들어 있는 곳은 '몸', 나아가 이 '몸'의 시간과 공간을 결정해 주는 '환경'이 아닐까?

'마음의 방향'이 사물의 위상을 결정

덴마크의 심리학자 에드가 루빈Edgar John Rubin(1886~1951)이 고안한 이른바 '루빈의 컵'으로 불리는 오른쪽 그림은 보기에 따라 '컵(이나 꽃병)' 또는 '마주 보는 두 사람'으로 보이기도 한다.

그런데, 어느 한쪽을 보면 어느 한쪽이 보이지 않기에 두 그림을 동시에 볼 수는 없다. '어느 것으로 볼 것인가?'는 "지각하는 사람의 마음의 방향에 따라 결정"된다. 다시 말하면 "마음의 방향에 따라 사물을 파악하는 구성이 이루어지는" 것이다.8) 지각하는 사람의 마음이 무언가를 그렇게(=마음처럼) 만들어 내는 것이다.

루빈의 컵에서처럼 공간도 '보기에 따라' 다르게 규정된다. 어떤 규정이 먼저 있는 것이 아니다. 보는 것이 먼저이다. 누군가가 보고 그렇게 규정을 하고 나니 그렇게 보이는 것이다.

"윌리엄 제임스가 인간의 근원적인 공간 체험을 '두루뭉수리의 바탕an element of voluminousness', '막연한 펑퍼짐한 느낌a feeling of crude extensity'이라는 말로 설명한 일이 있듯이"9) 어림짐작이 작동한다. 어림짐작을 심리학 등에서는 '휴리스틱Heuristics'이라 한다. 일단 이것을 바탕으로 추린-추론이라는 분석적 판단이 관여한다. 우리 뇌 속에는 '직관적인 휴리스틱 처리 시스템' 즉 '자율적 시스템'이 작동하고, 아울러 '분석적 시스템' 즉 '논리적인 계통적 처리 시스템'이 작동한다. 전자는 '자연-욕망의 나'(하고 싶은 나)이고, 후자는 '당위-도덕의 나'(해야 할 나)이다.

흔히 풍수에서는 혈과 명당을 잡는데에 '원칠근삼遠七近三'이라 한다. 멀리 기맥의 흐름(용맥·형국)을 살피는 거시적 형세를 잡는 관점이 충분히 작동해야 하고, 이를 기초로 가까이에서 미시적 방위를 잡는 이기적 관점이 뒤따라야 한다. 전자는 대륙의 합리론적 입장과 유사하다면, 후자는 영국의 경험론적 입장에 유사하다. 이 둘은 상생적으로 활용되어야 한다. 마치 루빈의 컵에서 바깥에서 봐 들어가면 얼굴이 보이고, 안쪽에서 보면 컵이 보인다.

즉 두 마리 토끼를 잡으려면 '밖(거시)에서 안(미시)으로, 안에서

---

8) 조요한, 『예술철학』, 미술문화, 2003, 56쪽.
9) 김우창, 『풍경과 마음』(김우창전집 12), 민음사, 2016, 84쪽.

밖으로'라는 양방향적 관점이 요구된다. 전체적 형식을 역동적으로 '직관'(어림짐작)하여 '감을 잡고'[개념적→ 우뇌적: 개념], 부분적 내용을 정적으로 '분석'(추론)하여 '디테일을 확정해내는 것'[理氣的/象數的→ 좌뇌적: 기호]은 우리 몸-뇌가 세계와 교감하는 방식이리라.

인간이 공간을 인식하는 방법은 두루뭉수리를 바탕으로 거기다가 자신의 삶을 포갠다. 디테일은 결국 '의미'이다. 자신의 의미를 찾는 작업이다.

'대지-지구'라는 공간, 그 사유와 규정, '의미'

밀물이 모든 배를 띄워 올리고 썰물이 수평의 높이를 한없이 낮추듯이, 대지-지구라는 공간을 '생각하고' 그것을 언어로 '규정하는' 힘은 밀물-썰물처럼 우리들 삶의 공간을 속되거나 신비롭거나, 높거나 낮거나, 울퉁불퉁하거나 평평하거나, 가깝거나 멀거나, 무섭거나 편안하거나, 숨거나 드러나거나, 몰락하거나 생성하거나, 경계 짓거나 경계를 허물거나 어느 쪽으로 만들어 준다.

'무한'(無. 무규정)의 공간-대지(땅)를 '유한'(有. 규정)의 존재로 개념 규정하려는 것은 인문학 혹은 철학의 사명이다. 무한의 공간을 언어로 붙들어서 개념화하고, 인간이 감지할 수 있는, '지성의 한계 내'의 유한 공간으로 분절화하는 것은 인간적인 '의미 부여'에 해당한다. 이 '의미'라는 것은 공간 자체가 가진 것이 아니고 '인간에 의한, 인간을 위한, 인간의 의미'이다. 다시 말해서 '나라는 한 인간'이 '지금, 어디에 있는지?'를 알고 있고, 해명이 가능하며, 말(= 스토리텔링)할 수 있는 것이다. 그래서 '의미'를 묻는 것은, 하이데거가 말하는 것처럼, "'나는…이다'라는 발언을 통해 '자기 자신'을 밝히는 현존재의 일상적 자기해석이다."10) '나는…이다'라는 것은 '나는 지금, 어디에 있다'라는 말이다.

---

10) 마르틴 하이데거(전양범 역), 『존재와 시간』, 동서문화사, 1992, 413쪽.

머 리 말

　공항 안에 있는 서점의 구성을 보면 그 나라의 비즈니스맨이 무엇에 관심을 가지고 있는지 대충 감을 잡을 수 있다. 비행기를 자주 이용하는 계층으로 타깃을 좁히는 것은, 한정된 공간에서의 판매량을 높이기 위해서일 것이다.

　최근 몇 년간 중국의 국내선 로비 서점에서 비즈니스 서적과 함께 높은 점유율을 자랑하고 있는 것이 풍수風水 서적이다. 사회주의 안에 시장경제가 나타나면서 배급이 아닌 자산으로 주택이 매매되게 되었다. 자기 자금을 가진 비즈니스맨 층의 가장 큰 관심사가 부동산 가치를 따지거나 구입한 아파트의 운을 향상하는 쪽으로 나아가고 있다는 것을 풍수서의 배치 공간의 넓이가 말해 주는 듯하다.

　일본서점에서도 '풍수'라고 하는 책들이 눈에 띈다. 그러나 중국 공항서점의 종류와는 상당히 다르다. 주택의 풍수 감정에서 인테리어 풍수 같은, 일본에서도 많은 유형의 풍수서는 물론 실용서부터 학술서까지, 내용도 인테리어 지침서에서 풍수 이론이나 풍수 고전의 복각판에 이르기까지 깊이가 깊다. 과연 풍수의 발상지라 할 만하지 않은가. 어느 아파트를 살 것인지, 어디에 사무실을 낼지 고민하는 비즈니스맨이 각종 풍수서를 쌓아 놓고 목 빠지게 읽으며, 기気의 사상에서 오행과 팔괘, 또 나침반을 읽는 방법까지 터득하여 판단의 근거를 얻으려고 하는 그런 모습을 상상할 수 있다.

중국의 풍수 붐과 일본의 풍수를 둘러싼 상황을 비교해 보면, 전자는 체계적인 데 반해, 후자는 손쉽고 편리한 것으로 생각된다. 인테리어 풍수 같은 안내서와, 문화인류학자와 중국 사상사 연구자가 펴낸 해설서 사이에는 상당한 차이가 있다. 연구자가 손수 쓴 해설서에서도, 묘지를 선택하는 데 풍수지리론의 설명에서 단번에 비약하여 택지나 도시의 풍수로 화제가 옮겨진다. 실은 묘지 풍수와 택지 풍수는 상당히 생각하는 방법이나 시각이 다르다. 택지 선정이 중요한데, 일본어로 된 풍수 관련서를 읽어 봐도 주택의 풍수 이론을 알 수 없다. 그 때문에 일본에서는 풍수론이 유행하고 있는데도 불구하고 풍수 이론을 적용한 건축의 시도는 없다.

일본에 거주하고 있는 중국인 친구와의 인연으로, 그의 고향인 복건성福建省(푸젠성) 산간지역을 자주 방문할 기회가 있었다. 산골마을에 가면 먼저 놀라운 것이 마을 경관의 아름다움이다. 마을 사람들은 옛날에 비하면 황폐해졌다고 하지만, 마을 주변에는 울창한 숲이 남아 있다. 마을을 가로지르는 계곡 위에는 지붕이 달린 목조다리가 놓여 있고, 큰 나무 아래에 신을 모시는 사당이 자리하고 있다. 마을에 들어서면 집들은 흥겨운 리듬을 타듯 늘어서 있다. 일본어의 '쵸나미町並み(건물과 건물이 즐비하게 이어짐)'와 같은 말로 복건福建(푸젠)에는 '무라나미村並み(마을과 마을이 즐비하게 이어짐)'가 있다. 왜 마을이 즐비하게 늘어선 모양으로 만들어지는지 그 이유를 물으면,

답은 풍수술風水術로 읽혀지는 '기氣의 흐름'이라고 할 수 있다.

중국인의 발상에 따르면, 사람과 사람 사이에 기氣가 흐르고 땅에도 기氣가 흐르고 있다. 조상으로부터 자손에게 미치는 기氣와, 산에서 마을로, 마을에서 강으로 함께 이르는 기氣가 서로 공감해 만날 때, 그곳에 하나의 거대한 공간의 질서가 생겨난다. 이 질서에 따라 집을 지으면, 자연과 인공을 서로 포용하는 아름다운 무라나미村並み가 거기에 나타나게 된다.

극한極限이라고도 할 수 있는 무라나미는 복건성 서남부 산지에 있는 토루土楼(이 책 화보 참조)일 것이다. 가운데에 조상을 모시는 사당을 두고, 사당을 에워싸듯 후손들이 3, 4층의 거주 공간을 쌓아 올렸다. 나무와 흙으로 쌓은 토루의 뒷면에는, 사람들에게 활력을 더해 줄 기氣를 공급하는 산이 위치하고 있다. 토루의 안뜰에 뚫은 우물에서는 단물이 솟아나고, 생활로 오염된 하수는 맑게 정화되어 배수로를 따라 탁한 기氣는 토루에서 흘러나간다. 토루 앞에는 하천이 흐르고, 중요한 지점에 놓인 다리가 좋은 기운은 머무르게 하고 나쁜 기운은 되돌아오지 못하게 막고 있다. 토루의 맨 위층에 올라가 남쪽 창문을 활짝 열면, 정면에서는 야마나미山並み(산이 이어진 모양)가 멀리 바라다보인다.

토루의 노인은 의자에 앉아 여유로운 자세로 원을 그리듯 두 팔을 뻗어 가슴 앞에서 손을 모으고 설명해 주었다.

의자 등받이가 마을 뒷산에 맞닿아, 마을 사람들은 현무玄武라고 부른다. 왼쪽 팔걸이가 동쪽 능선으로 청룡青龍이다. 오른쪽 팔걸이는 서쪽 능선이며, 마을에서는 백호白虎라고 부른다. 내

앞, 탁자에 해당하는 것이 주작朱雀이라고 불리는 맞은편 언덕
이다. 내 팔 안의 원형이 말하자면 토루라고 하는 것이다.

　이런 모든 설명이 풍수라는 말이다. 주변의 산과 물이 만들어 내
는 공간, 사람이 지은 토루, 의자에 걸터앉아 있는 노인, 각각 같은
기氣에 대한 이론들이 결합되어, 거대한 땅으로부터 미세한 신체에
이르는 프랙털fractal(자기 유사성)이 나타나 있다. 토루는 한 채의 집
이 아니라 수십 가구의 가족이 함께 생활하는 마을이다. 자연과 인
간 사이에 흐르는 기氣의 흐름이 이 주거공간을 만들어 낸다. 풍수
론에는 과학적인 측면과 미신이라고 하는 부분이 섞여 있기는 하지
만, 그곳에 사는 사람들이 하나의 이론을 터득해 버리면, 저절로 리
듬이 생기고 질서가 생겨난다. 위에서 강요한 규제가 아니라 안에서
우러나온 이치가 이런 마을 그대로를 만드는 것이다.
　이 책을 집필한 목적은 중국인의 풍수관을 원리부터 설명하여 자
연과 인공의 조화로운 공간 질서가 어떻게 생기는지를 밝히는 데
있다. 지금까지 일본의 풍수 해설에서 누락되었던 택지 풍수를, 초
보이긴 하지만 보완하게 될 것이다. 더욱이 이 책의 마지막에는 일
본의 전통적인 환경관에도 시야를 넓혀서, 일본과 중국 사이의 땅에
대한 감각의 차이에도 눈을 돌리게 될 것이다.

　지구 온난화의 위기가 제기되고 기후의 변화를 매년 절감하게 된
다. 우리는 일본·중국 각각의 전통 속에서 만들어진 환경학에 눈을
돌려, 취할 것은 취하고 버릴 것은 버리는 작업을 거듭하여 바람직
한 환경학을 추구해 나가야 할 것이다.

제1장 대지大地를 읽다

1. 한 권의 풍수서

풍수가 지킨 살아 있는 화석

중국 복건성福建省1)에서
살아 있는 화석으로 불리
는 나무를 만날 수 있었다.
중국어로 적으면 '수송水松
(쉐이송)', 일본명은 그대로
음독하여 '스이쇼우スイショ
ウ', 그리고 라틴어 학명으
로 하면 'Glyptostrobus

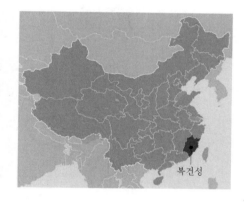

복건성

pensilis'가 되는 침엽수이다. '송松'이라 하지만, 삼나무과의 낙엽
수로서 가을이 되면 낙엽을 떨어뜨린다. 중국 국무원이 1999년에
비준한 '국가 중점 보호 야생식물' 목록 중에서 이 나무는 1급 보호
식물로 꼽히고 있다.

---

1) 중국 대륙 남동쪽에 위치한다. 면적은 121,400km², 성도省都는 복주福州, 약 80%
이상이 산지와 구릉이다. 광동성広東省에 이어 많은 화교를 배출하고 있다.

2006년 3월, 나는 촌락 조사를 위하여 복건성 북부에 위치한 병남현屏南県(평난현)을 방문했다. 일본에서 알고 지낸 중국인의 도움을 받아 그 고장의 생태 환경과 촌락 사회와의 관계를 조사하려고 생각했기 때문이다. 복건에서 합승버스로 5시간 걸린 산간 마을에 내려섰더니, 거리 곳곳에

는 "熱烈祝賀 '子遺植物 ― 水松' 郵票在我県隆重発行"이라는 붉은 현수막이 걸려 있었다. 직역하면 "'희귀 식물 쉐이송'의 기념우표가 이 고장에서 성대하게 발행되는 것을 열렬히 축하한다"는 말이라고 할까.

마중 나온 친구의 아버지는 "이 병남현 산지에 있는 천연 수송림水松林이 기념우표 도안으로 채택되어, 실은 어제 거국적인 기념행사가 열렸다"고 가르쳐 주었다. 급히 우체국에 가 보니, 그 현수막이 막 철거된 참이라 기념우표 책자가 날개 돋친 듯이 팔리고 있었다. 나도 바로 구입했다.

묘한 우연으로, 이 현県에 일본에서는 이미 멸종된 수송의 천연 숲이 있다는 것을 알게 되었다. 하여 가지 않을 수 없다고 마음먹게 된 것이다.

수송은 현재 일본에서는 식물원에 심어져 있을 뿐, 자연의 나무 숲에서 자생하지는 않는다. 백만 년 전쯤 신생대 제3기 중반경, 이 나무는 일본의 물가 곳곳에 자연스럽게 우거져 있었다. 공룡 시대

다음으로 이어진 제3기는 기후의 변화가 심했다. 처음에는 일본의 기후가 지금보다 훨씬 따뜻해서, 녹나무나 종려 등의 온대성 식물이 홋카이도北海道 근처까지 퍼져 있었다. 그러나, 중반경이 되면 기온이 저하되어 메타세쿼이아2) 식물군으로 불리는 식생이 일본을 덮는다. 그중에 수송水松이 섞여 있었던 것이다. 화석을 세심하게 관찰해 보면, 수송이 바람에 흩날리며 일렁이던 모습을 엿볼 수 있다고 한다.

당시의 일본 식생 군락植生群落에 이름을 남긴 메타세쿼이아는, 중국과 미국과의 전쟁에서 패한 일본인의 기억에 새겨진 나무로 알려져 있다. 화석 식물을 연구하던 미키 시게루三木茂3)가 단편적인 화석에서 그 전체를 복원하여, 북아메리카에 현생하는 거목 세쿼이아와는 다른 속屬의 식물로서, 메타세쿼이아라는 속명을 1941년에 세웠다. 전후 1945년 중국은 사천성四川省 산속에서 신을 모시는 묘지의 신목神木으로 자생하는 나무가 발견되어, 중국인 식물학자가 메타세쿼이아속屬이라고 같이 정하고, 미국의 연구자가 중개하여 그 종자를 일본에 가져와서 널리 재배되게 되었다. 쇼와천황昭和天皇에게 헌상되어 일본명을 아케보메스기라고 지었다.

중국 그리고 미국에서 건너온 살아 있는 화석 메타세쿼이아에는, 미키三木가 칭한 속명이 채용되어 Metasequoia glyptostroboides

---

2) 삼나무과의 식물. 잎은 날개 모양으로 가을의 단풍이 멋진데, 도쿄의 미즈모토공원 수원공원水元公園이 유명하다.
3) (1901~1974) 카가와현香川県 미키쵸三木町 출신. 교토제국대학·오사카학예대학·오사카시립대학에서 교수를 역임했다. 오사카 시립 자연사 박물관에 메타세쿼이아라는 속을 설립한 모형 표본을 포함한 수집품이 수장되어 있고, 저서로 『오구라이케巨椋池의 식물 생태』, 『메타세쿼이아 살아 있는 화석 식물』 등이 있다.

라고 이름이 붙여진 것이다. 속명 glyptostroboides는 '스이쇼우속屬과 닮다'라는 의미의 라틴어이다. 수송水松도 역시 미키가 화석 중에서 복원한 잃어버린 일본의 식생植生을 대표하는 나무였다.

　메타세쿼이아와 수송이 과연 같은 산림에서 이웃해 자라고 있었는지 어땠는지 확증이 없다. 그러나 식물군으로는 은행나무와 삼나무과의 대만台湾 삼나무·이팝나무, 소나무과의 낙엽송과 유삼油杉(그サン), 조록나무과의 풍나무Liquidambar formosana[4] 등과 함께, 제3기의 일본을 넓게 뒤덮었다. 빙하기가 자주 찾아오는 제4기가 되면, 제3기에 번성했던 많은 나무는 물론 아케보노 코끼리Stegodon aurorae[5) 등의 여러 종류의 동물과 함께 수송도, 메타세쿼이아도 일본에서 자취를 감춰 버렸다. 지금으로부터 80만 년 전의 일이라고 한다.

　대략 그런 지식을 인터넷으로 검색하고, 나는 아직 보지 못한 수송으로 가슴이 두근거렸다. 그런데 다음날은 비가 왔다, 게다가 상당히 많은 비가 내렸다. 수송 숲이 있는 현縣 북쪽의 언덕 아랫마을 상루촌上楼村(샹로우춘)에 가기로 하였지만, 현지까지의 길이 너무 험해서 차는 들어갈 수 없다고 했다.

　수송 보기를 바라는 것은 무리인가 하고 낙심한 다음 날, 비는 그치고 쾌청해졌다. 길을 따라 북쪽 위의 언덕 아랫마을로. 차도 특별히 마련한 4륜 구동차. 산이 이어져 해발 고도도 높고, 가장 변방인 지역. 간신히 고대하던 상루촌에 도착하니, 마음이 급해져 촌장님과

---

4) 중국어로 '풍楓'이라고 표기되어 있기 때문에, 일본에서는 종종 단풍나무와 혼동된다. 잎 모양은 비슷하지만, 종자의 모양은 다르다.
5) 선사 시대 말경부터 신생대 중엽까지 생존했다. 소형의 어깨높이는 2m 정도. 긴키 지방近畿地方에서 많은 화석이 발견되었다.

의 인사도 건성으로, 수송 숲을 향했다. 마을 사람들의 안내를 받아 논을 가로질러, 어느 얕고 좁은 계곡물을 따라 산속을 헤치며 들어 갔다. 흙길이 어제의 비로 질퍽거렸다.

　30분쯤은 걸었을까, 우리들은 갑자기 평탄하고 움푹 패인 땅으로 나갔다. 작은 습지가 있고, 거기에 수송이 줄지어 있었다. 사흘 전 에 막 세워진 것 같은 비석, 기념우표의 발행에 맞춘 것이다. 산 안 쪽에서 벌목한 유삼柳杉(야나기스기)6)를 운반하는 작업을 하고 있는 사람들이 있었고, 책임자인 엽발창葉發昌(예파창, 1958년생)에게서 이 야기를 들었다.

　이 땅은 '대분문大坌門(다번먼)'이라고 불리며, 수송水松 풍수림으 로서 보존되어 왔다. 마을에서는 옛날부터 이 숲에 도끼를 들 여서는 안 된다고 했었지. 마을의 풍수를 지키는 숲이니까.
　내가 들은 바에 따르면, 여기의 나무가 잘린 것은 4그루뿐이다. 1930년대에 홍군紅軍7)이 국민당과 전투를 벌였을 때, 주둔했던 홍군의 유격대 병사가 겨울에 잎이 붙어 있지 않은 소나무여서 시들어 있는 것으로 착각하고, 장작으로 두 그루를 잘라 냈다는 것이다. 1970년대의 문화대혁명 때, 정신이 이상한 사람이 역

---

6) 일본 삼나무에 가까운 나무로, 학명은 Cryptomeria fortunei. 중국에서 '삼나무杉' 라고만 할 수 있는 것은 활엽삼나무広葉杉(Cunninghamialanceolata)뿐이다.
7) 중국 공산당이 조직한 군대. 1927년 무장봉기에 실패한 모택동毛沢東(마오쩌둥)이 이끄는 부대는, 강서성江西省 산간부山間部 이오카井岡山에서 정권을 수립했다. 그 세력은 강서江西·복건福建·광동広東성 주변의 산지이다. 혁명 정권을 지탱하던 중국 공농혁명군제4군中国工農革命軍第四軍은 1930년에 중국공농홍군제1방면군中国工 農紅軍第一方面軍으로 개편되어, 1934년 국민정부의 공세를 견뎌 낼 수 있는 장정 으로서 탈출할 때까지 산간지역에서 싸웠다.

시 나무를 잘라 내 버렸다. 곧 수감되어 석방될 때까지 반년이 걸렸고, 그 이외에 이곳의 나무를 자른 일은 없다.

엽葉씨도, 우리를 안내해 준 마을 사람도, 눈앞에 늘어선 72그루뿐이지만 지구에서 유일하게 자생하고 있는 수송이라고 자랑한다. 이 자랑은 옳지는 않지만, 그러나 희귀한 숲인 것은 틀림없다. 그리고 이 나무숲을 벌목하지 않고 수백 년간 지켜 온 것이, '풍수를 보호한다'고 하는 마을 사람들의 의식이었다.

아직 계절은 일러, 수송은 잎이 무성하지 않았다. 그러나 눈여겨보면, 가지는 간신히 옅은 색을 띠고, 가지 사이를 흔드는 산들바람은 초록으로 물들이고 있다. 엽葉씨가 앞으로 머지않아 새싹이 움터 나오면 아주 아름다울 것이라고 말했다. 풍수가 지켰던 수송의 싹을 꼭 한번 보고 싶다는 결심을 새기며 나는 산을 내려갔다.

수송水松 마을과 풍수

살아 있는 화석, 수송과 내가 만났던 상루촌에서는 수송이 희귀 식물이기 때문에 그 나무숲을 보호했던 것은 아니다. 우연히 수송이 자라고 있었던 장소가 마을의 풍수를 지키기 위해 빼놓을 수 없는 지점이었기 때문에 벌목을 금지해 온 것이다. 그러면 풍수란 무엇인가, 어떻게 해서 풍수가 살아 있는 화석을 결과적으로 보호하게 된 것인가, 그것이 이 책의 과제이다.

일본인들이 '풍수'라는 말을 들으면, 중국식 가상家相이라는 이미지가 강하지 않을까. 거실 어디에 어떤 인테리어를 하면 운세가 좋아지는가, 하는 책들이 서점에 즐비하고 수정水晶 등 풍수를 좋아지게 하는 아이템도 판매되고 있다. 물론 이것도 풍수이지만 중국에 가면 더 큰 스케일로 풍수가 회자된다.

희귀 식물 수송의 나무숲을 수백 년 동안 지켜 온 상루촌에서, 촌장님의 집을 방문하여 그의 아버지 이공계李功界(리공지에, 1923년생 82살) 씨께 풍수에 대한 얘기를 들었다. 목재를 많이 이용해서 지은 집은 통풍이 잘된다. 지붕에서 안뜰로 내려오는 물받이 통으로는, 마디를 뽑아낸 맹종죽孟宗竹8)이 사용되었다. 화로 위에 접이식 네모탁자가 놓여 있다. 겨울에는 목탄을 피워서 따듯하게 난방을 했을 것이다.

이李 노인에 따르면, 상루촌은 지금으로부터 거슬러 올라가 500여 년 전쯤, 이씨李氏와 엽씨葉氏 두 성姓이 거의 같은 시기에 이주해 와서 마을을 이루었다. 지금 이씨 성은 70~80여 가구, 엽씨 성은 30여 가구, 그 외에 주씨周氏 성은 20여 가구 정도, 그 외의 기타 성과 합쳐서 마을의 총 호수는 130호 정도 된다.

풍수 이야기로 들어서자 이씨는 자세를 바로잡고,

上楼水流西(상루수류서), 財主千担租(재주천단조).9)
葫蘆三渓口(호로삼계구), 葬着銀銭三千斗(장착은전삼천두).10)

---

8) 벼과의 대나무. 학명 Phyllostachys pubescens. 중국에서는 '모죽毛竹(마오주)'으로 불린다. 땅밑 줄기는 길게 가로로 뻗고, 땅 위 줄기는 높이 약 15m, 지름 약 20cm이다. 이름은 어머니를 위해 한중순寒中筍(한겨울 죽순)을 캐낸 맹종孟宗에서 따온 것이다.
9) 担 : たん. 무게의 단위로 100근이 1단担(약 60킬로그램).

라는 말을 주문처럼 염원했다. 번역해 보면, "상루촌의 물은 서쪽으로 흐르고, / (그 땅의 좋은 풍수 덕분에) 지주는 천단千担의 소작료를 거두네. / 호로삼계구葫蘆三溪口11)에 / 매장할 수 있다면 (산의 풍수가 좋아서 그 자손은) 은이며 돈이며 3천 두斗를 벌 수 있다네."라고 할까. 이씨 노인은 가슴을 펴고, "이 마을은 풍수의 은혜를 입었다, 그래서 오백 년 동안 자손이 끊이지 않고 지금에 이른 것이야."라고 말을 맺었다.

풍수의 적지인 '호로삼계구'를 꼭 보고 싶다고 부탁했다. 촌장님은 여기서 멀지 않으니 안내하겠단다. 풍수의 요지는 마을의 중요한 곳으로, 지금까지 외지인을 안내한 적이 없었다. 며칠 전에 쉐이송의 기념우표 발행을 축하하는 행사가 마을에서 열렸지만, 아무도 풍수에 관한 것을 묻지 않아서 굳이 안내는 하지 않았다고 한다.

그러나, "당신은 일부러 먼 곳에서 온 손님이다. 게다가 풍수 이야기가 나왔다. 이것도 인연이니 꼭 보고 가라."며, 촌장님은 우리 앞에 서서 마을길을 안내했다.

마을을 가로지르는 계곡물을 따라 남서쪽으로 나아가면(이것이 '상루수류서上楼水流西'로), 논이 양쪽에서 다가와 산등성이로 좁혀지고, 숯불 연기가 피어오르고, 목재를 실어 온 트랙터를 수리하고 있었다. 더 가면 평탄한 경작지가 펼쳐지고, 언덕에 둘러싸인 땅이 나온다.

'여기가 호로삼계구'라고 촌장님은 말했다. 5백 년 전에 마을이

---

10) 斗 : 명대 중기에 해당하는 양의 단위. 10되가 1두斗(약 10리터).
11) 훌루산시코우. 호리박[葫蘆] 언덕이 마주 보이는, 세 계곡의 합류 지점. 다음 면 지도 볼 것. — 역자 주

만들어졌을 때, 이씨와 엽씨 조상들은 이곳 땅을 일구다가 죽으면 이곳 땅에 묻혔다고 한다.

북쪽에서 흘러나오는 계곡물은 마을을 가로지르는 강, 그리고 서쪽, 남쪽에서도 각각 계곡물이 모여들어 동쪽으로 흐른다. 이 땅을 내려다보듯이 호리박형 언덕이 있고, 확실히 무덤이 눈에 띄게 많다. 산으로 둘러싸인 평지에는 아직 물은 잠기지 않은 논이 펼쳐져 있고, 그다지 넓다고는 할 수 없지만, 모여드는 것을 감싸 안는다.

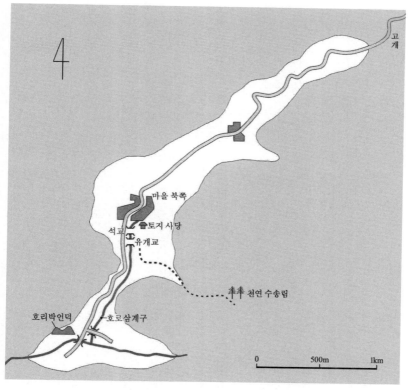

수송을 보호한 마을(상루촌)

'풍수가 좋은 땅이란 이런 장소인가' 하고 온몸의 오감으로 느끼며 이해했다. 이 풍수를 감싸고 있는 나무숲의 하나로, 먼저 만난 수송 水松이 있다.

복건福建에서의 풍수

지금까지 나는 중국 각지의 산간지역에서 조사를 하는 경험을 쌓아 왔다. 조사 중에 풍수라는 항목을 넣어 반드시 질문하도록 유의하고 있다. 한족漢族12)이 사는 지역에서는 반드시라고 할 수 있을 만큼 마을의 풍수에 관해 전승되어 내려오는 애기가 있다.

그러나 복건만큼 구체적으로 풍수를 말하는 지역을 지금까지 만나본 적이 없다. 복건에서는 "저 숲은 풍수림이다"고 가리키는 방향을 보면, 분명 울창한 숲이 능선을 따라 이어져 있다. 그런데, 예를 들면 절강성浙江省 등에서는 이러한 수림을 만난 적이 없다.

복건 이외의 토지에서는 풍수가 극히 추상적으로 논의되고 있어, 산림을 보전하는 작용을 한다고는 잘라 말할 수 없기 때문이다. 마을 뒤로 올라갈 수 있는 산에는 거의 나무가 없고, 오직 산등성이의 어깨쯤 닿는 곳에 한 그루의 고목만이 남아 있다. 마을 사람들의 설명에 의하면, 저 나무는 풍수목風水木13)이고, 저 나무만 풍성하게 우거지면 마을의 풍수는 좋다고 한다. 더욱 극단적인 사례로는 나무가

---

12) 중국 인구의 9할 이상을 차지한다. 많은 인종과 민족의 혼합체로 성립하였다. 19세기 이후 만주인과 구별하는 데 사용되기 시작했다.
13) 풍수를 지킨다고 여겨지는 큰 나무. 화중華中에서는 장樟(녹나무), 화남華南에서는 용榕(벵골보리수)이 많다.

풍수목(절강성 의오義烏)

풍수목 발원發願
(절강성 의오)

아니더라도 인공적으로 세워진 탑이 마을의 풍수를 지키고 있다고
한다.

나무를 한 그루만 남겨 두면 된다, 탑으로 산림을 대신할 수 있다,
이런 추상화된 풍수론은 자칫 산림 파괴의 구실을 주기도 한다. 복
건성처럼 풍수가 직접적으로 수림을 보전하고 있다고 하는 경우는
사실 중국 전체를 둘러보면 특이한 양상이기 때문이다.

복건에서 풍수가 직접적으로 생활을 좌우하는 것은 그리 최근의
일이 아니다. 명대明代14)부터 청대淸代15)에 저술된 역사 서적을 보
면 복건에 부임한 지방관은 그 풍수의 영향력에 놀라고 있는 것을
알 수 있다. 이를테면 호남성湖南省 출신의 청대의 진성소陳盛韶16)
는 19세기 전반에 복건의 지현知縣17)을 역임했을 때의 경험을 한
권의 책으로 정리했다. 그중에서 풍수에 대해 다음과 같이 말하고
있다.

> (조안현詔安縣의) 인민은 풍수에 현혹되어, 하나의 관을 매장하는
> 데도 전후좌우 주위에서 나쁜 기운이 침입하는 것을 막으려 한
> 다. 묘지로부터 가까운 거리의 땅의 지맥地脈이 끊어지는 것을
> 우려한다. (……) 풍수에 관계되는 소송이 많다. 풍수가 어긋나

---

14) (1368~1644) 주원장朱元璋 태조홍무제太祖洪武帝가 원나라를 무너뜨리고 건국.
   한때는 대원정大遠征에서 여러 나라와 조공 관계를 맺었지만, 중기 이후에는 환관
   의 권력 증대로 인한 내분 등으로 쇠퇴하였다.
15) (1616~1912) 여진족인 누르하치(태조)가 국호를 후금이라 하고 건국. 2대 태종이
   국호를 청나라로 개칭. 강희·건륭 양제 때 전성. 1912년 신해혁명에 의해 멸망했다.
16) 청대 관료, 생몰년 미상. 호남 안복에서 태어나 1823년 진사에 합격 후, 복건·대만
   에서 지방관을 역임했다.
17) 현縣의 장관. 중앙에서 임명되었으며 임기는 3년 정도. 또한 청나라 '현縣'은 일본
   의 '군郡' 정도의 크기인 곳이 많다.

버렸다고 호소하는 사람은 비통한 표정으로 나중에는 물러서지 않겠다고 맹세하고, "집안 남자 여러 명이 죽은 것은 풍수가 무너졌기 때문이다"고 말한다. 신사紳士가 이런 것을 주장하기 시작하면서 어리석은 주민들까지 끌어들여 한목소리로 말을 하니 손을 쓸 수가 없다. (진성소陳盛韶『문속록問俗録』18))

똑같은 보고는 청대 복건성의 지방지19)에서 많이 볼 수가 있다.

풍수라는 환경을 파악하는 이론이 왜 수송 숲을 보전할 수 있었는지? 이 물음에 답하기 위해서는 풍수 전반을 논하는 것만으로는 부족하다. 복건이라는 지역사회에 뿌리를 둔 풍수론을 발굴하고, 그 특질도 아울러 검토해야만 한다. 이러한 문제의식을 안고, 주로 일본에 가져온 중국의 풍수에 관한 저서를 읽어 보았다. 풍수에 관한 책은 풍수서, 또는 지리서 등으로 불린다. 대부분은 지역적인 특징이 그다지 느껴지지 않는 일반론을 전개하고 있는 것에 머문다. 많은 풍수서들 중에서 단 한 권만이, 복건에 대해 고유하고 독특한 견해를 제시하고 있었다.

---

18) 복건·대만의 임지에서 견문·조사한 사람들의 생활을 기록한 것. 노동자·농민·병사들이 사는 모습을 그린 책이다.
19) 지방에 부임하는 지방관의 안내서로서 각지의 정보를 정리한 것. 송나라 때부터 편집이 본격화되면서 명·청·민국기에 많은 지방지가 편집되었다. 편집에는 지방 지식인이 많고, 중국사 연구에 필수적이다.

복건福建의 풍수서

최초의 풍수서는 『장서葬書』라고 한다. '풍수'라는 말이 처음 등장한 것도 『장서』이다. 조상을 매장하는 것의 이상적인 지점 ('혈穴'이라고 부르는)을 찾아내는 방법을 적은 이 책은, 산맥이 통해서 항상 새로운 '기氣'를 공급하고, 삼면을 산이 둘러싸서 바람에 따라 기가 흩어지는 것을 막고, 물이 침체된 나쁜 기운을 흘려보내 주는 장소에 조상의 뼈를 매장해야 한다고 말한다. 그리고 기는 '바람'에 의해 흩어지고, '물'과 함께 흐른다고 『장서』에서는 논하고 있다. 이것이 '풍수'의 어원이다.

이 저서는 곽박郭璞20)의 작품으로 전해지지만, 실제로는 그 정도로 오래된 것은 아니다. 아마도 송대宋代21)에 저술되어, 값어치를 더하기 위해 곽박에 가탁된 것으로 보인다. 『장서』를 포함해, 그야말로 무수히 많은 풍수서가 편찬되었다. 많은 풍수서가 정형화된 기술을 하고 있는 가운데, 명나라 후기에 서세언徐世彦22)이 편찬하

---

20) (276~324) 동진의 학자·문인. 산서성山西省 문희聞喜의 사람. 경학·시문·역수를 통하여 『이아爾雅』, 『방언方言』, 『산해경山海経』에 주를 달았다. 「유선시遊仙詩」14수는 대표작.

21) 조광윤이 건국. 변경汴京을 도읍지로 하여 군주 독재제를 수립. 1127년 금의 침입으로 강남에 옮기고 도읍을 임안臨安(항저우)에 두었다. 그 이전을 북송이라 하고, 원군에게 멸망할 때까지를 남송이라 한다.

22) (960~1279) 회옥懷玉(복건·절강·강서 등 삼성에 걸친 산지) 출신의 청은淸隱이라는 것뿐이어서 자세한 경력은 알 수 없다. 어릴 때는 시·서에 힘쓰고 장년이 되면서 풍수에 정통하게 되었다고 한다. 태어난 곳은 강서이지만 복건성의 무이산을 자주 걸었고, 실지로 풍수를 살펴보고 조사했으며 복건성의 문인들과 교류가 깊었다. 그 때문에 풍수의 양대 유파인 강서파와 복건파 두 파 각각의 좋은 곳을 취사해 독자적인 풍수론을 지어 본서에서 사용한 『지리독계현관』을 저술하고 복건에서 출판하게 된 것으로 생각된다.

고 복건성에서 출판한 『지리독계현관地理独啓玄関』23)(이하 『현관玄関』
으로 줄임)은 지역과 시대를 뚜렷이 반영하고 있다는 점에서 흥미롭
다. 개성적인 기술을 적지 않게 전개하고 있다.

일례를 들어, 『장서』에는 "토고수심土高水深, 울갑무림鬱岬茂林"이
있다. 즉 산이 높고 물이 깊은 풍수의 적지에서는 초목이 우거진다
는 것이다. 물이 깊이 스며들면 토양이 두터워지고, '기氣'가 온화해
져 초목이 우거진다. 또, 다음과 같이도 말한다. "기는 흙에 의해서
흐르고 있으므로, 돌의 산에는 매장해서는 안 된다", 혹은 "동산童
山(민둥산)에는 매장해서는 안 된다"라고. 흙빛에 광택이 나고 초목
이 무성하면 그 땅은 좋다. 그러나 민둥산이나 돌산에서는 산맥이
약해지고, 편안한 기운이 발생하지 않는다. 따라서 그와 같은 땅에
매장해서는 안 된다는 것이다. 참고로 민둥산을 동산이라고 부르는
것은 옛날 중국에서는 아이의 머리를 면도했기 때문이다.

> 이 『장서』의 "동산童山에는 매장해서는 안 된다"고 하는 부분
> 에 대해서, 『현관』은 (선인先人은) 아이의 머리는 생기가 부족하
> 기 때문에 활력이 없다고 한다. 나는 이의를 제기하고 싶다.
> (……) 연령이 대여섯 살에서 열두세 살이 되어 비로소 '동童'이
> 라고 부른다. 이 나이에는 기氣와 혈血이 바야흐로 넘치는 시기
> 인데, 어떻게 생기가 없다고 말할 수 있겠는가. (……) 동자童子
> 에게 머리카락이 없다는 것을 말한다면, 선인은 어째서 중의
> 머리의 경우는 말하지 않는 것인가.(『현관』 권2, 「동산변의童山弁疑」)

---

23) 전 10권. 『나경비지羅経秘旨』 4권과 합책合冊. 명대의 숭정崇禎 5년(1632)에 민
건서림閩建書林에서 출간된다. 도쿄대학 동양문화연구소에 소장되어 있다.

등으로 말하고 있다. 말꼬리 잡기식의 논란과 같이도 생각된다. 그러나, 『현관』의 작자에게 민둥산이 그다지 중요한 문제는 아니라는 것을 솔직하게 밝히고 있다고 생각할 수도 있다.

비가 많고 기온도 높은 복건에서는 식물은 번성하기 쉽고 민둥산은 적다. 일차적으로 숲이 파괴되어도 머지않아 천연갱신天然更新24)이 진행되어 2차림二次林이 형성된다. 『현관』의 저자가 보고 있던 자연에서는, 아이의 머리카락을 깎아도 바로 자라 나오듯이 숲이 재생될 것이다. 그것을 생기의 충만으로 인식하고 있었다.

『현관』은 그 지역의 풍수 전문가(풍수선생, 지관)의 도움으로 엮어졌다고 본다. 어디에 무덤을 쓰고 어디에 집을 지을 것인지, 그 방법에 대한 지역 주민의 간절한 물음에 지관은 구체적인 답을 주어야 한다. 주민의 눈앞에 펼쳐진 넓은 경관을, 지관은 읽고 해석해 내야 한다. 지관은 경관의 특색을 간결한 말로 요약한다. 수송을 보호하고 있는 상루촌에서 들은 '호로삼계구'라는 말도, 지관의 발상에서 유래한 것이다.

풍수론風水論의 계보系譜

『현관』이 비슷한 종류의 다른 풍수서보다 더 뛰어난 점은, 그 지역의 전문성을 갖고 있다는 점만은 아니다. 저자가 자신의 견해를 제시할 때 반드시 선행하는 풍수서를 다루고, 어디까지가 기존의

---

24) 자연스럽게 떨어진 종자로 발생한 어린나무나 그루터기에서 싹튼 얼蘖(움)을 기르는 조림법.

상루촌의 수송(복건성)

논의인 것인지, 어디서부터가 자신의 독창적인 기술인지를 명확히 하고 있다. 책의 앞부분에는 저자가 참조한 지리서의 목록과 36개의 책 이름이 게재되어 있다. 『현관』의 기술의 흐름을 읽어 나가다 보면 거기에 있는 풍수론의 계보도 자연스럽게 밝혀지는 것이다.

풍수라는 것으로 보는 발상법은 중국에서이다. 그것이 생겨난 시기는 오래되었다. 기원전 한대漢代25)에는 주택 방위의 길흉을 점으로 쳤다. 이 시대에 '국음법国音法'26)이라 불리는 점占이 생겨났다. 음운론에 기초를 두고 점치고자 하는 사람의 성姓을 다섯 범주로 나누어, 그것을 오행과 대응시켜 묘지와 택지의 방위를 밝혀내려는 방법이다. 이는 단절이 있기는 했지만, 천년 정도 지난 송대까지 사용되었다.

문벌귀족門閥貴族27)들이 지배층이 된 후한에서 위진남북조魏晋南北朝28) 시대에는, 묘지 선정이 일족의 번영과 밀접하게 관련된다는 사상에 힘입어 풍수론의 형태가 정리되어 간다. 앞서 소개한 풍수서의 창시로 여겨지는 『장서』도 이 시기의 가장 저명한 문인인 곽박에 가탁된 것인데, 이런 흐름을 배경으로 하고 있다.

당대唐代29)에 이르러서는 풍수론의 기본 틀이 갖추어진다. 당대

---

25) (기원전 202~기원후 220) 장안을 수도로 하는 전한前漢(서한西漢)과 낙양을 도읍으로 하는 후한後漢(동한東漢)으로 나뉜다.
26) 성씨를 그 음운에 따라 宮·商·角·徵·羽로 분류하여 오행에 대응시켜 운세를 점치는 방법.
27) 위진남북조 시대에 상급관료의 지위를 세습적으로 차지하게 된 가문을 말한다.
28) 후한이 멸망하고 위·오·촉의 삼국이 분립한 220년 때부터 수나라가 전국을 통일한 589년에 이르는 약 370년간의 시대. 강남에 흥행한 남조의 4국과 오吳·동진東晉을 합쳐 육조라고 한다.
29) (618~907) 이유가 수隋의 공제恭帝에게 선양을 받아 건국. 영역 확대와 동서 문화 교류는 국제적인 문화를 발전시켰다. 907년 주전충에게 멸망당했다.

풍수론의 대가로 꼽히는 분이 양균송楊筠松30)이다. 그는 황소黃巢의 난31)때 반군이 수도 장안을 점거하자, 궁중에 소장된 지리 및 풍수에 관한 서적을 모은 뒤 전화戰火를 피해 복건성 옆 현재의 강서성江西省으로 피신한 것으로 전해진다. 그곳에서 풍수지리 서적을 정리하여 풍수술을 익히며 이름을 알리게 되었다. 택지와 묘지를 놓고 소송이 벌어지면, 사람들은 모두 양균송을 찾아가 올바르게 택지를 고르는 방법, 묘지 조성 방법에 대해 조언을 받은 결과 부동산에 대한 소송이 줄었다고 한다. 이런 일화 때문에 양균송은 '구빈선인救貧仙人'이라 불린다.

양균송은 강서풍수파의 시조로, 제자에게 택지나 묘지 선정 방법을 전했다고 한다. 양균송의 계보를 잇는 풍수지리 선생으로는 증구기曾求己·요우廖禹·뇌문준賴文俊 등이 있다. 또, 강서파의 많은 풍수서 중 상당수가 양균송이 저술한 것으로 알려졌다. 원대元代32)에 이미 존재한 것을 확인할 수 있는 『감룡경撼龍経』, 『의룡경疑龍経』33) 등이 양균송에게 가탁된 풍수서이다. 『현관』도 이들 풍수서를 많이 참조하며 자신의 의견을 전개하고 있다. 그러나 양균송이 저술한 것으로 알려진 풍수지리서 등은 당대唐代에 완성된 것은 아니다. 그

---

30) 당 희종僖宗 때에 금자광록대부金紫光録大夫라는 벼슬을 맡아 국가의 풍수를 담당했다는 전설이 있다.

31) 875~884년에 일어난 농민 반란. 화북에서 왕선지王仙芝가 반란을 일으키자 산동의 황소도 호응, 사천四川 이외의 전역을 휩쓸었다.

32) (1271~1368) 몽고제국 제5대 황제 쿠빌라이가 건국. 1368년 명나라 태조 주원장에 멸망했다.

33) 양균송에 가탁仮託된 풍수의 비결. 일곱 마디로 정리되어 있다. 『감룡경撼龍経』은 "須洞山是天地骨"이라는 구절에서 시작해 지세 관점의 요점을 보인다. 『의룡경疑龍経』은 "疑龍何処最難疑"이라는 구절에서 시작하여 수구水口나 혈穴의 세부에 대한 분별법을 말한다. 모두 원대에는 존재하고 있었다고 생각된다.

내용으로 보아, 송대에 체계화되는 기氣 사상의 바탕이 되기 때문이다.

풍수의 이론화

당대唐代에 원형이 거의 완성된 풍수술은 민간에 유포되긴 했지만, 지식인들은 풍수에 대해 신중한 입장을 취하고 있었다. 따라서, 저작으로 정리되는 것이 없지 않았을까? 북송을 대표하는 지식인인 사마광司馬光34)이 풍수를 비판한 것으로 알려져 있다. 사마광의 글 속에는 다음과 같은 일화가 소개되어 있다.

> 우리 집안은 조상을 매장할 때 어찌나 가난했던지 관棺을 갖출수도 없었다. 태위공太尉公으로부터 나중에야 겨우 관[棺桶] 등을 갖출 수 있게 되었으나 부장副葬할 금은보석이 부족하여 매장하지 않았다.
>
> 간신히 부장품도 갖추어지고 매장할 단계가 되자, 집안 어른들은 이구동성으로 "매장은 집안의 중요한 일이므로 지관(풍수 선생)에게 의논해야 한다"고 했다. 형은 이 의견을 어찌할 수 없어 "지관에게 상의하기로 했으나, 어떻게 좋은 지관을 찾을 수 있을지"라고 답할 수밖에 없었다. 친척 어른이 "근처 마을에

---

34) (1019~1086) 북송의 정치가·학자. 산시성의 사람. 사마온공이라고도 한다. 신종때 왕안석의 신법新法에 반대하여 사직. 『자치통감資治通鑑』의 편찬에 주력하였다. 철종 때 재상이 되었지만, 8개월 후에 병사.

장 선생이라는 뛰어난 지관이 있다, 근처에 있는 사람들은 모두 이 지관에게 문의한다"고 했다.

형님은 바로 장 선생을 불러 "내 말대로만 감정하면 돈 2만을 주겠다. 만약 말을 듣지 않는다면 다른 지관에게 부탁하겠다"고 했다. 장 선생은 "이르는 대로 하겠다"고 형님이 말한 것처럼 연·월·일·시, 묘지의 규모, 발인의 길일 등을 말하고 『장서』로 이유를 붙여 '대길大吉'이라 점치게 하였다. 이 감정을 집안에 알리자 모두들 기꺼이 그대로 따랐다.

(이렇게 형님은 지관 따위와는 처음부터 의논하지 않았는데도 불구하고) 나이 79세의 장수를 누리고, 벼슬도 경卿에 오르며 출세도 했다.

(『사마온공문집司馬溫公文集』「장론葬論」)

사마광은 아내가 사망했을 때 지관과 상의도 없이 매장하였지만, 지금까지 불행이 닥칠 기미도 없다. 이처럼 지관의 말은 근거가 없는 것으로 현혹되어서는 안 된다고 결론짓는다.

사마광으로 대표되는 풍수론에 대한 회의론이 극적으로 변화하는 것은, 특히 주자학朱子學이라는 새로운 유학을 대성한 주희朱熹35)가 풍수를 중요시하면서부터이다. 이것은 뒤에서 언급하는 바와 같이, 주희의 사유를 심화시킨 곳이 복건의 산간지역이며, 이미 이 지역에서 행해지고 있었던 풍수술을 몸소 체험했던 것이 그 배경이다. 이후 풍수론은 지식인의 소양의 하나로 자리매김하며 풍수에 관한

---

35) (1130~1200) 남송의 유학자. 19세로 진사에 합격. 관직과 더불어 유학을 연구, 북송 주돈이 등의 학설을 집대성하였다. 새로운 유학인 주자학은 일본에서는 에도 막부로부터 관학으로 보호되었다.

이론이 정교하게 전개된다.

풍수는 묘지(음택陰宅)와 택지(양택陽宅)로 각각 특화하면서 정밀한 이론이 짜였고, 지세를 읽는 것을 중시하는 형법形法과 나침반羅針盤36)을 이용해 음양오행陰陽五行과 연결하는 이법理法으로 나누어져 체계화되었다. 형법은 강서에서, 이법은 복건에서 각각 발전하였다.

풍수론의 전개

남송에서 이론적으로 체계화된 풍수론은 명나라 중기 이후에 다시 전개된다. 그 방향은 음택과 양택, 형법과 이법으로 세세하게 분리된 이론을 집대성하는 동시에, 풍수가 뛰어나다고 여겨지는 땅을 실지로 조사하여 이론과 실천을 연결시키려는 실천론으로 발전하였다. 명대의 대표적인 풍수지리서의 하나로『지리인자수지地理人子須知』37)가 있다. 이것은 미우라 쿠니오三浦國雄38)씨가 풍수 해설서『풍수강의風水講義』를 집필할 때에 소재로 이용하였다.

미우라씨에 의하면, 저자 서선계徐善継와 서선술徐善述은 강서성江西省 덕흥현德興県에서 태어난 쌍둥이 형제였다고 한다. 이 땅은 강

---

36) 자석바늘이 남북을 가리키는 것을 이용하여 방향을 알 수 있는 계기로 중국 4대 발명품. 춘추 전국 시대에는 천연자석을 사용하여 '사남四南'이라는 원시적인 방위 자석을 사용하였다.
37) 전 8권. '지리地理'는 풍수를 말한다. 책 제목은 '사람의 자식된 자가 반드시 알아야 하는 일'이라는 뜻으로 부모에 대한 효도를 다하기 위해서는 풍수의 이론을 알아야 한다는 입장에서 주로 묘지의 풍수에 대해 논하였다.
38) 1941년 오사카생. 오사카시립대학 문학부 교수.『風水講義』(文藝春秋),『易経』(角川書店),『中国人のトポス』(平凡社),『気の中国文化』(創元社),『風水探源』(共訳, 人文書院),「風水·暦·陰陽師」(榕樹書林) 등.

서성 동북쪽에 위치하고, 송대에는 풍수가 왕성하게 발달하여 그 道의 대가가 나타났다. 서씨 형제는 이러한 지적知的인 풍토 속에서 풍수에 대한 관심을 깊게 하고, 풍수 선배들이 남긴 저서들을 두루 섭렵하였다. 과거科擧39)를 위한 공부를 그만두고 풍수 연구에 몰두하게 된 계기는 돌아가신 아버지의 묘소를 찾는 데 있었다. 두 사람은 어린 나이에 아버지를 여의고, 아버지의 은혜에 보답하기 위해 좋은 묘소를 찾으려 했던 것이다.

두 사람은 『지리인자수지』를 완성하기 위해서 30년의 세월이 걸렸다. 이 풍수서가 획기적인 것은 풍수상의 뛰어난 지점으로 여겨지는 땅을 실제로 답사했다는 데 있다. 저명인사를 배출한 집안을 찾아서, 그 조상의 무덤을 찾고 주변 지세를 살펴 지형도를 그렸다. 그리고 집안의 흥망성쇠를 듣고 무덤의 풍수를 해석해 냈다. 기술은 매우 구체적이었다. 이 실제 조사에 따라 풍수서를 정리한다는 방침은 이후의 풍수서 저술의 표본이 되었다. 저작은 가정嘉靖 43년(1564)에 완성되었고, 2년 후인 가정 45년(1566)에 출판되었다.

『지리인자수지』는 『현관』에 직접적으로 영향을 주었다. 두 풍수서를 읽고 비교해 보면 비슷한 기술도 발견된다.

---

39) 관리 등용을 위한 자격시험. 수·당대에 제정되어 청나라말의 1905년에 폐지. 당대에는 수오·명경·진사 등 6과가 있었다. 그러나 송나라 때부터 진사의 일과가 되었고, 시험도 해시·성시·전시의 3단계가 되었으며, 명·청대에서도 향시·회시·전시를 하였다.

2. 지세地勢를 보는 방법

산의 형태

실용적인 풍수서는 '기氣'라는 것은 무엇인가라고 하는 추상론에서부터 설명하는 것이 아니라, 먼저 구체적인 지형을 읽고 해석하는 방법을 가르친다. 『현관』제1권의 본문도 다음과 같은 문장으로 시작된다.

풍수의 진위 여부를 알아내고 싶다면, 산의 진정한 '성정性情'을 알아야만 한다. 산의 진정한 성정을 알고 싶다면, 산의 진정한 '향배向背'를 알아야만 한다. 진위 여부는 그대로 덮어 숨길 수가 없는 것이다. 산의 성정·향배를 모르면, 그 산에 흐르는 '기氣'의 생사生死·정조精粗·노치老稚·완급緩急·순역順逆의 '체体'를 구별하는 등을 할 수가 없다. 산을 모르는 이에게 풍수의 진위 여부를 확인받는 등을 어떻게 기대할 수 있겠는가.40)

40) 欲識風水之眞僞, 須認山之眞性情. 欲識山之眞性情, 須認山之眞向背. 眞僞自不容掩. 苟不識性情向背, 則生死精粗·老稚·緩急·順逆之体, 俱不能弁. 安望其能認眞僞哉.

101

이 구절은 지관의 마음가짐이라고 할 만하다.

'성정性情'이란 '마음씨'라고 번역해야 할까. 그 주위와 조화를 이루며 잘 조응하고 있는지, 거기에 물음이 있다. '향배向背'란 그 조화를 유지하는 데 협조하고 있는가, 협조하지 않고 조화를 깨트리는가 하는 것이 될 것이다. '생사生死' 이하, 다그치듯이 대립되는 반대어를 늘어놓은 것은 땅에 흐르는 기氣의 성격이다. 지관은 예를 들어 살아 있는 기인지, 죽은 기인지를 읽어 내고, 그 성격에 따른 흐름을 조절할 수 있을 것으로 기대되고 있다.

그러나 실제로는 이치를 알지 못하는 풍수사가 많다며 『현관』의 작가는 분개한다.

어쩌다 우연히 풍수가 좋은 곳을 찾을 수 있었다 해도, 산의 성정을 모르니 풍수의 신비로운 지점을 정확히 찾지 못하고 오히려 훼손하고 만다. 명공名公·거실巨室·환문宦門·부족富族 즉 명성이 있는 사람, 세력 있는 집, 고관을 배출하는 가문, 부유한 집안도 우연히 행운을 만나 발복할 수는 있어도, 곧 쇠퇴해 버리는 경우가 많다. 풍수사들이 잘못된 애기를 했기 때문이다. 작가는 이렇게 몰락하는 모습을 목격하고 안타까웠다. 이런 일은 있어서는 안 된다, 그렇게 분발하여 풍수를 연구하고 실적을 쌓았다. 더욱이 실지로의 경험도 넓혔다. 이러한 노력의 결과, 14권에 달하는 저작을 할 수 있었던 것이라고 작자는 말한다.

『현관』을 읽으면, 분명히 작자가 자랑하는 대로 독자적인 견해를 적고, 틀림없이 실제로 작자가 찾아간 풍수의 요지를 상세하게 밝

(『玄関』卷1「玄関啓」)

히고 있다. 이것이 『현관』이 다른 풍수지리서에서는 볼 수 없는 개성을 만든 것이라고 말할 수 있다.

음陰과 양陽

나무들이 수런거리는 숲을 눈앞에 두고 왜 거기에 숲이 있는지 현지인에게 물어보면, 풍수를 유지하기 위해서라고 한다. 그 장소가 풍수상 왜 중요한지 물어보자, 현지인은 맞은편 산을 가리키며, "저 산 모양이 붓끝筆置き41)처럼 보이잖아요, 그러니까 여기 나무는 베어서는 안 된다고 되어 있어요."라고 말하기도 하고, 산이 호리박 모양을 하고 있기 때문이라고 대답하기도 한다. 그리고 예전 일에 대해서는 예전부터 그렇게 말해 왔다고 해 버린다.

산의 모양을 올려다보고 강을 내려다본 뒤, 마을 사람들의 해설을 한 걸음, 더 나아가 풍수의 이치에 따라 이해하려고 할 때, 실지에 맞춘 『현관』은 많은 참고가 된다.

『현관』은 첫 권의 시작 부분에, "산의 성정을 알아야만 한다"고 말한 뒤 산의 모양을 분류하기 시작한다. 하지만 우리는 그 사실을 이해하기가 어렵다. 우선, '음양'을 논한 곳에서부터 읽기 시작하기로 하자.

역易42)에 이르기를, "하늘天을 이르는 도道는 음陰과 양陽뿐. 땅

---

41) 중국어로 '필가筆架', 이런 형태의 산을 바라볼 수 있는 땅에서는, 문인이 배출된다. 중국 각지에 필가산筆架山이라는 이름의 산이 있다.

42) 『역경易経』 또는 『주역周易』이라 한다. 이 구절은 「설괘전說卦傳」에서 볼 수 있는데, 그 이후에 "사람을 서게 하는 도道는 인仁과 의義라고 한다"로 이어진다.

地을 이르는 도道는 강剛과 유柔뿐"43)이라는 1절에서 시작하는 「음양론陰陽論」에서는 산의 모양과 연결시키면서 음양을 논한다. 음과 양이란 눈에는 보이지 않고 귀에도 들리지 않는 '기氣'의 움직임이다. 이 움직임이 경관 속에 나타나려고 할 때, 먼저 경관의 전체적인 형태에 작용한다.

『현관』은

> 강剛과 유柔란 음양의 체体이다. 음양은 강剛과 유柔의 명名이다.44)

라고 느닷없이 시작하는 1절을 이해하려면 중국 철학의 기초 지식이 필요할지도 모른다. 중국 철학에서는 우리들이 보고 들을 수 있는 현상을 설명할 때, 명名과 체体와 용用이라는 단계를 준비하고 있다. 중국철학에서 체体는 본질, 용用은 현상, 혹은 체体는 형태, 용用은 기능이라는 의미가 된다. 그리고 명名이란 본질을 나타내는 표상이라고 해야 할지, 혹은 분석의 틀이라고 해도 좋을지 모르겠다.

여기서 『현관』이 말하려는 것은, 음양이라는 추상적인 움직임을 땅에서 포착하려 한다면 강剛과 유柔라는 실체를 갖는 것이 된다. 다시 말을 보충하자면, 강과 유라는 본질이 현상으로서 눈에 보이게 되면 '지세地勢'로서 나타난다. 풍수란 경관 속에 있는 지세를 읽고, 그 현상을 통해 강과 유라는 실체를 인식하고, 그 실체에서 음양이라는 분석의 틀로 깊이 사색을 해 나가는 지적 운동이어야 한다. 이

---

43) 立天之道, 陰与陽而已. 立地之道, 剛与柔而已. (『玄関』卷1)
44) 剛柔者, 陰陽之体. 陰陽者, 剛柔之名也. 其名雖二, 其実則一也. (『玄関』卷1)

것이 『현관』에서 말하고자 하는 것이다.

그런데, 풍수론에서 강과 유라는 실체는 산의 연속으로 나타난다. 그리고 그 산의 연속은 용龍45)이라고 불린다.

용의 형세形勢, 즉 산맥의 지세를 봤을 때 강하고 급한 인상을 주는 것, 즉 울퉁불퉁하거나 거칠거나 하는 산들은 일반적으로 '강剛'. 이것은 음의 지세라고 한다. 반대로 평탄하고 부드러운 인상을 줄 때에는, 그 지세는 '유柔'. 이것은 양의 지세라고 한다.

지세地勢의 음양陰陽

이 음양과 지세의 관계는 풍수를 논할 때 사람마다 다르다. 어떤 이에 의하면, '남자의 드러냄은 양에 비유하고, 여자의 숨겨짐은 음에 비유한다'. 즉 음양을 젠더gender46)로 보면, 남성적인 것은 볼록형凸型으로 양, 여성적인 것은 요철형凹型으로 음인 것이다, 그래서 산의 형태도 우뚝 서 있는 것이 볼록형으로 남성적이기 때문에 양, 휘어 있는 것은 요철형으로 여성적이기 때문에 음으로 본다. 그러나, 이는 오해이고 잘못이라고 『현관』은 말하며, 이런 견해를 취하는 풍수사들은 믿을 수 없다고 단정한다.

산을 음으로 보느냐, 양으로 보느냐 하는 것은 보편적인 것은 아니다. 『현관』은 남녀가 아니라 손바닥 모양으로 음양을 설명한다.

---

45) 중국의 신비로운 동물의 하나. 거대한 도마뱀 같은 모습으로 나타난다. 장강長江에 서식하는 요코우와니(Alligator sinensis) 이미지가 투영되어 있다는 설도 있다. 풍수론에서는 산맥의 이미지와 연결된다.
46) 사회적·문화적으로 형성되는 남녀의 차이

괄筶(복건성 병남현)

손을 본다. 어느 쪽이 면面인가. 물건을 쥐었을 때 안쪽으로 휘어지는 손바닥이 면이고, 양이다. 손등은 뒷면[背]이 되고, 음이 된다. 손바닥은 밋밋하다. 그러니까 느긋하고 평탄한 산의 지세는 양. 손등은 뼈가 튀어나오고 울퉁불퉁하다, 그래서 울퉁불퉁한 산의 지세는 음.

이 『현관』에 보이는 발상은, 중국에서 널리 볼 수 있는 점괘의 도구와도 공통점이 있다. 그 도구란 '효筊'라고 불리는 것으로, 복건이나 대만에서는 '괄筶'이라고 불리는 것. 나무토막을 반달 모양으로 깎아 한쪽 면을 평평하게, 다른 쪽 면을 동그랗게 부풀린 것으로, 평평한 면이 '양陽', 둥근 면이 '음陰'이 된다. 두 쌍으로 사용해, 소원을 빌려는 신 앞에서 기도한 뒤 가슴에 안은 두 개의 나무 조각을 땅에 떨어뜨린다. 나무 조각의 음양 어느 면이 위에 나타나는지에 따라 신의 뜻을 묻는 것이다. 한 쪽이 양, 다른 쪽이 음으로 되면 신은 소원을 들어준 것이다. 둘 다 양이 나오면 신은 웃고 있다고 한다. 웃느라 소원자의 기도를 제대로 듣지 못해서 지나쳐 버린다.

둘 다 음으로 나오면, 신은 성난 얼굴로 대답하고 소원은 들어주지 않는다. 점의 중요한 정도에 따라, 이 절차를 세 번 정도 반복하며 신에게 따져 묻는다.

복건이나 대만台湾47) 등에서는, 작은 사당에서도 효笅가 신전에 놓여 있다. 향 연기가 자욱한 사당 안에 나무토막이 땅에 떨어지는 마른 소리가 울려 퍼진다. 볼록형을 음, 평평한 형을 양으로 하는 발상은 이 '효笅'의 모양에서 유래한 것인지도 모른다.

오행五行

풍수로 산 모양을 보는 것을 '멱룡覓龍'이라고 한다. 각覓은 찾아 나선다는 뜻. 대지를 흐르는 기氣는 땅의 표면에 활력을 주어 토지를 융기시킨다. 『현관』에는,

> 산은 곧 천지의 방박磅礡으로 기氣가 생성되는 것이다.48)

'방박'은 넘치다, 충만하다는 뜻으로, 대지의 기운이 밖으로 터져 나올 듯이 무성하게 솟아오르며, 산을 만들어 낸다. 경관이란 것은 끝없이 이어지는 산맥으로 나타나고, 그 모습은 마치 거대한 용이 땅을 기어가는 것처럼 보인다. 그 형상에서 땅의 기氣가 지나가는

---

47) 복건성과 대만해협을 사이에 두고 남동쪽에 있는 섬. 대만본도·사이코열도 및 기타 섬들로 이루어져 있다. 고산족이 살지만 명말 청초부터 한민족이 내주하였다.
48) 発五星九曜情性論 山者, 乃天地磅礡之気生成者也. (『玄関』卷1)

길을 용맥龍脈이라고 부르며, 산의 형상을 보는 것은 어디에서 용맥이 달리고 있는지를 찾아내는 것이다.

산을 눈앞에 두고, 지관은 그 형상에서 산의 성격을 해석해 내는 것으로 일을 시작한다. 산의 성격은 파악하기 어렵고, 그 길흉도 정석이 없다. 주지해야 할 점은 땅의 기氣가 산을 어떻게 흐르고 있는지를 판별하는 데 있다. 산이 안정적이고 변화가 없는 지형을 정적인 형태로 보는 것이 아니라, 이제 막 솟아오르려는 운동의 한 장면으로서 동적인 형태로 본다. 기의 움직임에 따라 산은, '첨尖' 뾰족한 모양, '원円' 원 모양, '방方' 모서리가 있는 모양, '곡曲' 굽은 모양, '직直' 곧은 모양 중 어느 하나의 형태를 취하고 있다. 이들 다섯 가지 형태는 오행설과 연결된다. 『현관』에서는 산의 다섯 가지 분류를 '오성五星'이라고 부른다.

좀 완곡하긴 하지만, 여기서 『현관』이 전제로 하고 있는 오행의 정설을 정리해 두자. 『현관』이 정설에 구애받지 않고, 조금 특이한 원리를 풍수론의 근저에 두고 있기 때문이다. 이 원리는 유명무실해진 오행설보다 생태적인 관점을 제시하고 있다.

오행의 정설

'오행'설은 중국 고래의 동적인 형태의 분류 체계이다. 『서경書経』[49]의 홍범洪範에 처음으로 정리된 범주로서, '수·화·목·금·토水火

---

49) 서주 시대부터 전국 시대까지 전해 내려오는 중국 최고의 역사 기록으로 58편인데, 왕의 맹세나 훈고의 말이 많다.

木金土'라고 하는 다섯 가지가 등장
한다. 그 순서는 사람의 생활에 필요
한 요소를 가장 절실한 순서로 나열
해 놓은 것이 아닌가 추정된다.

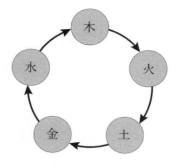

오행 상생 관계

물이 없으면 사람은 살아갈 수 없
고, 불이 없으면 난방을 하고 취사도
할 수 없다. 불을 피우고 집을 지으
려면 목재가 필요하고, 나무를 베거
나 물을 끓이려면 금속도구가 있으면 편리할 것이다. 그리고 제일
마지막으로, 이 모든 요소를 가져오는 흙이 놓여 있다고 한다.

이 소박한 분류 체계는 다섯 개의 체계로 삼라만상森羅万像의 모든
것을 나누고자 하는 생각을 낳아 방위와 계절로 연결되었다. 그러
면서 다섯 가지 범주의 순서도 연구가 더해졌다. 봄여름부터 삼복
더위를 거쳐 추석과 진행되는 계절
의 운행에서, 목·화·토·금·수로 나란
히 순서 지워지게 된다. 이것이 상생
相生이라 불리는 것이며, 전국 시대
戰國時代50)에 음양설과 오행이 연결
되는 계기가 되기도 했다.

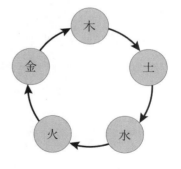

오행 상극 관계

상생은 각각의 요소가 서로 더해
지고, 새로운 요소를 성장시키는 과
정으로도 해석된다. 즉, 물이 더해져 나무를 성장시키고, 나무는 타

50) 기원전 403년 진晉나라의 분열에서 기원전 221년 진秦나라의 중국 통일까지 동
    란기.

서 불을 만들고, 불은 모든 것을 재와 흙으로 변화시켜, 흙 속에서 금속으로 발굴되고, 차가워진 금속의 표면에서는 물이 응결된다고 하는 연상이 이어진 것이다.

전국 시대 후기에 살았던 추연鄒衍51)은 소박한 인식론을 정치이론으로 발전시켰다. 다섯 개의 범주를 오덕五德으로 하여 음양과 방위로 대응시켜 왕조가 바뀐 순서를 설명하려 한 것이다. 자연계 현상에 연결된 범주에 따라, 흙을 깨고 나무가 자라나고, 나무는 금속도끼로 베어지고, 금속은 불 속에서 녹고, 불은 물로 꺼지고, 물은 땅으로 빨려 들어가는 연상으로 토·목·금·화·수라는 순서를 생각해 냈다. 이것이 상극相克, 혹은 상승相勝이라 불리는 것이다. 이 순서대로 새로운 왕조가 이전의 왕조를 정복했다고 생각한 것이다.

또한 『회남자淮南子』52)에서, 토土의 범주가 중심이라는 토왕설土王說이 나타나며 색깔로는 노란색, 맛으로는 단맛을 주로 하는 이론으로 발전한다. 한대漢代가 되면 음양설과 오행설은 통합되어, 달력에서 천체의 운행, 정치와 자연재해 등 온갖 현상을 설명하는 체계가 세워진다. 전한前漢의 유향劉向53)이 그 집대성자로 꼽힌다.

오행의 각각의 범주에 붙여진 이미지는,

木 = 성장成長(나무가 움트는 이미지)
火 = 상승上昇(불이 타오르는 이미지)

---

51) (기원전 305~240) 전국 시대 제나라의 사상가. 정치·사회의 움직임을 음양의 소장과 결부시켜 논하였고, 제후에게 중시되었다.
52) 한나라 유안劉安 편. 성립 연대 불명. 제가의 사상·학설을 종합적으로 기록한 것으로 21권.
53) (기원전 77~기원전 6) 전한 말의 학자. 궁중 장서의 교정과 목록 작성 등을 했다.

■ 오행 분류표

분류 / 오행	木	火	土	金	水
季 節	春	夏	四季	秋	冬
方 位	東	南	中	西	北
色	緑	紅	黃	白	黑
数 字	3, 8	2, 7	5, 10	4, 9	1, 6
八 卦	震, 巽	離	坤, 艮	乾, 兌	坎
十 干	甲, 乙	丙, 丁	戊, 己	庚, 辛	壬, 癸
十二支	寅, 卯	巳, 午	辰,戌,丑,未	申, 酉	亥, 子
五 臟	肝	心	脾	肺	腎
五 腑	胆	小腸	胃	大腸	膀胱
五 宮	眼	舌	口	鼻	耳
気 路	筋	骨	皮	気	血
五 体	肌膚	血脈	肌肉	皮毛	骨髓
五 精	魄	神	意	魂	志
情 欲	怒	喜	憂	悲	恐
五 常	仁	礼	信	義	智
五 惡	風	熱	湿	燥	寒
五 態	生命態	気態	總合態	固態	液態
五 律	角(牙)	徵(舌)	宮(喉)	商(歯)	羽(唇)
五 味	酸	苦	甜	辣	鹹
五 臭	膻	焦	香	腥	朽
五 果	種類(梨)	核類(桃李)	房類(蒲桃)	皮類(柑橘)	殼類(栗)
穀 類	大小麦	黍	大小豆	胡麻	粟
草 類	五味子	天門冬	茯苓	桂心	玄参
畜 肉	犬	羊	牛	鶏	豚
石 類	曾青	雄黃	玉	金	赤石脂
五 霊	龍	鳳	人	麒麟	龜
六 神	青龍	朱雀	勾陳, 騰蛇	白虎	玄武
五 星	歳星	熒惑	鎮星	太白	辰星

土 = 생육生育(흙이 생물을 키우는 이미지)

金 = 청정淸淨(금속의 형태가 갖추어진 이미지)

水 = 하강下降(물이 내려오는 이미지)

라는 것이다.

풍수론에서의 오행

　자, 풍수로 얘기를 되돌린다. 『현관』은 산의 지세를, 먼저 크게 정체금성正体金星·정체목성正体木星·정체수성正体水星·정체화성正体火星·정체토성正体土星으로 구분한다. 산의 지세와 오행의 관계는 상생이나 상극의 순서에 따르는 것이 아니라 독특한 설명원리에 근거하고 있다고 『현관』은 말한다. 그 원리를 '재배자양栽培滋養'이라고 부른다. 재배자양의 원리에 따름으로 생기 있는 기운이 그치지 않는 효과를 발휘한다. 만약 재배자양의 원리로부터 벗어나면, 좋은 용맥을 완전하게 이룰 수 없다.

　재배자양의 원리는 다음과 같다고 한다. 예를 먼저 '수水'를 첫 번째로 들자면, 수는 목을 움트게 하고 물속에는 금이 들어 있고(사금砂金을 이미지화하고 있다), 물 밑에는 토가 가라앉는다. 또 '화火'는 목에서 시작되며, 불 속에서 금은 녹여지고 불 속에서 토는 단단해진다. '목木'은 흙을 가까이하지 않으면 자라지 않고, 물이 축여지지 않으면 약해져 버리고, 금(단단한 금속물을 이미지화하고 있다)으로 비유되지 않으면 그릇이 되지 않는다. '금金'은 토에서 낳아 화에서 녹여

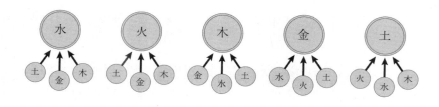

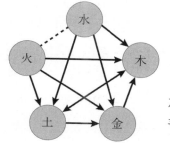

재배자양의 관계 '수'와 '화'의 직접적인
관계는 『현관』에는 나타나 있지 않다.

지고, 수로 담금질을 해야 단단해진다. '토土'는 목이 떼어지지 않으
면 토양으로 안 되고, 수가 적셔 주지 않으면 혜택을 얻지 못하고,
화가 도와주지 않으면 두터워지지 않는다. (경작지에 불을 붙여서 지표
의 식물을 태워, 토양을 두껍게 하는 이미지일 것이다.)

　　정설定説의 오행 상생이 순환하는 '목화토금수'라는 순서인데 반
해, 『현관』이 제시하는 재배자양의 원리를 나타내면 아래와 같이
각 요소가 방사형으로 다른 요소와 서로 도와주는 관계가 된다.

정체오성正体五星

　　오성이란 구체적으로 천체의 금성·목성·수성·화성·토성을 가리키

는데, 풍수론에서는 각각 오행과 대응하여 산의 지세를 설명하는 용어가 되었다.

정체금성은 산 정상이 둥글고, 어깨가 완만하며, 산 능선은 평평하고, 산허리가 널찍해지는 지세. 굵고 뚱뚱하게 살찐 것 같은 나쁜 상이 없고, 좋은 지세로 여겨진다. 만약 산 모양이 조금 무너지고 느슨하게 풍격이 손상된다면, 우뚝 솟은 금성형 산이라 해도 산 정상이 둥글고 전체를 거느리고 있기 때문에 다음에 보는 목성형 산과 닮았다.

정체목성은 산 전체가 단정하고 우뚝 솟아 있다. 산정상은 둥글고, 산기슭은 꽉 차 있다. 형상은 예전에 신하가 조정에서 손에 들고 있던 '홀笏'을 떠올리게 한다. 만약 산 능선이 울퉁불퉁하면, 다음에 나오는 수성형 산이 된다. 목성의 산은 자연히 자양의 풍격이 갖춰져, 강하고 사나운 기운(즉 음기)에 저촉되지 않는다. 그래서 좋은 지세이다. 만약 산정상이 날카롭고 전체의 모양이 살이 빠지면, 나중에 나오는 화성형의 산과 비슷하게 되어 '목木'의 본래의 성격을 잃는다.

정체수성은 마지막에 올리는 토성형의 산에 의거해서 볼 수 있는 형태로, 단독으로는 존재하지 않는다. 수성형의 산은 그 산 정상이 물결치듯 굴곡진 곳이, 토성형의 산과는 다르다. '기氣'가 지표에 솟아오르는 땅의 포인트 '혈穴'과 기가 흩어지지 않게 지키는 '사砂'(혈과 사는 다음에 설명)는, 수성형의 산에서는 찾을 수 없다. 울퉁불퉁한 물결과 같은 지세가 기의 힘을 없애 버려 지형이 매끄럽지 않아 앞뒤가 통하지 않기 때문이다. 기가 통하는 길이 변하면, 수성형 산에서도 굉장한 기를 잉태할 수 있다. 산은 '수水'가 없으면, 생성하여 변화를 이룰 수 없다. 그 때문에 수성형의 산은 산의 '조祖(근원)'로 여겨야 한다.

해석을 더해 수성형 산에 대해서는 산정상이 울퉁불퉁하다는 것을 보면, 음양론으로 분류하면 음이 될 것이다. 때문에 인간에게 활력을 주는 양의 기운을 끌어들이지 않는다. 그러나, 오행설의 상생에 의하면, '수水'는 '목木'의 성장에는 빠뜨릴 수 없고, 그 외 여러 요소의 출발점이 된다. 풍수로 지형을 보는 경우, 수성형의 산 근처에 '기氣'가 솟아나는 지점은 없다. 그러나, 예를 들어 금성형의 산의 뒤에 이어지는 산이 수성형이라면 금성형의 산이 생겨나 활력을 띠어, 그 기슭에서 뛰어난 지점을 찾아낼 수 있게 된다.

정체 화성은 산의 전체 형태가 직선적이며, 산정상이 뾰족하고, 능선이 빽빽하게 층을 이루고 있다. 산을 이루고 있는 것이 암석이든 모래흙이든 간에, 형체가 불길을 뿜어내는 것처럼 보인다. 이러한 산은 '사砂'를 만들 수도 없고, '혈穴'도 버텨 낼 수 없다. '살기殺氣'(생명력을 빼앗는 듯한 음의 기운)가 왕성해서 접근해서는 안 된다. 단지 화성형의 산도 수성형의 산과 같이 산의 '조祖(근원)'가 되어 생기를 더해 주는 기능을 갖추고 있다. 그래서 화성형 산을 따라서 직접 중요 지점을 찾는 것이 아니라, 다른 산을 사이에 두고 '기氣'의 성격을 변화시킴으로써 풍수가 좋은 지점을 찾는 것이다.

정체토성은 능선이 각지고 산허리와의 경계가 분명하며, 산정상이 평평하고 네모반듯하여 산 전체의 모습이 반듯하고 차분하다. 정상 부분이 기울어지지 않고, 선천적으로 큰 '기氣'를 받고 있다고 여겨진다.

산山의 구요九曜

기본이 되는 다섯 가지 유형이 정체오성正体五星이다. 그러나 실제 산의 모양은 정식 그대로인 것은 적고 변화무쌍하다. 때문에 다섯 가지 유형을 좀 더 섬세한 분류를 두어, 다섯 가지 길한 모양과 네 가지 흉한 모양, 모두 구요九曜라는 범주로 이루어져 있다. 이 구요는 원래, 북두성을 구성하는 별의 이름에서 유래한다. 북두성은 칠성이 아닌가 하고 생각하는 독자도 적지 않을 것이다. 그러나, 서양에서는 큰곰자리의 일부를 구성하는 이 별자리를 자세히 보면 큰곰자리의 꼬리, 국자 모양의 별 좌우에 어두운 별이 두 개 있다. 이들을 합하여 구요라고 부르는 것이다.

천공天空(밤하늘)을 올려다보면, 북두성과 두 별은 북극성을 중심으로 시시각각 회전한다. 천시天時(하늘의 시간)를 새기고 있는 듯하다. 중국인은 시간의 운행에 따른 대지와의 각도가 바뀌는 구요가 지상의 여러 사건에 영향을 미치고 있음에 틀림없다고 느꼈다. 이러한 발상에 따라 밤하늘의 구요와 오행을 조합하고 거기에 땅의 풍수를 결합한 인물이 양균송楊筠松(楊救貧)이다.

다섯 가지 길吉하다고 여겨지는 모양에는 '무곡武曲의 금金', '탐랑貪狼의 목木', '우필右弼의 금金', '좌보左輔의 토土', '거문巨門의 토土'이라고 하는 이름이 주어져 있다. 간단히 소개하면, 무곡의 금은 종을 엎은 듯한 모양, 탐랑의 목은 죽순과 같은 모양, 우필의 금은 산 전체가 낮은 솥을 엎은 듯한 모양, 좌보의 토는 고대 중국에서 남자가 쓰고 있던 두건 같은 모양, 그리고 거문의 토는 울타리가 있는 책상 같은 모양이 된다.

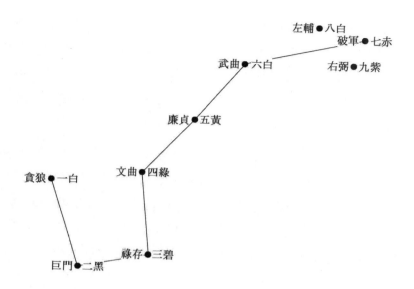

북두칠성北斗七星 + 2성星

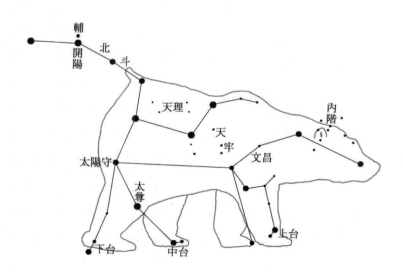

큰곰자리大熊座

네 가지 흉凶으로 여겨지는 모양에는 '염정廉貞의 화火', '문곡文曲의 수水', '파군破軍', '녹존祿存'이라는 이름이 주어져 있다. 염정의 화는 찢어진 우산 같은 모양, 문곡의 수는 그물을 펼친 듯 구불구불한 모습, 파군은 바람을 가르는 깃발 같은 모양, 녹존은 북처럼 부풀어 오른 모양이 된다.

　이런 구요九曜는 엄연히 오를 수 있는 산에서 나타나지만, 때로는 평야 속의 미세한 융기에서도 읽어 내야만 한다. 높이가 촌척寸尺으로 재는 융기, 즉 1m도 안 되는 기복에도 산의 성격은 나타난다. 술잔으로 흙을 쌓아 올린 듯한 작은 돌출이라 해도 지관은 그냥 넘겨서는 안 된다. 작아서 다루기 어렵다고, 만약 인식하는 방법을 익히지 않으면 길흉을 가릴 수 없다.

　게다가 복잡한 것은 산의 모양이 기본형에서 벗어나는 것에 따라 그 성격도 변화한다. 그중에는 좋다고 여겨졌던 정체 금성의 모양이 어긋나고, 부풀어 오른 것처럼 불룩하게 보여서 구요의 흉상에 있는 녹존의 성격으로 변이하는 것이다. 또 반대로, 산꼭대기가 뾰족해 화성형 산으로 오인할 만한 지세는 정체목성의 산이 마른 것으로 보아, 본래의 양의 기운을 유지하고 있다고 할 만하다.

　실제 땅을 눈앞에 두고, 그 지세를 어느 범주에 맞추어 해석해야 하는지, 각각 지관 개인의 솜씨가 시험된다. 지세와 풍수가 하나의 의미로 결정되는 것도 아니다. 지관이 잘못 해석하거나 의도적으로 왜곡 해석할 여지도 많을 것이다. 지관이 진단하는 사고의 근거(이치)를, 『현관』과 같이 한 지역에 밀착한 풍수서를 단서로, 귀납적으로 더듬어 보는 것 정도밖에 우리 초보자들은 할 수 없을지 모른다.

　쉐이송 마을에서 풍수의 명당으로 인식되는 호리박형 언덕54)은 높은 산이 아니라 높이가 한 10m 정도에 불과하다. 그러나 지관은 여기에서 '기氣'가 뿜어져 나오는 지점을 찾아낸 것이다.

이 언덕의 모양을 구요에 맞추면, '좌보의 토'라 불리는 지세가 아닐까 싶다. 『현관』의 기록에 의하면 이 모양은 산 정상부가 둥글고, 산의 아래 주변이 느긋하게 퍼지는, 그리고 '금金'형의 산이 두 개 나란히, '수水'형의 산을 받쳐 든다. 그 때문에 오행에서 말하는 금의 좋은 특성이 수에 의해 활성화되기 때문에 금과 수가 '재배자양栽培滋養'하는, 묘한 풍수가 좋은 지점을 얻을 수 있다고 한다. 산 능선이 평탄하고 전혀 비틀리거나 탁하거나 한 기氣를 일으키지 않게 하기 위해, 길지가 된다.

지세地勢에서 경관景観으로

'호로삼계구葫蘆三渓口'라는 말을, 상루촌 사람들은 자랑스럽게 여긴다. 호리박형 언덕은 풍수지리가 뛰어난 지세이기 때문에 마을 주민들은 환경을 소중히 보전해 온 것이다.

산세를 음양과 오행에 적용시킨 풍수에 대한 설명을 생태학적 관점에서는 비과학적이라고 단정하기 쉽다. 금형金型의 산은 금속으로서의 성격을 가지고 있지 않다. 또, 왜 산 정상이 둥글고 능선이 완만한 지형의 산이 금의 범주로 분류되는지, 그 이유에 대한 설명은 풍수론에서는 주어지지 않았다. 풍수를 아는 사람의 뇌리에 떠

---

54) 풍수의 경전 『설심부雪心賦』(당나라의 복칙위卜則魏에게 가탁된 풍수서)에 따르면, 호리박형 산이 있는 지역은 명의名医를 배출한다고 한다.

오르는 이미지의 연결, 이것이 산을 둘러싼 논쟁의 근간이다.

그러나, 실제로 풍수가 얘기되는 현장에 가면, 음양오행이 적용됨에 의해 그동안 무기질인 지세가 유기적인 경관으로 변화한다는 사실이 실감나게 된다. 공간으로부터 장소로의 전환, 또는 공간space으로부터 장소place로의 비약飛躍[55]이라고 할까. 쉐이송 마을의 경우 작은 구릉을 호리박 모양으로 보고, 오행을 따라 설명함으로써 그 지세는 마을에 있어 특수한 경관이 되고, 산과 강에 따라 구성된 공간은 '호로삼계구'라는 이름을 부여받은 장소가 된다.

"이곳에는 아무것도 없으니까"라는 말은 일본을 여행할 때 흔히 듣는다. 그렇게 말하는 현지인들이 서 있는 곳에는 멋진 숲이 우거져 있음에도 불구하고. 한편, 중국을 여행하면서 이 말을 들은 적은 없다. 중국 사람은 풍수라고 하는 환경을 말하는 언어의 체계가 있기 때문이다.

---

55) 중국 천진天津 출신의 현상학적 지리학자 이푸 투안段義孚의 용어. 『공간의 경험』(치쿠마 책방筑摩書房), 『토포필리아 인간과 환경』(세리카 책방せりか書房) 등의 번역서가 있다.

3. 지역地域과 풍수風水

오성상성도五星相成圖

풍수가 좋은 땅은 근처에 있는 산만으로 결정되는 것이 아니라, 등 뒤로 이어지고 좌우로 펼쳐지는 산의 연결에 따라 크게 좌우된다. 오성으로 분류된 산들의 조합에 따라서 오행으로 상징되는 각각의 산의 성정이 발현되고, 그 지역의 지세는 '희喜'하고 있다고 『현관』은 지적한다. 반대로, 조합에 의해서 산의 성정이 바뀌어지는 경우에는 그 지세는 '노怒'하고 있다고 한다.

산의 연결에 대해서는 그 조합의 예를 몇 가지 들고 있다. 「금수상의도金水相依圖」는 그림의 윗부분에 그려져 있는 '금金'형의 용맥이 화개華蓋(옛 제왕의 마차 위에 놓인 비단 우산)가 되어, 근처의 한 산을 거쳐, '수水'형의 용맥으로 접어들어서, 산의 좋은 성정이 서로 재배자양栽培滋養하고 있다는 것. 이러한 지세가 보이는 지역은 우아함으로, 그 귀한 모양이 범상치 않다고 한다.

「목금토묵상자도木金土黙相滋圖」는 '목木'형의 산들이 이어진 모양을 숲으로 생각해, '금金'형의 산과 그 옆의 '토土'형의 산이 서로 돕고 있다고 여겨지는 것. '금수상자격金水相資格'은 멀리 이어지는 '금金'형의 용맥이 '수水'형의 용맥과 서로 의지하고 있다고 하는 것으로, '한원翰院의 귀貴'라는 풍수의 배치가 된다. 즉 한림원翰林院[56]이라는 황제 직속의 아카데미에 발탁될 정도의 인재가 이런 지역에서 배출된다고 여겨지는 것이다.

'화련금성토배목근火煉金城土培木根'은 먼 곳에 있는 '금金'형의 산들로 시작되고, 금·토·목 각각의 지세가 갖추어져 '지존至尊의 격格'이다.「토목상성도土木相成圖」는 토·목·금·수 각각의 지세가 서로 의지하고 있는 것으로, 부귀를 이룰 수 있는 풍수로 생각된다.

천하天下의 3대간大幹

지역의 풍수는 한층 더 큰 규모의 땅을 둘러싼 용맥을 의지하고 있다. 많은 풍수서는 용맥의 근원은 서쪽 지역에 솟은 곤륜산崑崙山[57]이라고 기록하고 있지만, 여기서도 『현관』은 독자적인 견해를 보이고 있다. 즉 땅과 산천의 조상(근원)은 수미산須彌山[58]이라고 한다. 불교에서 시원始原의 산으로 알려진 수미산에서 네 개의 '기気'가

---

56) 당대唐代에 설립. 고명한 유학자 학사를 불러 조칙의 기초 등을 맡게 한 관청. 명·청조에서는 국사 편찬, 경서 시강 등을 주로 담당하였다.

57) 곤륜산맥. 파미르 고원에서 사천四川 분지의 서쪽까지 동서로 이어져 있다. 길이 약 2,400km.

58) 고대 인도의 세계관이 불교에 도입된 것으로 세계 중심에 우뚝 선다는 높은 산. 정상은 제석천帝釈天 땅으로 사천왕四天王과 제천諸天들이 계층을 달리해 살며 해와 달이 수미산의 주위를 회전한다고 한다.

용맥龍脈 3대간도大幹図, 『지리현관地理玄関』(도쿄대 소장)

흐르는 간선幹線이 시작되어 그중 한 개만이 곤륜산을 거쳐 중국의 영역 안으로 들어가게 되고, 다른 세 개는 유라시아 대륙의 서쪽으로 뻗어 있다고 한다.

산천의 조상이 곤륜산인가 수미산인가는 『현관』에서도 논란이 깊지 않다. 그러나, 수미산을 근원으로 하여 거기서부터 유라시아 대륙 전 지역을 뒤덮는 듯한 지리관地理觀이 나타나고 있다는 점은 주목할 만하다.

이 풍수서가 쓰여진 복건福建에는, 옛날부터 이란 등 서아시아 상인들이 내항했으며, 정화鄭和59)의 대원정을 따라 넓게는 인도양 연안과 아프리카 동부 해안에 이르는 넓은 지역을 다녀간 선원들이 있었다. 복건 사람들은 중국에만 머물지 않는 세계관을 갖게 된 것이다.

또, 복건에서는 명나라 때에도 많은 사람들이 국법을 어기고, 유라시아 전역에 걸쳐 네트워크를 넓혀 갔다. 중국 이외의 다른 땅에도 용맥이 달려가고 있다고 인식하기 위해서는, 확실히 곤륜산보다도 격이 높은 산을 필요로 한다. 유라시아 전역을 덮는 규모로 풍수가 논의되기 위해서, 또는 수미산이라는 불교적인 용맥(산괴山塊)이 선택되었는지도 모른다.

그건 그렇고, 용맥은 곤륜산에서 세 갈래로 나뉜다. 이 3대간三大幹은 북쪽에서 압록강·황하, 그리고 장강이 경계를 이룬다. 북간北幹의 용맥은 압록강 이남, 황하 이북의 산계이며 화북華北 일대에

---

59) (1371~1434?) 명나라 장수로 곤양昆陽(운남성) 사람인데, 무슬림 가정에서 소년 시절을 보냈다. 환관으로서 영락제를 섬기고 정鄭씨 성을 하사받았다. 1405년 이후 7차례에 걸쳐 대선단을 이끌고 서쪽으로 원정하였다.

이어져 있는 북경 등 역대 왕조의 수도도, 이 북간으로부터 '기氣'를 받는다. 중간中幹은 황하 이남, 장강 이북의 산계로, 중악中岳의 숭산嵩山, 중악의 태산泰山 등이 이어진다. 그리고 『현관』이 대상으로 하는 복건은 남간南幹의 용맥에 속하게 된다.

쉐이송 마을에 이르는 용맥도 남간에서 갈라져 나온 것이다.

'용맥龍脈'의 유형

'기氣'를 광범위한 지역에 공급하고 있는 '용맥'에 대해서, 『현관』 중간쯤에 나오는 전설적인 지관 료우廖禹(요금정廖金精)[60]의 말을 소개하면,

> 용龍은 맥脈에 없으면 생기지 않고, 맥脈은 용龍에 없으면 가지 않는다. 용龍은 맥脈의 체体, 맥脈은 용龍의 용用. 체体과 용用은 서로 상응하여 비로소 생기生気는 어리기 시작한다.[61]

라고 한다. 반복되지만, 중국 철학에서 '체体'는 본질, '용用'은 현상, 혹은 체는 형태, 용은 기능이라는 의미가 된다. 그리고, 자주 용맥의 논의에서 보여지듯이 'X는 y의 체, y는 X의 용'이라는 어순으로 사용된다. 이 어순에서 강조하고 있는 것은 X와 y는 분리할 수 없

---

60) 전설적인 송대의 풍수 선생. 강서성 영지寧都 사람으로, 15세 때는 사서오경에 능통했다고 한다. 금정산金精山에 살면서 풍수를 깊이 연구했다.
61) 摩金精云 "龍非脈不生, 脈非龍不行. 龍者脈之体, 脈者龍之用. 体用相生, 生気方凝. (『玄関』卷1「龍脈生気論」)

다, 본질이 없으면 현상도 없고, 현상이 동반되지 않는 본질도 없다는 것이다.

용맥에 관한 체용론体用論을 굳이 억지 번역하자면 다음과 같다. 지세地勢의 본질을 살펴보면, 용龍이라는 절대적인 생명체의 모습이 밖으로 드러나, 땅 위로 솟아 오르는 힘을 느낄 수 있다. 지세의 현상을 보자면, 맥脈이라고 하는 구체적인 지형이 시야에 들어오고, 땅에 흘러 다니는 힘을 읽어 낼 수 있다. 솟아나 흐르는 힘, 그 자체가 생기生気라고 하면 될까.

'용龍'에도 다양한 성격이 있다고 한다. 용맥이 갈라질 때, 지형은 솟아올라 한 개의 산을 만든다. 용맥은 많은 산을 연결하는 것이 더 기세가 좋으나, 힘차게 달려오지 못하며 이어진 용맥은 점점 기운이 떨어져 힘을 잃는다.

'생룡生龍'이란 생기가 넘치는 용맥으로, 그 형태는 뱀이나 장어가 활발하게 움직이는 것처럼 굴곡이 있다. 그 반대는 '사룡死龍'이라 불리는 것으로, 생기가 느껴지지 않는 용맥. 지세가 부은 듯 단단하고 딱딱하게, 용맥의 끝은 빈랑檳榔[62] 열매처럼 뭉툭한 모양을 하고 있다. '노룡老龍'은 노인이 걷는 것처럼 용맥이 비틀비틀하게 구부러져 있는 것.

'급룡急龍'은 혈기 왕성한 소년과 같이, 직선으로 산이 이어진다. '조룡粗龍'은 기복에 절도가 없고, 저쪽으로 뻗어 나갔다가, 이쪽으로 뻗었다 하는 식으로, 전체의 모양이 정리가 되지 않는다. 그 반대가 '정룡精龍'으로, 모양이 잘 정돈되어 있는 것. 단 '혈穴' 근처의

---

62) 태평양·아시아·동아프리카의 일부에서 볼 수 있는 야자과의 식물. 종자는 씹는 담배처럼 쓰인다.

지세가 정룡인 것은 좋은 풍수이지만, 멀리서부터 끝없이 이어지는 용맥이 너무 정돈되어 있는 것은 힘이 약하다는 결점을 가지고 있다고 여겨진다. 좀 파격적인 편이 용맥으로서는 힘이 강하다는 말이 된다.

'횡룡橫龍'은 끝없이 옆으로 이어진 지세의 중간에서부터 용맥의 본체가 되는 용맥이 솟아올라 있는 것. '단룡單龍'은 평탄한 땅에 산이 단독으로 고립되어 있는 것으로, '기氣'가 바람에 날려 버려 물에 휩쓸리기 쉽고, 함축의 맛이 적다. '편룡偏龍'은 지세가 왼쪽이나 오른쪽으로 크게 기운 것으로, 음기가 강해 이러한 지역에서는 여자아이만 태어나고 남자아이는 거의 태어나지 않는다.

'과룡過龍', '진룡盡龍'이란 기운을 갖고 이어져 온 용맥이, 물(하천)을 만나 끊어진 지세. 이것도 바람과 물의 영향을 받기 쉽기 때문에 혈을 맺지 않고 흘러버린 기는 뒤에서 언급할 '여기餘氣'로서, 떨어져 있는 땅에서 흘러나올 수도 있다. 단, 다른 용맥의 보호를 받는 경우에는 좋은 풍수가 된다. '반룡蟠龍'은 용맥이 돌면서 자기 자신을 감싸 안는다. 만약 안쪽이 널찍하다면 풍수의 적지가 된다.

용맥龍脈의 실지 조사 방법

다양한 성격을 보이는 용맥을 제대로 판단하려면, 먼저 실제로 지세地勢를 걸어서 답사해야만 한다고 『현관』은 강조한다. 이때의 착안점에 대해 보룡비결步龍秘訣63)이라는 항목을 만들어 자세히 논한다.

용맥을 답사하는 방법은 먼저 국세局勢를 보는 것이다. 국세란 풍수 조건이 잘 갖춰진 지세를 말하는 것으로, 산이 둘러싸고 물川이 모이는 곳이라는 것이다. 지세는 자연히 '태극권太極圈'(모든 조건이 갖춰진 영역)이 되고, 조건들 사이에 긴밀한 관련이 있는 동시에 폐쇄된 공간이

태극권

된다. 이러한 형상이 있으면 그 안에 진정한 '용龍', 귀한 '혈穴'이 발견된다.

국세局勢를 찾으면[64] 그 권역 안에 발을 들여, 거기에서 용맥이 오는 길을 더듬어 가며 이 지역에 기를 공급하고 있는 종조宗祖(산의 근본) 근원을 찾아본다. 그 도중에 산맥이나 하천의 흐름이 오고가는 방향을 조사해, 산과 물이 둘러싸는 범위를 확인하도록 유의한다. 이렇게 해서 '혈穴'이 있는 환경을 보는 것으로 비로소 풍수를 보는 작업은 마무리된다.

지세의 표정이[65] 저절로 생기가 가득 차고, 지세의 여러 조건들이 조화를 이루고 있으며, 제대로 답사하면, 우선 틀림없이 올바른

63) 步龍之法, 必先觀局勢. 局勢者, 山団水繁処也. 或山逆来而就水. 或水順流而就山. 山水交会之処, 自然成其太極圈. 太極繁密之外, 自然有拌門羅星等形. 鎮塞一方, 有此形相, 其中定有真龍貴穴隠在圈内. (『玄関』卷1)

64) 一入其局, 便訪其宗祖発足之根源. 審其流水 … 去来之方位. 察其山水環抱之去処, 以覓穴之所住. (『玄関』卷1)

65) 一有結作, 形貌自然精神賓主自然相手. 干此検点之, 十有九得, 既得其穴, 堂·案·砂·水便能収拾得起. 然後登穴之後, 以弁龍之貴賎. (『玄関』卷1)

사룡死龍(『현관』권1)

생룡生龍(『현관』권1)

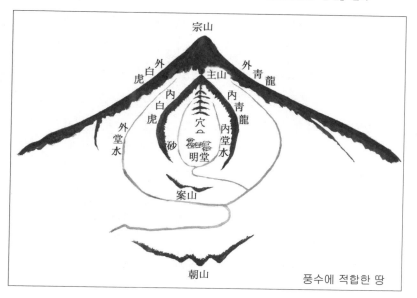

풍수에 적합한 땅

혈의 위치를 발견할 수 있다. 혈을 알면, 그것을 기점으로 '당堂', '안案', '사砂', '수水' 등의 위치도 안정된 곳을 찾아낼 수 있다. 전체의 배치를 파악한 후에 혈의 뒤편에 올라가 '용龍'의 귀천貴賤을 판단한다.

'당堂'이란 '명당明堂'이라고도 쓰는 풍수론의 용어로, 혈을 중심으로 사砂·수水·안案 등이 구성하는 하나의 풍수적 공간을 가리키며 구체적으로는 혈 앞에 펼쳐진 평지를 의미한다. 혈·사·수·안 등의 용어도 풍수론에서 독특한 것이다. 『현관』에 따라 이런 용어에 대해 정리하고 해설해 둘 필요가 있을 것이다.

혈穴

'혈穴'이라는 말은 지금까지도 설명을 가하지 않고 써 왔지만, 풍수론 중에서 가장 중요한 용어이다. 이 개념의 기원은 오래되었다. 한의학에서 경락経絡66)의 중요 지점으로 혈이라는 말이 쓰이며, 침구鍼灸67)로 그 혈을 자극하면 신체 균형에 영향을 주는 것으로 알려져 있다. 이 의학의 혈이라는 개념도, 따지고 보면 풍수의 원형이

---

66) 경맥経脈과 낙맥絡脈을 합쳐서 경락이라고 한다. 맥은 기의 통로다. 체내를 흐른다. 몸속을 흐르는 신경 간선幹線은 12개 있다고 여겨진다. 음양 분류에 따르면, 몸속 육장六臟의 이슬가와 결부된 음경이 6개, 육부六腑 중 어떤 것과 결합된 양경이 6개 있다. 손발의 말단으로 음경陰経과 양경陽経이 15낙맥絡脈으로 서로 연락하고 있다고 한다. 또한 경맥에는 복선화된 루트나, 장부와 직접 연결되지 않는 루트도 있다.

67) 몸으로 달리는 경락을 판별하고, 체표体表에 가까운 부위 '혈穴'을 침이나 뜸으로 자극함으로써 질병의 예방과 치료를 행하는 의술.

되는 고대 지리학에서 유래한 것으로 생각된다. 몸에 흐르는 경락을 설명하는 의학 고전은, 그 중요 지점을 설명하기 위해 지형을 가리키는 용어를 사용하고 있다는 점에서도, 혈이라는 발상이 우선 지리학에서 유래되었음을 알 수 있다.

풍수론에서 혈이란, 용맥을 타고 땅을 따라 흘러온 기운이 지표면으로 뿜어져 나오는 지점이라는 것이 된다. 지관이 혈을 찾을 때, 지세를 자세히 살펴봄으로써 혈이 대략 어디에 있는지 짐작하는 것은 그리 어렵지 않다. 그러나, 정확히 혈이 있는 한 지점을 가리키는 것은, 숙련된 지관이라도 쉽지 않다. 현대 해설서에는 지관의 말을 소개하고 있다. "집을 보는 것은 쉽지만, 방안의 여자를 보는 것은 어렵다." 창가에 있는 여성[슈媛]이 사는 집은 그 대문을 보면 금방 알 수 있지만, 방에서 나오지 않는 여성을 만나는 것은 거의 불가능하다. 그것과 마찬가지로, 혈이 있는 지역을 찾아내더라도, 어디에 혈이 있는지는 좀처럼 알 수 없다.

혈의 대략적인 위치를 알았다고 해도, 무덤이나 집 등을 지을 때 혈 위에 정확하게 놓지 않으면 어렵게 땅으로 흘러나와 있는 기를 놓친다. 아무리 풍수를 고려한다고 해도, 그것으로는 효과를 거의 기대할 수 없다.

『현관』은 다음과 같이 말한다.

무릇 혈을 판단하는 공부는 매우 어렵다. 감식鑑識하는 안목과 정신력이 없는 사람이 '선불리 풍수의 혈을 찾아내려고 한다면', 신비한 기운을 내다보고 '풍수의' 효능을 얻을 수 없을 뿐만 아니라, 혈을 뚫은 것에서 발생하는 화를 입을지도 모른다.

주희와 같은 명철이라도 몇 번이고 다시 찾는 실패를 되풀이하고 있다. 하물며 보통 사람으로는 거의 불가능하다. 따라서 혈을 판별하는 것은 지리(지관)의 중요한 역할인 것이다.[68]

풍수론에서 혈의 중요성은 그 포인트를 정확하게 파악할 뿐만 아니라, 그 형태로부터 혈의 길흉을 판단하지 않으면 안 된다고 하는 데 있다. 용맥이 혈을 전한다고 일반적으로는 생각하기 쉽지만, 실제로는 혈이 직접적으로 사람의 운세를 좌우하는 것이라고 『현관』은 주장한다. 설령 용맥이 뛰어나더라도 기가 뿜어져 나오는 혈의 형태가 나쁘면 사람의 운세를 나쁜 방향으로 몰고 가 버린다. 용맥에서 나오는 기의 힘으로, 체력과 지력이 남달랐다 하더라도, 그 힘을 잘못 써서 나쁜 인물이 되어 버릴 수도 있다는 것이다. 따라서 혈은 생기가 합해져 모이는 곳이므로 더욱 그 형태가 정갈해야 할 필요가 있다. 지관의 책임이 무겁기 때문에 혈을 선정할 때는 더욱 정신을 집중하여, 주변 지세를 세부까지 확인하고, 혈의 전후좌우를 살펴서 풍격이 있는지의 여부를 조사해야 한다고 한다.

『현관』이 말하는 것을 요약하면, 혈의 유형을 주위에서 떼어 내 관찰하는 것이 아니라, 기가 모이는 구역 전체 안에서 기의 길흉을 판단해야 한다는 것이다. 이 혈의 정확도를 좌우하는 구역은 '사砂', '수水', '안案'으로 구성된다.

---

68) 凡認穴之工夫甚難. 苟無目力心巧者, 非特不能透玄機, 奪化功, 而且有失穴之患也. 雖明哲如朱文公, 賴布衣, 尚有三扦四改之失, 況他乎哉. 故審穴乃地理之首務也. (『玄關』卷2「穴論」)

사砂

'혈穴'이 중국 의학 등과 공통으로 사용되고 있는 개념인데 반해, '사砂'란 풍수에서의 특이한 용어이다. 혈의 전후·좌우 산을 사砂라고 부른다. 앞서 설명한 '용龍'과 같이, 사砂도 산과 언덕을 가리키는 것이지만, 용이 기를 옮기고, 혈에 힘을 더해 주는 산줄기인데 반해, 사砂는 혈에 모인 기운이 바람 등의 힘에 의해 흩어지지 않도록 지키는 능선 등의 지세이다. 왜 사砂라고 부르는지 그 이유에 대해서는, 풍수술을 선생님이 제자에게 가르칠 때 산 모양을 사로 만들었기 때문이라고 설명하는 경우가 많다. 풍수를 과학적으로 분석하려는 『풍수의 이론과 실천』69)은 사砂는 산의 암석이 풍화한 것이고 산의 부산물이기 때문에, 용맥에 붙어 있는 산등성이나 구릉을 '사砂'라고 부른다고 한다.

일반적으로 유포되고 있는 풍수관에서는 "혈은 용보다 중요하며,70) 사砂와 수水는 혈穴과 용龍 다음으로 이어진다"고 한다. 그러나 『현관』의 작자는 전체 지세를 보는 것의 중요성을 강조하기 위해서인지, "사砂와 수水의 중요성은 결코 용龍·혈穴의 중요성에 뒤떨어지지 않는다"고 한다. "사砂는 비유하자면 사람의 손발에 해당한다. 사람이 손발이 없으면 어떻게 음식을 먹고, 자고 하는 일상생활을 할 수 있겠는가. 설령 용맥이 있어도 사砂가 없으면 용은 고립

---

69) 于希賢·于涌 編 著, 『中国古代風水的理論与実践』, 光明日報出版社, 2005.

70) 或云 "穴重于龍, 砂水次之." 自予観之, 砂·水与龍·穴不相上下者也. 蓋砂如人手足然. 人無手足, 能自為食息起居. 否. 苟使龍無砂, 難免孤立無助之病. 穴無砂, 難免水飛風规之害. 堂無砂, 真気伇何以帰束, 且将何物造就堂局. (『玄関』卷3「砂論」)

무원孤立無援이 되는 단점을 피할 수 없고, 혈이 있어도 사砂가 없으면 (모처럼 혈에 모인 기気도) 물에 떠내려가 바람에 날려 버리는 폐해를 면할 수 없다"고 한다. 이러한 기술의 태도에서, 『현관』은 여타의 지리서와는 다른 특징을 볼 수 있다. 전체의 지세를 보기 위해서, 『현관』에서는 환경에 대한 관찰이 여러 면에 걸쳐 두루 이루어지고 있다.

사砂는 혈에 기를 공급하는 용맥의 본체와의 관계에 따라 크게 둘로 나뉜다. 용맥의 본체가 되는 산맥에서 좌우로 갈라져 나온 능선은, 그 본체에서 너무 떨어지지 않고 혈을 품듯이 이어져 있는 것을 좋다고 한다. 혈의 주위를 둘러싼 산지나 구릉이 용맥의 본체와 다른 산맥으로 연결되어 있는 것은, 직접적으로 혈을 지키는 사砂가 될 수 없고, 외벽으로서의 역할만 할 뿐이다. 너무 멀리 떨어져 있는 외벽은 도움이 되지 않는다. 용맥의 본체의 사砂가 결여되어 있을 때에는 먼 산맥을 마음대로 사砂로 간주하는 것은 피해야만 한다.

세상의 풍수사風水師 가운데는, 사砂가 아닌 관계없는 산을 가리키며, "저 산이 이 혈穴을 지키고 있다"고 고객을 속여, 좋지 않은 지점을 길지라고 해서 고문료를 가로채는 경우가 있다고 『현관』은 엄하게 비난하고 있다.

사砂의 유무를 분별하는 방법은, 혈 주위의 산지 구릉이 혈을 안쪽으로 둘러싸듯이 이어져 있는지, 또는 혈을 외면하듯이 도망가고 있는지를 관찰하는 것으로 밝혀진다. "사砂는 혈을 타고 움직이고, 혈은 사砂로 이뤄진다"는 말로 요약되듯이, 기가 모이는 혈은 사砂를 끌어당기고, 사砂로 보호된 곳에는 기가 모여 혈이 형성된다. 즉,

사砂와 혈은 서로 상부상조하는 관계이다.

사砂는 혈을 중심으로 해서 인식된다. 용맥에서 기가 흘러오는 방향에 맞춰, 기가 내려오는 봉우리를 등지고 혈의 핵심이 된다. 이때 왼쪽 능선은 청룡이 되고, 오른쪽 능선은 백호, 정면이 주작, 배후가 현무가 된다.[71] 사砂의 좋고 나쁨은, 예를 들어 "청룡은 우뚝 솟아오르고, 백호는 고개를 들지 않는다" 등으로 표현된다.

수水

많은 풍수론에서 '수水'는 산보다도 중요시되지 않는다. 이것은 하천 등의 흐름이 산의 지형에 따라 결정되기 때문에, 산에 관한 기록 중에 물의 상태가 포함되어 있다고 생각하기 때문일 것이다. 그러나 『현관』은 물에 관련해서도 자세히 논하고 있다.

『현관』이 물을 중요시하는 이유는, 3권 「수론水論」의 서두의 첫 구절 "물은 용의 정혈精穴이다"는 말에 나타나 있다. '용龍', 즉 기気를 혈까지 실어 오는 산맥과 하천과는 불가분의 관계에 있다, 『현관』의 저자는 그렇게 생각하고 있다.

하천을 관찰하면, 그 굽은 부분의 바깥쪽에서 흐름이 빠르고, 가끔 물결이 일어 강기슭을 침식한다. 안쪽에서는 흐름이 느려져, 물이 고이게 되어 토사를 퇴적시킨다. 아마 이러한 하천의 관찰에 근거해서, 『현관』은 흐름이 빠른 물을 '계수界水'(경계가 되는 수류)라고

---

71) 청룡青龍·백호白虎·주작朱雀·현무玄武는 한대漢代의 사신수四神獸. 동쪽을 청룡, 서쪽을 백호, 남쪽을 주작, 북쪽을 현무가 지킨다고 한다.

부르고, 거기에 포함되는 기를 '외기外氣'라 한다. 흐름이 느린 물을 '정기精氣'(순수한 기)라고 부르고, 거기에 포함되는 기를 '내기內氣'라 한다.

이 책이 기록된 시기에 산맥은 하천의 침식 작용에 의해 대지로 부터 깎였다는 지식은 없었지만, 하천의 원류까지 거슬러 올라가면, 산맥과 하천은 같은 곳에서 비롯된다고 하는 인식은 있었다. 용맥이 생겨난 곳에서 산맥과 하천은 갈라져, 용은 위로 가고 물은 아래로 흐른다. 둘은 멀리 떨어져 서로 관계가 없어 보여도 실제로는 용맥이 전달하는 기운은, 하천을 따라 흐르는 '정기精氣'와 어우러짐으로써 순환하기 시작하는 것이다.

풍수적으로 뛰어난 땅은 하천의 굽은 부분(만곡부彎曲部) 안쪽에서 구해진다. 풍수적으로 뛰어난 물은 직선으로 흐르지 않고 굴곡이 있고, 소리를 내는 격류가 아니라 느릿하고 소리도 나지 않는 물이 고여지는 곳으로 알려져 있다.

지학地学에 근거해 해설을 덧붙인다면, 산맥이 평지로 내려온 지점을 하천이 안쪽으로 둘러싸듯이 흐르고 있으면 기름진 토양이 퇴적되어, 생산력이 풍부한 땅이 된다. 하천이 산맥에 충돌하듯 흐르고 있으면, 그 땅은 침식되어 단단한 암반이 드러난다. 만약 퇴적이 진행되는 땅에 마을을 개척한다면, 땅은 점점 생산력이 커지고, 해가 거듭될수록 풍부해진다. 반대로 침식이 진행될 만한 땅이라면, 토양이 쓸려 내려가 황폐한 땅이 되고 나날이 가난해진다.

풍수론에서는 흔히 '산은 인정人丁72)을 관장管掌하고, 물은 재물

---

72) 인구, 사람.

을 담당한다'고 한다. 농업 생산성에 대해 말하자면, 퇴적이 진행되는 토지 쪽이 침식되는 토지보다 조건이 좋다. 하천에 의한 수송輸送을 봐도, 물살이 완만한 곳에는 선착장을 만들 수 있지만, 급류에서는 수운水運조차 어렵게 된다. 이렇게 물이 뛰어난 곳에서는 작물의 결실도 많고, 물류의 편리함도 좋아 번영이 약속되는 것이다. 경제 지리학적으로 봐도, 물과 관련된 풍수의 견해는 이치에 맞다고 할 수 있다.

물에 관한 풍수론의 용어로는, '수구水口', '천문天門', '지호地戶' 등의 말이 있다. '수구水口'에 대해서는 『현관』이 다음과 같이 설명하고 있다.

> 대략 일촌일오一村一塢에는 반드시 한 곳의 원두수源頭水가 있다. 두 산이 만나는 사이에서 흘러나오는 것을 '수구水口'라고 한다. 진짜 용龍과 혈穴과 사砂와 수水가 합쳐져 있는 장소이며, 이른바 큰 태극권이라고 불리는 것이다.[73]

풍수의 4대 요소가 확실히 교차하고, '기氣'의 원초적인 모습인 '태극太極'의 상相을 나타내고 있는 곳이 '수구'라고 한다.

분지盆地와 같은 땅의 경우, 이러한 하천을 끼워 넣듯이 양쪽에서 사砂가 되는 산지 구릉이 다가오는 지점은 둘이다. 하천이 분지에 흘러드는 지점은 '천문天門'이라고 불린다. 분지로부터 하천이 흘러나오려고 하는 지점도 또 '수구'가 된다. 이쪽은 '지호地戶'라고 불

---

73) 大凡一村塢, 必有一方源頭之水. 從兩山交鎖之中流出者, 謂之水口者也. 正龍·穴·砂· 水帰束之処, 所謂大太極圈者, 是也. (『玄関』卷3「水口論」).

린다. 천문天門에 있어서, 용맥을 따라 전해온 기氣와 하천을 흘러온 정精이 합해진다. 마을에 생기를 공급하는 중요 거점이 바로 천문인 것이다. 지호에서는 마을에 모여진 정기가 흘러 나가지 않도록, 또 하류로부터 탁한 나쁜 기운이 역류해 오지 않도록 확실히 문호門戶를 잠그는 것이 필요하다.

복건福建의 산간지역을 걸으면, 마을 대부분이 크고 작은 분지 속에 있음을 알 수 있다. 그 마을의 수구는 엄격하게 배려가 더해진다. 수구를 둘러싸고 있는 언덕이나 능선에는, 큰 나무가 보호하고 인공적으로 다리가 놓이거나 탑이 세워지는 경우가 많다. 쉐이송 마을에서도 풍수교風水橋나 풍수목風水木이 지금도 소중하게 여겨지고 있다.

안案

중국어로 '안案'이라는 말에는 '탁자(테이블)'라는 의미가 있다. 풍수론에서 자주 나오는 '안案'도, 이 글자의 뜻에서 파생되었다. 사람이 탁자를 앞에 두고 앉듯이, '혈穴'의 앞에 위치하는 산이 '안案'인 것이다.

사람이 앉는 곳에 탁안卓案을 두고 손발을 놓는 장소를 할 때는 지나치게 가까이하거나 멀지 않도록 주의하고, (탁안은) 단정하게 다듬어 청결히 하고, 풍격에서 나오게 하는 것이다. 기울어지거나 들이닥치거나 난잡하게 물건을 놓거나 다리를 위로 뻗

지 않는다. '안案'이 되는 산山 또한 마찬가지로, 그 본래의 성
격을 파악하지 않으면 안 된다.[74]

'안案'의 길흉을 결정하는 중요한 요소는 그 풍격이다. 안산案山에
대해서는 종종 확인해서 판단해야 할 일이 일어난다. 예를 들어 혈
위에 서서 정면을 보았을 때, 앞을 흐르는 강 건너에 붓을 놓은 필
가筆架와 같은 산이 바라보인다고 하자. 그 혈에 무덤이 놓이면, 매
장된 인물의 자손으로부터 많은 문인이 태어나게 된다고 한다. 관
료를 배출한 마을에서 바라보는 산에 붓과 같은 모양이 있다면, 그
산 덕분에 과거 합격자가 이어질 것이라고 여겨지는 것이다.

문필을 세운 듯한 봉우리도 문인과 관료를 낳은 안산이라고 한
다. 다만, 여러 산이 이어져 있는 가운데 붓과 같은 봉우리가 거느
리고 있는 것이 좋고, 한 봉우리만이 고립되어 있는 경우는 출세 때
문에 친한 친구를 잃는다고 한다. 반대로, 비록 모양은 문필이지만
그다지 높지 않아 여러 봉우리들 사이에 흩어져 버리는 것은, 과거
에 급제한 뒤 인맥이 풍부하여 재산을 많이 모을 수는 있지만 공직
에서의 출세는 기대할 수 없다. 이런 안산은 문인의 풍격이 있긴 하
지만 오염되기 쉽다. 이 산을 바라보며 자란 인물도 공직계의 처세
술[遊泳術]에는 능하지만, 뜻을 높이 가진 고위 공직자는 될 수 없다
고 설명된다. 또한 용의 품격이 낮고, 혈이 좋지 않은데도 문필 형
태의 안산만이 무리群를 제치고 빼어날 때는, 화가나 소장 대필인訴
狀代筆人이 태어난다고 한다. (『현관』 권3 「문필론文筆論」)

---

74) 如人之坐処, 必有卓案, 則手足方有所憑依, 須要不逼不達, 端正潔浄, 開面有情為上.
苟歪斜破砕, 面飽脚飛, 皆非案山之善者. (『玄関』 卷3 「朝案説」)

풍수의 실례實例

『현관』의 저자는 『지리인자수지地理
人子須知』 등 선행先行 풍수서에 풍수상
적지로 소개되는 땅에 실제로 가서,
자신의 발과 눈으로 용맥이 오고 가는
것을 확인하고 자신의 주장을 전개하
고 있다. 그중의 한 예로, 복건성福建省
흥화부興化府75), 현재의 보전시莆田市76)의 시내에 있는 오석산烏石
山을 소개해 둔다.

보전에 이르는 용맥의 유래는 멀다. 곤륜산을 거쳐 중국의 영역
으로 들어와, 삼간三幹에서 갈라진 남간南幹이 되고, 장강 남쪽을 따
라 화남華南에 이른 것이다. 운남雲南에서 구의산九嶷山을 거쳐, 대경
령大庾嶺을 넘어, 정주汀州에서 복건福建으로 들어간다. 여기서 몇 개
로 나뉜 지맥 중 하나가, 보전莆田 그리고 천주泉州 등의 땅에 '기氣'
를 공급한다.

보전莆田의 마을에 가까워진 용맥은 국세에 접어들며 앞가슴을
벌리듯 좌우로 펼치고, 오른쪽(서쪽)으로 뻗은 가지는 흥화부興化의
관청 등에 이른다. 한편, 왼쪽(동쪽)으로 뻗은 가지는 논지대를 그대
로 지나 시내로 들어가, '삼태三台'라고 하는 기품 있는 지세를 형성

---

75) 명나라 때 보전莆田을 관할한 행정단위. 부府는 현県과 성省 사이에 랭크된다.
76) 복건福建의 연해 중부에 위치한다. 당대 이후 문화적으로 유명한 지역이었으며,
   많은 문인을 배출하였다. 과거 합격자도 적지 않다. 앞바다의 미주도湄州島 바다의
   여신이라고 알려진 마조媽祖를 모시는 마조조묘媽祖祖廟가 있어 해외에서 오는 중
   국인이 많다.

하면서 나지막한 언덕에 도착한다. 여기에는 큰 바위가 있고, 이 돌 아래에 드물게 보이는 '혈穴'이 있다고 한다. 이곳이 오석산이라 불리는, 풍수의 적지이다.

『현관』의 저자는 그 땅에 서서, 주위를 바라보고, 하천(목란계木蘭溪77)의 지류)이 오석산을 돌아 바다로 흘러 들어가고, 동쪽으로는 넓은 논이 펼쳐져 '혈穴'을 보호하고 있는 모습을 보고 있다. 생기가 넘치는 땅의 영향은 단지 오석산 주변에 미치는 것만이 아니고, 가지가 갈라져 나간 다른 용맥에도 영향을 주어 관공서가 있는 지역에도 넘치는 '기氣'를 공급한다고 해석하고 있다. 이로 인해, 보전莆田의 땅은 계속 번영하고 있다고 결론짓는다.

오석산의 '혈穴'에는 하나의 전해지는 얘기가 있다. 당나라 말, 보전莆田에는 튀김 떡을 팔던 임모林母(임林의 어머니)라는 사모하던 부인이 있었다. 임모는 남에게 베푸는 것을 좋아하고, 돈을 벌려고는 하지 않았다. 한 도사는 임모에게 떡을 나눠 받았지만 임모는 돈을 받지 않았다. 1년 남짓 그 모습을 유심히 보고는 감탄하여 그 공덕에 보답하고자 다음과 같이 가르쳐 주었다. "오석산에는 좋은 땅이 있으니, 그걸 자신의 무덤으로 하게. 반드시 후손이 번창할 것이네. 아주머니에겐 완전히 신세를 지고 말았어. 쌓이고 쌓인 외상값 대신이니까."

임모가 일러 준 대로 오석산에 무덤을 마련하니, 그 후손들 가운데 당대부터 송대에 이르기까지 연이어 과거에 급제하는 자손들이 나와 모두 지역을 위해 공을 세웠다.

---

77) 보전을 흐르는 하천. 이 강에 설치된 목란피木蘭陂는 송대에 건설된 것으로 그 높은 기술 수준 때문에 수리사水利史 연구자들에게 잘 알려져 있다.

풍수가 좋은 곳에는 무덤 등이 조성되어, 용맥의 혜택은 같은 가족이나 마을이 독점하고 있었던 것 같은 인상을 준다. 그러나, 이 흥화興化 임모묘林母墓의 예로 볼 수 있듯이, 뛰어난 '혈穴'로부터 흘러나온 '기氣'는 한 가족이나 마을에서 독점할 수 있는 것이 아니고, 주위에 넘쳐 나와 그 지역 전체에 혜택을 가져다준다고 『현관』은 말하고 있다.

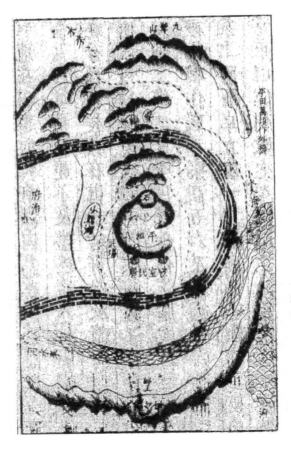

복건보전임파명묘도
福建莆田林婆名墓図
(『현관』, 도쿄대 소장)
복건을 대표하는 풍수상의 적지로서 『현관』이 꼽는 보전莆田 임파林婆의 묘. 시가지를 둘러싼 성벽을 뚫고, 용맥이 이어지고 있다.

지역에 넘쳐 나는 생기生気

이러한 넘쳐 나는 '기気'에 대한 논의는 「여기론餘気論」으로서 전개되고 있다.

'여기餘気' 즉 '남은 기운'은, 정말로 풍수에서 불가분한 것이다. '혈穴'(기가 모이는 지점) 앞, 모현毛県 땅 크기만 한 넓이에, 단지 '넘쳐 나는 기운'이 미치는 것을 가리키고 있는 것만은 아니다. 오경란吳景鸞[78]은 "여기餘気가 수십 리 앞까지 미치지 못하면, 왕후의 땅(왕후를 낳을 만한 생기를 가진 곳)으로 삼을 수 없다"고 한다. 혈 앞의 여기餘気는 수십 리를 뒤덮는다. 때문에 대략 대지의 규모가 큰 배치를 형성하면, 여기餘気는 반드시 전후좌우를 두루 윤택하게 한다. 인가人家는 반드시 여기餘気로 모여든다. (……) 대지에는 이와 같이 여기餘気가 많다.

만일 주위 30리, 50리에 인가가 없다면, 깊은 산속의 원류源流나 벽지僻地의 구덩이, 혹은 험준한 산고개 등의 땅에서는 많은 수목들이 삼엄하고, 범[虎]과 표범[豹][79] 들이 숨어 있으며, 벌[蜂]과 뱀[蛇][80]이 우글거리고 있다. 그런 인적이 미치지 않는

---

78) 양균송楊筠松의 제자

79) 복건에는 범의 아종 중 하나인 시베리아 호랑이(Pantheratigris amoyensis), 표범의 일종인 운표雲豹(Pantherapardus)가 서식하는데, 현재 호랑이는 멸종에 직면해 있다.

80) 곤충이란 벌레[虫]류가 병렬되어 있는 것은 기이하게 느껴질지 모르지만, 한자로 나타내면 '虫'이 되어 같은 범주로 분류된다. 복건에서는 말벌이 서식하고 있다. 일본에서도 산일에 종사하는 자에게 가장 두려워하는 것이 벌이다. 복건에는 오보사五步蛇라는 독사가 서식하고 있다.

땅에, 설령 '용맥龍脈'의 중심의 '혈穴'이 있었다고 해도, 이것은 당연히 음의 '기氣'가 깊이 잠입한 맥이다(때문에 사람이 모이지 않는다). 왕왕 부귀에 이르게 하는 힘을 가졌다고 해도, 결코 인구가 번성하게 되지 않는다. 단지 인가가 떠들썩하게 기세가 좋은 곳에서는, 즉 용맥의 중심 기운이 응집한 길혈吉穴(뛰어난 지점)의 '여기餘氣'가 멀리까지 흘러넘쳐 감응하는 것을 불러 모은다. 결국 사람은 땅의 기를 얻어 왕성해지고, 땅은 사람의 기를 빌려 발흥하는 것이다. (……)

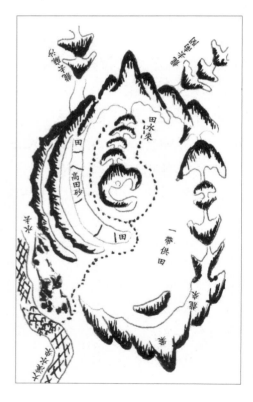

마사류씨조지추동간기도
麻沙劉氏祖地抽動幹気図
죽지竹紙라는 특산품에 힘입어 건양建陽에서는 출판업도 번영했다. 이 업계에 활기를 불어넣을 '기氣'는 류씨劉氏의 묘에서 쏟아져 나온다.

인적이 미치지 않는 손대지 않은 자연의 한가운데에 뛰어난 '혈穴'이 있는 경우, 거기에서 넘치는 '여기餘気'는 산에서 내려와 사람이 사는 평지에도 이르러 생기를 준다고 생각된다.

『현관』은 계속해서 다음과 같이 논하고 있다.

신감가神鑑歌81)에서 말한다. "용맥龍脈의 끝부분에서는 여기餘気를 받은 흙이 가볍게 떠올라, 계수溪水가 교차해 흐르는 곳에 퇴적되어 침전된다." 이러한 곳은 '허시墟市(정기 시장)'를 일으키기에 적합하다. 일이 없는 사람들이 모여 사업을 시작하기 때문이다. 고로 건양현建陽県82)의 채씨蔡氏 구현나사산九賢螺螄山(의 묘墓)은 그 여기餘気가 수북水北의 시장에까지 미치고, 보전莆田의 임씨 노파의 묘는 그 여기餘気가 오석거리烏石街로 넘쳐 나온다. 건양현 서방書坊에 있는 여余씨와 류劉씨의 두 묘墓는 청수사清修寺 뒤편에 있지만, 그 '여기餘気'는 서시書市(책 파는 시장)를 뒤덮고 있다. 이러한 것에서도 땅이 커질수록, '여기餘気'도 더욱 더 먼 곳까지 영향이 미친다는 것을 알 수 있다.

(『현관』권4 「여기론餘気論」)

『현관』이 저술된 명나라 후기의 복건에서는 시장경제가 활발해지면서, 유력 동족 집단이 활발하게 시장[市]을 설치하였다. 향족鄕族83)(지역에 뿌리를 내린 동족집단)은 자신들의 지배영역에 시장을 마련

---

81) 후주後周의 왕박王朴(915~959)에게 가탁假託되어 있는 풍수서 『태청신감太清神鑑』을 말하는 것으로 여겨진다.
82) 복건성의 산간에 위치. 주희가 거처하며 학문을 닦았던 고정서원考亭書院, 주희의 묘소가 있다. 명대明代에 대나무를 원료로 한 죽지 생산으로 널리 알려지게 된다.

함으로써 물류物流를 장악하려 하였다. 이러한 시장의 입지를 선정하기 위해서 풍수가 이용되었다. 동족집단이 좋은 '혈穴'을 독점해, 그 혈로부터 넘쳐 나오는 '여기餘気'가 미치는 지점에 시장이 설치된 것이다.

산에서 흘러내린 토사土砂가 퇴적하는 장소가 교역의 최적지라는 인식은, 경제지리학의 분석과도 일치한다. 충적지沖積地는 하천의 흐름이 완만해진 지점에 나타난다. 이런 곳에서는 산에서 하천을 따라 반입되는 삼림자원(장작·목재·모피·버섯과 약초)에 이르고, 하류에서는 배들이 거슬러 올라가 베와 방물·건어물 등의 상품을 가져와 교역이 성행하게 된다. 또 강 가운데 모래톱이 생기면 나루터 등이 조성되어 사람들이 자연스럽게 모인다. 땅의 이로움이 사람의 이익을 초래한다(地利招人利)는 인식은, 풍수론에서 연역되는 동시에 명확한 관찰에서 귀납되었다고도 할 수 있다.

자연과 사회

풍수적 생각을 따르면, 자연과 인간의 관계는 제로섬 게임[84]이 아니다. 인간이 번영하면 자연이 깎이고, 자연이 풍요해지면 인간은 그 위협에 시달린다는 배타적인 관계에 있는 것은 아니다. 『현관』에서는 자연이 풍요로운 땅은, 또한 인간도 풍요로워진다고 논

---

83) 중국 사회경제사학의 선구자였던 부의릉傅衣凌이 제기한 용어.
84) 한쪽이 득점하면 다른 쪽이 실점하기 때문에 모든 지점의 합이 반드시 제로가 된다는 게임 이론.

하고 있다.

대략 어떤 땅에 발을 들여놓았을 때, 하늘을 나는 맹금류나 무리를 이룬 새들이 모여들고, 우거진 숲과 쭉 뻗은 대나무가 무성하고, 물이 맑고 산이 푸르고 온화한 '기氣'가 그득하면 만족스럽게 번창한 경치를 볼 수 있다. 확실히 이것은 '왕기旺氣'(왕성한 기)가 발현되고 있는 것이다. 이런 땅에 터를 잡고 그 기운을 받고 사는 사람은 저절로 부귀를 이룰 수 있으며, 행복과 장수를 누릴 수 있다.

만약 초목이 시들고, 새와 짐승이 비명을 지르고, 바람 소리도 애처롭게 들리며, 분위기도 쓸쓸하며, 산은 무너지고 물이 말라 있으면, 사람 없는 땅으로 들어간 듯할 것이다. 그것은 퇴색된 '기氣'가 그렇게 만든 것이다. 이름 있는 인물이나 큰 집이 그 땅에 있는 도시라도 조만간 반드시 저절로 허물어질 것이다.

(『현관』 권5 「기수론氣数論」)

자연의 동식물이 무성한 모양은, 그 땅에 뛰어난 기가 넘치고 있는 것을 가르쳐 준다. 인간이 풍요로워지기 위해서는 자연도 풍요롭게 해야 한다는 발상이 당연하게 생겨난다.

수송水松을 보호한 풍수

상루촌의 주민들은 풍수를 지키기 위한 목적으로 수송을 수백 년 동안 벌목할 수 없었다. 현대적인 의미에서 환경 보호는 결코 아니다. 그러나 결과적으로 희귀 식물을 보존한 것이 되었다.

현재 마을 사람들에게 수송림이 우거진 산속 습지에 대해 왜 풍수의 중심 지점이었냐고 물어도 명확한 답을 얻을 수 없다. 무덤의 적지適地가 '호로삼계구葫蘆三溪口'로 불렸지만, 수송림에 대해서는 사람의 입으로 회자된 말이 남아 있지 않다.

주변의 지세地勢를 둘러보고, 『현관』이라는 복건의 고유한 풍수서를 염두에 두고, 자신이 지관이 된 듯이 골똘히 생각해 본다. 확증은 없지만, 아마도 다음과 같은 이치가 있었던 것은 아닐까.

상루촌에 이르는 기氣는, 그 절반은 공상적인 유라시아 대륙의 중앙부인 수미산에서 발원해, 곤륜산에 이르러 중국의 영역에 들어간다. 여기에서 세 개의 줄기로 나눠진다. 남쪽으로 나온 용맥의 남쪽 줄기는, 티베트 고원을 크게 우회하면서 금사강金沙江 서안西岸의 외아巍峨 봉우리를 건너, 양쯔강長江 남쪽으로 펼쳐지는 무수한 산악으로 기氣를 보낸다. 그중 일부는 광동성 북부 산맥을 거쳐 무이산武夷山으로 이어져, 취봉鷲峰으로 불리는 최고봉 1,822m의 산지에 이른다. 이 산지 구릉의 한 모퉁이에 해발 1,627m의 동봉첨東峰尖이 우뚝 솟아 있다. 상루촌이 속한 병남현 중에서는 최고봉이다.

지형도를 보면, 이 동봉첨은 『현관』에서 말하는 '금성金星'형의 반듯한 산령山嶺이다. 동봉첨은 산 이름에서 '동東'이라는 곳에서도 짐작할 수 있듯이, 이 산 서쪽 기슭에 사는 지역 주민들이 바라보는 자리에서 우러러보았을 것으로 생각된다. 상루촌의 풍수에서 동봉첨은 '대종大宗'(근본)의 산이었다. 이곳에서 몇 개의 산 능선이 마을을 향해 내려와, 상루촌의 북쪽을 보호하고 동쪽 언덕을 이룬다. 수송이 우거진 습지는 이런 능선과 능선 사이 지세의 굴곡에 형성된 것이다.

지형의 변천을 상상하건대, 일찍이 이곳에는 구덩이가 있었고 주위 산에 내린 비가 땅속을 흘러나와 분출해 작은 연못

매리설산梅里雪山의 새벽녘(운남성)

이 만들어졌음이 틀림없다. 손대지 않은 산에는 상록 활엽수를 중심으로 한 숲이 우거져 이른 봄, 신록과 함께 낡은 잎이 허공에 날린다. 연못에 뿌려진 낙엽은 바닥에 퇴적되어, 해가 갈수록 습지가 되었다. 수분을 많이 머금고 산소가 부족한 땅은 식물이 뿌리내리기에는 가혹한 조건이다. 뿌리를 땅 밖으로 노출시키는 특징이 있는 수송은 습지로 진출할 수 있었다. 다른 나무가 자랄 수 없는 습지에서, 수송은 경쟁 상대도 없이 햇빛을 온몸으로 받아 큰 나무가 되었다.

수송 숲 앞에서 주위를 둘러본다. 두 능선이 습지를 껴안듯이 펼쳐진다. 습지는 개방된 공간이지만, 그 앞에서 마을 쪽을 보면 산이 남북으로 달려온다. 습지 아래를 흐르는 계곡물은 그곳에서 다시 땅의 표면으로 얼굴을 내민다. 어머니의 자궁[母胎]으로 돌아온 듯한 안도감. 지관은 여기에 '기氣'가 분출하고 있다고 판단한 것은 아닐까. 땅속에 물이 많은 땅은 무덤을 조성하기에 적합하지 않다. 그

러나, 여기서 분출한 기는 『현관』이 말하는 '여기餘気'가 되어 마을에 영향을 미치고 있다.

수송의 공기뿌리気根(복건성 상루촌)

마을을 생기게 한 '여기餘気', 그 근원인 습지는 이렇게 해서 풍수의 핵심이 되어 경관에 손을 대는 것이 금지된 것이 아닐까. 그렇다 치더라도, 풍수를 위해서라고 하나 수백 년에 걸쳐서 숲이 잘 보전되어 온 것이다. 그 이유를 다음 장에서 읽고 풀어 보자.

제2장 생기生気를 받다

1. 묘墓의 풍수

민남閩楠이 지키는 마을

풍수의 중심으로 보호되어 온 희귀 식물은 수송뿐만이 아니다. 민남閩楠(Phoebe bournei)은 중국의 국가중점보호야생식물85)의 2급으로 지정된 식물이다. 도감을 찾아보면 상록활엽수로 성장하면 높이 40m가 넘고, 지름은 150cm나 된다.

'녹나무[楠]'는 있지만, 일본에서 재배되는 녹나무86)와는 속屬이 다르다. 식물 이름이 비교적 정확하게 기재되어 있는 『중일대사전(개정판)』87)에서 '남楠'를 찾으면, 남북南北으로 기록되어 있다. 일본에는 자생하고 있지 않다. 내가 이 나무를 만난 것도 복건의 병남현屛南県을 방문했을 때였다.

민남閩楠의 큰 나무가 무성한 것으로 이름이 알려진 후장촌後章村

---

85) 국가적으로 중요한 희귀 식물
86) 학명은 Cinnamomum camphora. 관동 이남에 자생하는 녹나무과의 상록고목常綠高木. 전체적으로 가지는 정유精油 성분의 해충에 대한 저항력으로 거목이 되는 것이 많아 신성한 나무로 신사 경내에 심어 가꾼다.
87) 愛知大学 編, 『改訂版·日中大辞典』, 大修館書店.

은 산속에 있다. 마을은 비탈진 경사면에 펼쳐져 있고, 그 중앙에 조상을 모시는 사당이 있었다. 풍격이 있는 마을이다. 사당 안에서 노인께 얘기를 들었다.

녹나무(복건성 후장촌)

이 마을이 자리한 산지는 원래 정程씨 성들이 열었다고 한다. 명나라 초 홍무 연간洪武年間(14세기 후반)에 장章씨 성의 선조들이 영덕寧德의 곽동霍童에서 옮겨 왔다. 그때는 이미 경작지가 될 만한 땅을 먼저 살았던 정씨程氏와 채씨蔡氏 성 일족들이 차지하고 있었다. 처음 이주해 온 장章씨의 조상들은 땅을 갖지 못하여, 우선 산고개 안쪽의 소를 방목시키는 땅에 임시로 거주하였다. '나중에 온 장章'이라 하여 그 거주지는 후장後章으로 불리게 되었고, 후장마을의 기반이 되었다. 지금으로부터 24대도 전의 일이다. 정씨 등도 원래 살았던 일족은 그 후, 후손이 끊어지고 말았다. 후장촌의 장씨는 후손이 번영하는 운세를 누렸으며, 현재의 호수는 약 200호, 인구는 1천 명 정도이다.

장씨 일가가 이주해 왔을 때, 먼저 살았던 정씨 집안사람들은 풍수를 지키려는 목적으로 산의 경사지에 우거져 있던 숲을 보호하고 있었다. 이 숲은 정씨의 거주 구역과 장씨의 거주 구역을 나누는 위치에 있었고, 장씨 일가도 자신들의 풍수림으로 보호하게 되었다. 학정鶴頂이라 불리는 마을의 뒤에 우뚝 솟은 봉우리에서, 대지를 흐

후장촌의 사당 산비탈에 확 트인 마을의 가운데에 있다(복건성 병남현)

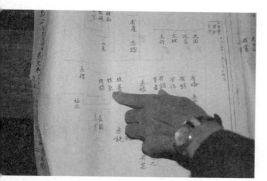
장씨章氏 족보 자신의 이름을 가리키고 있다

장씨 족보를 들고 있는 노인

장씨 사당 내부

르는 '기氣'가 공급된다. 산에서 내려오는 능선이 용맥龍脈이고, 그
것이 마을의 사당이 있는 곳을 감싸 안는 듯하다. 그 풍수는 '선인
시족仙人翅足'(신선이 다리를 꼬고 있는 모양)으로 묘사되며, 대청大庁(사
당)은 '좌정향계겸미축座丁向癸兼未丑'(건물은 남남서에 위치하고 그 정면은
북북동으로 향함)으로 되어 있다.

장씨 일가가 풍수를 보호하고, 기의 흐름을 자신들이 사는 마을
로 끌어들인 것이, 어쩌면 정씨 일가에게서 운세를 빼앗은 것처럼
되었을는지도 모른다고 노인은 느릿느릿 말했다. 정씨 일가가 쇠퇴
하여 이 산지에서 자취를 감추고, 대신 장씨 일가가 인구를 늘여 세
력을 더해 간 이유를, 노인은 풍수에서 찾았던 것이다.

장씨 성의 족보[88]는 없느냐고 묻자, 노인은 "문화대혁명[89] 때
원래의 족보는 없어졌지만, 그 전에 필사해 놓은 것이 집에 있다"
며, 얼마 안 있어 1961년(문화대혁명 일어나기 조금 전)에 필사된 족보
를 가져왔다.

청나라 가경嘉慶 3년(1798)에 기록된 서문을 보면, 장씨의 선조들
은 옛 당대唐代에 복건으로 이주하여 복건 각지로 퍼졌다고 한다.
이 기록은 반 정도는 허구로써, 후대에 만들어진 것인지도 모른다.
다만 확실한 것은 명나라 때 곽동霍童이라는 마을에 살던 장조수章
祖壽라는 인물이 후장촌後章村을 만들었다는 것이다. 이 인물은 출

---

88) 일족一族의 계보系譜. 계도系圖. 가보家譜. 송나라 때부터 편찬이 시작되어 명·청
　　대에 족보가 다수 편집되었다. 중국 사회사 연구의 일급 사료가 되는 것도 적지 않
　　다.
89) 1960년대 중반부터 약 10년간에 걸친 사상·정치투쟁. 전통문화의 파괴나, 많은 지
　　식인의 투옥·살해, 일반에도 다수의 희생자를 낳았다. 1976년에는 천안문天安門 사
　　건이 일어나 이듬해 문혁文革의 종결이 선언되었다.

신인 곽동마을에 묻혀 있
었으나, 서문이 적힌 시기
에 후손들이 무덤을 조사
하러 가서 묘비를 확인한
것이라고 한다.

이 서문을 쓴 인물은 건
륭 45년(1780)에 관료등용
시험 과거에서 거인擧人90)

사당 편액 오대동당五代同堂, 향괴鄕魁

이 된 장정章程이다. 교통도 불편한 산골 마을에서 거인을 배출한
것은, 후에 장씨 마을의 장거壯擧라고 해도 좋을 것이다. 사당에 들
어서면, 거인擧人을 낸 것을 자랑하듯이 '향괴鄕魁'라고 크게 쓴 편
액이 정면에 걸려 있었다.

자손 번영과 문운文運 융성이라고 하는 마을의 번영은 풍수를 제
대로 보전하고 있었기 때문이라고, 마을 사람들은 말한다. 풍수라
는 지형과 한 집안의 번영은 한족漢族의 사고 속에서 어떻게 결합되
어 있을까. 풍수가 수백 년에 걸쳐 지켜져 온 이유를 알려면 우선
그 점을 밝힐 필요가 있다.

현대에서의 풍수

풍수는 적어도 복건성福建省에서는 생태 환경을 보전하고 희귀 식

---

90) 명청 시대의 향시鄕試(3년마다 치르는 성도省都에서의 과거시험)에 합격한 자.

물을 보호해 왔다. 다만, 풍수는 환경 보호를 위한 이론은 아니다. 풍수가 가지고 있는 의미의 구조가 결과적으로 풍수를 하나의 환경학으로 만들어 냈다고 해야 할까. 중국 문화의 의미 체계를 밟으면서, 풍수가 환경학이라는 측면을 가지는 이치를 지금부터 추적해 간다. 우리는 언어[言葉]의 숲으로 발을 내디딘다.

80년대 후반의 포스트모더니즘postmodernism[91] 전성기, 중국 전통사회에 기원을 둔 풍수론이 주목을 받게 되었다. 건축 현장에서 풍수에 기초를 둔 설계가 나타났다. 많은 풍수론의 해설서가 나오고 일상으로 넓게 스며들자, 인테리어의 방법으로 혹은 가상家相 판단의 입문으로 풍수가 널리 보급된 것이다. 여기에 환경 문제에 대한 관심이 높아지고, 중국 도교道敎가 근대과학에 맞서는 타오이즘 taoism[92]이라는 패러다임paradigm으로 각광을 받자 풍수도 주목받게 되었다.

이른바 근대과학, 즉 인과율因果律[93]에 근거해 논증되는 합리적 인식에 대해 현대를 사는 우리들은 한계를 느끼고 있다. 거기에 현대인이 풍수에 매혹되는 이유가 있다. 예를 들어 지구 환경 문제. 지구는 무수히 많은 요소가 복잡하게 연결되어 있는 하나의 시스템이지만, 이 복잡한 체계에 대해 과학이 해명하고 있는 것은 아주 미미하다. 동시에 발현되는 언뜻 보기에는 무관한 현상들 사이에서, 연관성을 직감하는 방법론이 지금 요구되고 있다.

---

91) 근대의 합리주의적 경향을 부정하는 사고방식. 원래는 기능주의·합리주의에 대치하는 새로운 건축이라는 의미의 근대 건축용어.

92) 도교와 노장 철학에서 현대적 의미를 찾으려는 사조思潮.

93) 철학에서 모든 사건은 필수적인 원인에 의해 일어나고 원인 없이는 아무 일도 일어나지 않는다는 원리.

이와 같이 생각하면, 풍수의 유행은 구미歐米에서 오컬티즘occult-ism[94])의 재평가 움직임과 궤도를 같이한다고 할 수 있다. 근대 과학에서는 충분히 관계를 입증할 수 없는 현상 사이의 관계를 보려고 할 때에, 오컬티즘에서는 신(또는 악마)을 상정하는 것에 대해, 풍수에서는 '기氣'의 흐름을 전제로 한다. 신도 '기氣'도 그 이상은 해석할 수 없는 개념으로 인지력 밖에 있는 점에서 공통된다.

'기氣'에서 해명하다

'기'에 대해서, 예를 들면 『중국사상문화사전』[95])은 "기란 일반적으로 에너지를 가진 유동적인 물체로, 상황에 따라 운동하고 어떤 작용을 하는 것"이라고 정의하고 있다. 그러나, 이 같은 해설은 '기'의 이미지를 표현하는 것일 뿐, '기'의 본뜻은 아니다. '기'라는 말은 다른 말로는 설명할 수 없다. 그러나 '기'라는 말로 다른 말을 설명할 수는 있다. '기'라는 말이 중국인의 사고 속에서 어떻게 작용하는지를 따라가는 것으로 기의 함의를 깨달아야 할 것이다.

기는 우주를 움직이게 해 공간·물질·인간 등 모든 것을 통하며 흐르고 있으며, 기가 흐르는 곳에서는 하나의 질서를 가진 장소가 생긴다. 기는 갈라져 나오기도 한다. 그러나, 나뉘어도 그 기는 동질同質이다.

이것이 한족漢族의 발상의 바탕에 있는 기의 감각이다. 아마 이

---

94) 초자연적인 힘을 믿고 그것을 연구하는 것. 심령술·점성술·연금술 등. 신비학.
95) 溝口雄三 外 編, 『中国思想文化事典』, 東京大学出版会, 2001.

감각은 한족이 기가 무엇인지 유추해서 말로 정착시킨 후에 익혔다기보다는, 이 감각이 생겨난 바로 그때에 한족도 탄생했다고 생각할 수 있다. 유교儒敎96)나 도교道敎97)가 성립하기 전부터 존재했으며, 지금도 한족의 사유 속에서 살아가고 있다. 기는 철학으로서 학습하는 것이 아니라, 일상생활 속에서 습득되어 이 발상의 이치를 익힌 것이 한족이 된 것이다.

기氣의 발상을 언급할 때, 먼저 소리[音]가 생겨났다. 옛 소리를 복원하는 연구에 의하면, 『시경詩經』98)에 정리된 가요가 실제로 불러졌던 시대(지금으로부터 3천 년 전쯤)에, 기氣는 [kət](ə의 음색은, 일본어로 에를 발음하는 입 모양을 해서, 아라고 발음해 보면, 대략 이 소리가 된다)로 발음되고 있던 것으로 추정되고 있다.99) 힘차게 혀와 입천장 사이를 뚫고 나오는 공기의 흐름을 막으면, 이런 소리가 난다.

이것은 상상이지만, 옛 소리로 '기'를 발성해 보면, 가래를 뱉을 때처럼 목에서 기류氣流가 소용돌이치고, 그 공기의 압력이 강해질 때 혀 안쪽이 갑자기 솟구쳐 올라가고, 날숨의 기운을 판단한다. 이 순간에 입천장 깊숙이 느껴지는 기압으로, 옛날[上古] 사람들은 인체에서 내뿜는 에너지를 느낀 게 아닐까.

---

96) 공자(기원전 551~479)가 창의적인 도덕과 교리를 체계화한 것.
97) 불로장생을 지향하는 신선술과 원시적인 민간종교가 결합하여 노장 사상과 불교를 도입하여 형성된 것. 유·불과 함께 3교 중 하나.
98) 중국 최고最古의 시집. 서주西周에서 동주東周까지 305편의 가요가 실려 있다.
99) 井上亘, 『諧音符引 : 古音檢索表 ―『詩経』を読むために』, 大東文化大学人文科学研究所, 2006.

'기氣'가 함의하는 것

현재의 중국 땅에서 지금부터 3,500여 년 전의 은殷[100] 시대, 화북 평원에서 살았던 사람들은 대기와 땅의 움직임에 신경을 집중하고 있었다. 생활의 기반이 농사에 있었으므로 하늘에서 내리는 비와 땅이 작물에 주는 영양에 무관심할 수 없었기 때문이다. 은대殷代 왕조는 신권정치였다고 한다. 왕이 사람들을 대표하여 신들에게 묻는다. 그 방법은 소의 견갑골 등을 태워 팽창으로 인해 생기는 균열을 읽어 내는 것으로 점占을 봤다. 무엇을 물었는지 그 내용이 점에 이용된 거북등과 짐승의 뼈에 새겨진다. 이른바 갑골문자甲骨文字로 불리는 것이다.

갑골문자를 읽어 보면, 비를 몰고 오는 구름의 움직임에 깊은 관심을 기울였다는 것을 알 수 있다. 그 흥미로움은 자연과 구름을 움직이는 바람에 쏠린다. 동서남북 각 방향에서 부는 바람에, 각각 이름이 붙어 있으며, 각 방위의 바람에서 개성을 엿볼 수 있다. 바람의 방향은 기후 변화의 예고가 되어 계절의 변동을 가르쳐 준다. 시대가 지나면서 바람의 성격은 명확하게 말로 표현된다. 거기에서 기氣의 성격을 방위와 연결시키는 오행설까지의 거리는 그렇게 멀지 않다.

이러한 기氣의 발상發想을 형상화하려 할 때, 하늘을 강풍에 휩쓸려 날아가는 구름의 모양을 따라서 '气'라는 문자가 만들어졌다. 갑

---

100) 기원전 16세기~기원전 11세기경의 고대 왕조로 상商이라고도 한다. 『사기史記』 「은본기殷本紀」 등에 따르면 성탕왕成湯王이 하夏의 걸왕桀王을 멸망시키고 창시해 30대 주왕紂王 때 주周에게 멸망당했다.

골문자에서는 딱딱한 소재로 새기기 위해 단순화되고, 가로 막대기를 세 개 늘어놓아 '三'이란 모양을 취한다. 또한 숫자 3은 마찬가지로 가로 막대기가 세 개이지만, 하나하나가 어느 막대기의 길이도 같게 '三'이 된다. 이에 비해 '气'를 나타내는 갑골문자는 위아래 두 개의 막대기보다도 가운데의 막대기가 짧은 것으로 구별된다.

지금까지 검토된 갑골문 중에는 '气'자를 생기生氣라는 의미로 사용한 것은 눈에 띄지 않는다. 그 소리를 빌려, '乞'(求요구하다)·'訖'(終끝나다)·'迄'(及이르다) 등의 의미로 사용된다고 한다. 그러나 은대殷代에는 이미 '气'자에서, 생기라는 의미가 담겨 있었다고 추측하지 않으면, 금석문金石文101)에서 '三'자 모양이 '气'자로 변용되어, 전국 시대에는 '气'자가 생기의 의미로써 많이 쓰이게 된 과정을 설명할 수 없다.

'气' 자는 뒤에 '선물贈り物'이라는 뜻을 가진 '미米'가 더해져, '기氣'라는 문자가 되었다고 한다. 일본의 당용한자当用漢字102)에서는 '기気', 중국의 간체자簡体字103)에서는 '气'로 표기되는 문자의 원형은 이렇게 만들어졌다.

감각으로 존재하고 있었던 기気가 사상의 언어로 사용되는 시기는 전국 시대이다. 그 처음은 『맹자』104)였다. 그 후 기의 발상은

---

101) 도검刀劍 등의 금속이나 묘석 등의 돌에 새겨진 글씨와 문장文章·갑골甲骨·토기土器 등에 새긴 것을 포함하기도 한다.
102) 일반사회에서 사용하는 한자의 범위를 나타내는 것으로 1946년 1월 16일 내각 고시된 「당용한자표当用漢字表」에 포함된 1,850자.
103) 1956년 「한자간화방안漢字簡化方案」에 따라 제정된 간략화된 한자 2,238자가 규정되었다.
104) 맹자孟子(기원전 372~289)가 제후나 문인들과 나눈 논의나 대화를 문하의 제자들이 정리한 책.

한나라 때 동중서董仲舒105) 등의 인물에 의해 철학적 명제로 다뤄졌고, 위진 남북조 시대에 불교佛敎106)의 영향을 받아, 인도 철학107)의 사고방식을 도입하면서 철학으로서 깊어져 갔다. 기의 운행이라고 하는 견해에 따라, 삼라만상, 자연에서 인간에 이르는 모든 사상을 설명하고자 사색을 깊이 하여 체계적인 철학으로 정리한 인물이 남송의 주희(1130~1200)이다.

주희는 흘러가는 기의 운행 가운데 만물이 생겨났다고 했다. 기를 에워싸는 기운이 빨라지면, 그 중심 부분에서는 눌려 딱딱한 것이 생기고, 둘레 부분에서는 속도가 빠르기 때문에 빛나는 해와 달·별들이 생긴다고 한다. 이렇게 태어난 것들은 같은 기를 공유하기 위해 서로 교감하면서, 새로운 운동이나 물질을 속속 만들어 낸다. 주희에 의해 그전까지는 막연했던 '만물은 기에서 나온다'는 명제 thesis가 확립된 것이다.

그렇다면 기의 흐름은 어떻게 정해지는 것일까. 주희가 이 문제를 풀기 위해 갈고 닦은 개념이 '리理'이다. 가령 물이 흐르려면, 유체流体는 위에서 아래로 향해 간다는 법칙이 전제된다. 마찬가지로, 부모에게서 자식이 나오는 것이지 자식에게서 부모가 나오는 것은 아니다. 이것이 리이며, 리를 바탕으로 질서가 만들어진다고 하였다. 기가 부모를 상류로 하고, 자식을 하류로 해 흐르는 것이라면,

---

105) (기원전 176~?) 전한前漢의 학자. 무제武帝에 진언하여 유교를 국교로 만드는 데에 노력했다.
106) 기원전 5세기(일설에 기원전 6세기)에 석가모니가 연 종교. 인도에서 일어나며, 아시아 전역으로 퍼진다. 지역이나 사회변동에 따라 다양하게 발전하여 많은 학파·종파가 있다. 일본에는 6세기에 전래되었다.
107) 인도에서 성립·발달한 철학·종교 사상의 총칭. 브라만교·힌두교·불교·자이나교 등의 사상을 중심으로 한 철학.

자식은 스스로를 낳은 기의 흐름을 상류에서 더듬어, 부모가 존재하지 않으면 자신도 존재하지 않는다는 것을 느끼며 부모를 공경하는 질서가 생겨난다. 그것이 '효孝'108)라고 불리는 덕목인 것이다.

주희 철학의 이해하기 힘든 부분은 '리와 기를 나열할 때에, 리가 기보다 앞에 있으며, 리가 기보다 근원적이다'고 생각했던 것이다. 이 점이 나중에 주자학朱子學109)으로 고정되었을 때 인간의 삶의 방식을 도덕적 틀에 밀어 넣으려는 경향을 낳게 되지만.

친족 관계에 흐르는 '기氣'

'기'가 흘러, 거기에 '리'라고 불리는 질서가 생긴다고 하는 감각은, 부모와 자식의 관계에 반영된다.

한족漢族은 부모와 자식 간의 관계에서, 기의 흐름을 느끼고 있다. 그 흐름에서 특징적인 것은, 아버지로부터 자식으로의 기의 흐름을 어머니로부터 자식으로의 흐름보다 중요시한다는 것이다. 이 기의 흐름은 가족이라는 하나의 질서를 낳는다. 아들은 그 아버지로부터 물려받은 기의 흐름을 자식에게 물려줄 수 있지만, 딸은 그녀가 낳는 자식에게 기를 전해 줄 수 없다. 여성은 기의 흐름에 대

---

108) 자기의 부모에 대하여 경애를 표하는 데서 출발하여 조상을 모시고 제사를 계속하는 것 등을 포함한다.

109) 주희에 의해 재편성된 유학. 신유가 사상新儒家思想 등으로 불리기도 한다. 송대 이후에 과거를 통해 지배자층에 진입하려는 사람들의 삶의 방식을 다루는 사상으로서 사회에 큰 영향을 끼쳤다. 명·청대에는 과거시험의 기준으로 삼아 국가교학国家教學의 지위를 독점한다. 그 여파는 중국과 인접한 조선이나 일본에도 미쳤다.

해 수동적인 입장에 있다. 아들이 여러 명 있을 경우, 각자가 아버지로부터 물려받은 기는 같다고 생각할 수 있다.

아버지로부터 자식으로 흘러가는 기를 북돋우는 것으로, 친족 관계가 만들어진다. 친족 관계란, 쉽게 말하면 어떤 사람과 사귈 때 실제로 교제하기 전에 자신과 상대가 각각 자신의 부모, 또 부모와 거슬러 올라가 어딘가에서 공통되는 인물을 찾아냈을 때 태도를 바꾼다는 것이다.

송대 이후 한족의 친족 관계는 범위가 넓다. 예를 들면 자신이 남자일 경우, 나는 그 아버지에게서 기를 물려받고, 그 아버지는 다시 아버지, 즉 나의 할아버지로부터 기를 물려받았으며, 그 할아버지는 증조부로부터······, 라고 기의 흐름을 더듬어 간다. 이제부터 내가 교제하려고 하는 상대도, 그의 몸에 흐르는 기를 그의 아버지, 조부, 증조부······로 더듬어 간다. 이런 작업의 결과, 한 남성과 연이 닿았을 때, 자신과 상대가 각각 이어받은 기는 같다는 것이다. 같은 기라면, 서로 돕는 친화적인 태도를 취해야만 한다. 만약 내가 상대방에게 적대적인 태도를 보인다면, 나는 기의 섭리를 저버리는 것이 되어 주위로부터 비난받게 된다.

이와 같이 2명 이상의 사람이 각각 몸에 흐르는 동질의 기가 온 근원으로 발견한 과거의 인물이 '조祖'[110]이다. 그 조祖에서 갈라져 나온 기를 물려받은 사람들의 집단은 '종宗'이라고 부른다. 종宗의 본래의 글자 뜻은 조상[祖]에게 제사를 지내는 건물(종묘宗廟)을 의미한다. '宗'을 나누어 보면, '宀'는 건물을 나타내고, '示'는 조상의

---

110) 친족을 아우르는 조상제사의 대상이 되는 부계의 조상. 망자 전부가 '조祖'가 되는 것은 아니다.

영혼의 의대依代111)를 상징하고 있다. 이 조상에게 제사 지낼 때 종묘에 모인 사람들이 바로 '宗'이다. 종宗이라는 집단에서 실천해야 할 규범이 바로 '종법宗法',112) 종법에 따라 조직화된 것이 바로 '종족宗族'113)이다.

'종宗'과 '방房'

'기氣'는 부모로부터 자식으로 흘러갈 뿐만 아니라, 남편으로부터 아내에게로 성관계를 통해 전해진다. 이 기의 흐름은 아버지에서 자식으로의 기의 흐름을 분기시켜, 새로운 하나의 질서의 장을 형성한다. 이것이 '가家'114)이다. 아들이 아내를 얻어 부부 사이에 기의 교류가 생기면, '종宗'과는 구분된 공간이 만들어진다. 이 공간은 조상을 모시는 방 옆에 만들어진 아들 부부의 방으로 구상화된다. 이 방[部屋]을 '방房'115)이라고 한다. 이 문자를 분석하면, '戶'는 방을 표시하고, '方'은 옆에 놓였다는 뜻이다. 아들이 만약 세 명이 있고, 그 세 명이 각각 결혼해서 같이 살면, 세 개의 방이 나란히 놓여진다.

---

111) 신에게 제사 지낼 때 신이 머무르는 물체.
112) 부계 출신의 친족을 아우르는 원리로, 주대周代에 체계화되었다.
113) 종법에 따라 조상 제사를 지내는 것으로 정리된 사회 집단.
114) 한 쌍의 부부를 핵으로 해 형성되는 친족적 집단. 여러 세대의 친족이 '家'로 정리되기도 한다. 사회인류학 논고에서는 중국사회의 기초적 개념으로 중국어 발음으로 '치아チア'로도 많이 표기한다.
115) 한 집 안에 있는 방. 중앙의 '堂'에 대한 양방의 방을 본래는 나타낸다. 거기에서 바뀌어 아들이 결혼하여 방을 가진 것을 의미하게 되어, 친족 집단의 종족 중에서는 대집단 중에서 분지한 소집단을 '房'이라고 부른다.

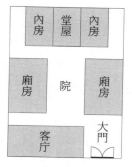
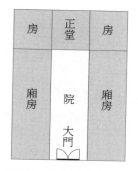

사합원四合院(북방에 많다)　　삼합원三合院(남방에 많다)

■ 지붕이 있는 부분

이 공간의 질서는 친족의 조직화에 반영된다. '조祖'를 공유하는 사람들이 모이는 공간이 종宗이었던 데 비해, 그 사람들이 나누어져 집집마다 사는 공간이 방房이다. 기氣의 흐름으로 보면 상류가 종宗, 하류가 방房이 된다. 조祖에서 시작하는 기氣의 흐름은 분기할 때마다 방房을 형성한다. 각각의 방은 종宗에서 나눠진 자식을 시조始祖로 한다.

같은 종宗에 속해 있는 사람들은 모두 같은 조祖로부터 기를 물려받았기 때문에 동질同質이자 동류同流이다. 그러나 동질·동류라고 해서 모두 평등하지는 않다. 한족의 발상에 따르면, 기氣의 상류에 위치한 사람은 하류에 위치한 사람보다 상위에 있다. 공통의 조상에서 먼 사람은 가까운 사람보다[116] 하류가 되고, 서열은 하위가 된다. 조상의 아들의 대代, 손자의 대, 증손의 대……로 순서를 세어 간다. 조상부터 시작해 24대째인 사람은, 25대째인 사람보다 나이

---

116) 원문에는 "共通の祖に近い人は 遠い人よりも(공통의 조상에 가까운 사람은 먼 사람보다)"로 되어 있는데, 이는 오류이다. ― 역자 주

가 어려도 서열이 높다. 같은 대에 속한다면, 먼저 태어나야 상위가 된다. 대代 사이의 서열은 '존비尊卑', 같은 대 사이의 나이에 의한 서열은 '장유長幼'로 불린다. 이 존비장유의 서열을 따라 흐르는 기氣를, 사람이 결코 어지럽히면 안 된다. 기를 어지럽히는 일은 한족의 감각으로 보면 인륜에서 벗어난 것이다.

'기氣'를 받아들이는 장치로서의 무덤

여기에서 다시 『장서葬書』이다.

『장서』는 "오기五氣는 땅속을 흐르고, 발현하면 만물에 생긴다"117)는 표제表題를 바탕으로, 공간적으로 떨어진 현상을 연결하는 '기氣'에 대해 다음과 같이 서술하고 있다.

> 오기五氣는 곧 오행五行(木·火·土·金·水의 다섯 가지 생기)이며, 즉 생기生氣의 다른 이름이다. 다시 말해 한 기운이 나뉘어 음과 양이 되고, 갈라져서 오행이 된다. 하늘에서 운행한다고 해도, 실제로는 땅속에서 솟아나고 있다. 흐르면 만물이 발생하고, 모이면 산이나 강이 융결融結한다(녹았다 맺혔다 하며 형태를 이룬다). 융결은 이二(음과 양)와 오五(오행)의 정묘精妙(에센스)가 합쳐져 굳어지는 것이다.118)

---

117) 五気行乎地中, 發而生乎萬物.
118) 五気即五行之気, 乃生気之別名也. 夫一気分而爲陰陽, 析而爲五行. 雖運於天, 實出於地, 行則萬物發生, 緊則出川融結. 融結者, 即二五之精妙合而凝也. (『葬書』內篇)

이처럼 기氣가 만물을 생성한다고 말한 뒤,

　　사람은 몸을 부모로부터 받는다. 해골은 기를 얻고, 시신은 비
　　호庇護를 받는다.119)

라고 적는다. 즉

　　부모의 해골은 자손의 근본이다. 자손의 몸은 곧 부모에게서
　　갈라져 나온 가지이다. 하나의 기氣는 서로 도움을 주면서 근
　　본부터 가지에까지 도달한다.120)

라고 하는 것이다. 이어 다음 항목에서는, "경経에 이르기를, 기氣는
느끼고 응하며, 귀복鬼福(재앙과 행복)은 사람에 이른다"121)는 표제
를 내걸고

　　부모와 자손은 원래부터 하나의 기氣를 함께 한다. 서로 느끼
　　고 부르면서 귀복鬼福을 받는 것과 같다.122)

라고 설명을 더한다. 땅에는 "조화造化의 정영精英(에센스)이 응결凝
結하는" 장소가 있다. 거기에 부모의 유골을 매장하면, 인간의 세상

---

119) 人受体於父母, 本骸得気, 遺体受蔭.
120) 父母骸骨, 爲子孫之本. 子孫形体, 乃父母之枝. 一気相蔭, 由本而達枝也. (『葬書』
　　内篇)
121) 経曰 "気感而應, 鬼福及人."
122) 父母子孫, 本同一氣. 互相感召, 如受鬼福. (『葬書』内篇)

에서 뛰어난 '기氣'를 받을 수 있다고 결론짓는다.

하늘[天空]과 땅[大地]이 기氣의 운행에 따라 생성한다고 말하는 한편, 인간은 부모로부터 물려받은 유골을 통해 기氣를 받는다고 여긴다. 혈육血肉을 포함한 몸은 유골에 흐르는 기의 은혜를 받아서 생기를 유지한다. 그리고, 부모의 유골을 땅에 매장하면, 그 뼈는 땅에 흐르는 기를 흡수하여 자손에게 그 기를 공급하게 된다. 천지와 인간은 기에 의해 결합되고 구분되지 않는다. 두 쪽을 서로 연결시키는 행위가 바로 매장埋葬이다. 그리고, 기를 인간 세상에 끌어들이는 장치가 무덤인 것이다.

자연계에서 발생한 현상은 공간적인 괴리를 넘어서 인간 세상에서 발생한 현상과 연결된다. 이것을 감응感應123)이라고 한다. 중국 문명은 이 감응이라는 사고방법을 기초로 하여 다른 어떤 문명보다 일찍 달의 운행과 조수潮水의 밀물과의 관계124)를 찾아냈다. 몸 표면体表의 포인트를 자극하면 내장이 반응하는 것을 발견하여, 침구鍼灸의 체계를 완성한 것도 인과율因果律에 구애받지 않고 공간적으로 다른 곳에서 동시에 발생하는 현상을 감응 관계로 관찰할 수 있었기 때문이다. 공간의 철학으로써 풍수를 본다면, 공간적인 원근이나 구조를 초월하여 현상 사이에 관련된 연관성을 직감하는 방법이라고 말할 수 있다.

---

123) 중국 고대에 성립한 일종의 자연감自然感.『역경易経』등에서는 '동성상응同聲相應, 동기상구同気相求' 등으로 표현되어 있다.

124) 달과 조석의 관계는 한대漢代에 이미 인식되어 있었다. 후한의 왕충의『논형論衡』에 "壽之起也, 随月盛衰"라고 씌어 있다.

채씨蔡氏의 묘와 풍수

기와 리의 관계를 추구한 주희朱熹의 학설은 명대에 국학国学125)
의 위치에 자리매김되어, 과거시험의 규범이 되었다. 그래서, 딱딱
한 학문이라는 인상을 받고 있다. 주희의 원적原籍은 황산黃山 기슭
의 무원현婺源県126)(현재는 강서성에 속한다)이지만, 자라면서 생애 대
부분을 보낸 땅은 복건福建이었다. 그의 다양한 글을 읽으면, 복건
이라는 땅에 뿌리내린 토속적인 풍토에 영향을 받아, 토속적인 것
에 흥미를 가진 깊은 사색가였던 것으로 생각된다. 이러한 시각의
범위 안에 풍수도 포함되어 있다. 주희는 복건 산간지역이라는 풍
수 중시의 기질이 중국 중에서도 특히 성행한 지역에서 사색을 심
화시켰다. 그가 풍수를 배척하지 않고, 풍수에 이론적 근거를 부여
하려 한 것은 지극히 자연스러운 결과였는지도 모른다.

특히, 주희의 풍수관에 가장 깊은 영향을 주었다고 볼 수 있는 것
이, 바로 '주문영수朱門領袖'(주자학파의 지도자)로 추앙받는 채원정蔡元
定127)이다. 채원정은 주희보다 다섯 살이나 어리지만, 주희가 신유
학을 일으키려 악전고투할 때 늘 주희 가까이에서 여러 시사점을
주었다. 그 범위는 수리數理로부터 음악에 이른다. 그 영향의 하나
로 풍수도 포함된다.

---

125) 명나라에 영락제의 명으로 주희의 학설에 따라 『사서대전四書大全』, 『오경대전
　　五経大全』, 『성리대전性理大全』이 편찬되어 각지의 학교에 배포되고 과거의 표준
　　이 되었다. 이 국가사업을 통해 주자학은 국가를 지탱하는 이데올로기가 되었다.
126) 강서성江西省 동북부에서 안휘安徽·절강浙江과의 성경省境에 위치한다. 황산 자
　　락에 펼쳐진 분지. 역사적으로 휘주부徽州府에 속했던 시기가 길고 휘주문화의 풍
　　격을 지녔다.
127) (1135~1198) 남송의 학자. 저서 『율려신서律呂新書』, 『홍범해洪範解』 등.

주희의 장남인 주숙朱塾이 사망하여 안장할 때, 주희는 채원정과 편지를 주고받으며 그의 묘지 선정에 만전을 기했다. 채씨蔡氏의 후손 중에서 이후에도 많은 뛰어난 인재들이 배출되었다. 이러한 사정 때문에 아주 자연스럽게 채원정이 속한 복건 채씨의 시조 묘는 풍수가 뛰어난 묘의 대표로서 오래전부터 칭찬받게 되었다.

당나라 말기 황소黃巢의 난 때, 전쟁을 피해 화북華北의 하남·하북 등에서 퇴진하여 남쪽으로의 대이주가 있었다. 채원정의 조상인 채로蔡爐(857~944)은 이때 복건으로 옮겨와 복건 채씨의 시천조始遷祖가 되었다. 당나라 건녕乾寧 4년(897)에 '중원中元 53성姓'이라 총칭된 사람들을 이끌고 복건으로 들어가서 무이산武夷山128) 동쪽에 위치한 건양현建陽縣 장관이 되었고, 얼마 지나지 않아 건양의 마사진麻沙鎭에 거처를 마련하여 자손 번영의 토대를 만들었다고 한다.

지관들은 이 채로蔡爐에게는 풍수지리의 소양이 있어서 자손에게 그 비법을 전수하고, 자신의 사후에 매장할 장소를 지시하였다고 전한다. 채로蔡爐가 자신의 무덤으로 선택한 땅은, 풍수 용어로는 '나사129)토육螺螄土肉'으로 불리는데, 이후 4대에 걸쳐 9명의 현자賢者를 낳는 지세로 알려져 있다. 지관들은 이 지세를 많은 음택陰宅130) 풍수 중에서도 가장 좋은 묘지로서, 사례 연구의 대상으로 삼았다.

역대 풍수서 가운데서도, 명대의 융경 연간隆慶年間에 강서성 출신의 서선술·선계 형제가 실제로 각지의 이름난 분들의 묘를 답사

---

128) 복건성 북부에 있는 대왕산大王山을 중심으로 한 산계山系의 총칭.
129) 나사螺螄 우렁이에 관한 것.
130) 죽은 사람이 묻히는 묘지.

하고 쓴 『지리인자수지地理人子須知』는 복건 채씨 시조의 묘에 대해 자세한 기록을 남겼다.

『현관』의 저자는 『지리인자수지』가 기록한 그림으로는 만족스럽지도 않고 납득할 수도 없어서, 실제로 채씨의 묘를 시찰하러 갔다고 한다. 이 묘지의 입지를 풍수적으로 봤을 때, 남간南幹에서 갈라져 나온 용맥의 지류가 물의 흐름을 거슬러 올라온 곳에 입지하고 있다고 지세를 파악했다. 그 현지의 관찰에 의하면 이 묘지의 입지는 극히 미묘한 것이라고

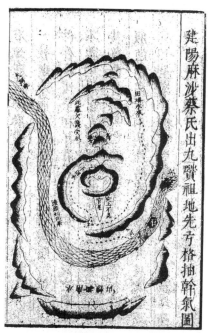

건양마사채씨묘도建陽麻沙蔡氏墓図
(『현관』, 도쿄대 소장)

한다. 혈을 에워싼 능선이 중심을 끌어안듯 뻗어 있기 때문에, 혈의 위치에서는 주위의 산을 바라볼 수가 없다. 게다가 혈의 오른쪽의 능선이 빠져 있어서 '풍風'이 혈로 불어 들어와 기氣가 흩어져 버린다. 이런 결점을 지니고 있지만, 주위의 산들은 부드럽게 이어져 구름을 뚫고 솟아났고, 하나하나의 조건이 풍수 이론에 부합하며 그 풍격이 매우 뛰어나기 때문에, 이 묘지에 묻힌 채로蔡爐의 후손에서 우수한 인재가 나왔다고 한다.

인터넷에 소개되는 풍수

현대의 지관 또한, 채로의 '나사토육螺蛳吐肉'이라 불리는 무덤은 한 번은 찾아가 보고 싶어 하는, 풍수가 좋은 지점 중의 하나이다. 인터넷으로 검색하다「입민시조채로풍수入闽始祖蔡炉風水」라는 제목의 보고서를 찾았다. 이 문장은 관룡觀龍이라고 자칭한 현대의 지관이 쓴 것이다. 실제로 산에 올라 풍수 길지吉地를 직접 찾지 않고, 풍수서만 읽고 상상으로 풍수를 배우려 하면 너무도 쉽게 '집안 지관'에 빠져 버리고 만다고 그 저자는 경고한다. 그래서 명대明代의 실지實地에 바탕을 둔 풍수론을 확립한『지리인자수지』를 손에 들고, 복건의 건양建陽으로 가서 실지를 답사했다. 백문百聞이 불여일견不如一見, 지리서와 실제 지세를 비교함으로써 풍수의 실체를 파악하려는 것이다.

학생을 데리고, 채씨 가문의 안내를 받아 현대 지관은 먼저 산을 올라, 혈에 서서 주위를 둘러본다. 이 절차는 명당明堂[131] 전체를 파악하기 위한 것이다. 그 후에 혈의 뒤쪽 '용龍'을 올라, 용맥의 결절점結節点을 10절까지 거슬러 올라간다. 산등성이에 오르면, 숲이 산길을 가리고, 가시가 날카로운 관목灌木이 빈틈없이 빽빽하게 자라있어서 한 발짝도 더 나가기도 어렵다. 다행히, 조금 높아진 곳에 약간 트인 곳이 있고, 거기부터 주변 산들이 이어져 마양계麻陽溪가 굴곡 하면서 흘러가고 있음을 바라볼 수 있다.

지관은 잠시 유심히 전체적인 지세를 살핀 뒤, 묘지로 돌아간다.

---

131) 묘 앞쪽 풍수상의 기운이 모이는 공간.

다시 무덤에서 하나하나의 용맥의 결절을 관찰하고, 산 모양에서 그 첫 마디가 '탐랑목성貪狼木星'임을 확인한다. 마을에서 전해 내려오는 산의 이름이 추모령雛母嶺임을 마을 사람들로부터 알아내고, 그 형상이 우렁이 껍질과 닮았음을 확인한다. 혈의 주변에 주의를 기울여, 혈의 지세가 우렁이의 살에 해당하고, 그 주위에 조개가 그 몸을 보호하듯 껍질을 발달시키고 있는 것으로, 생각을 떠올리게 한다. 이 혈의 이름을 '나사토육혈거육螺螄吐肉穴居肉'이라 부른다. 사진을 담고 전개되는 묘지 풍수는, 지관이 자신의 신체를 통해 지세를 읽어 내는 순서를 보여 준다.

혈과 용의 관련성을 확인한 뒤, 지관은 사砂를 꼼꼼히 살피기 시작한다. 혈에서 앞쪽을 바라본다. 왼쪽이 청룡靑龍의 사砂가 된다. 오른쪽에서 흘러온 계곡은 왼쪽에서 논으로 흘러든다. 오른쪽의 혈을 보호하듯 이어진 산은, 땅을 부르는 이름으로 복선산覆船山이 된다. 혈 앞의 땅은 평평한 경작지이다. 안타깝게도, 혈을 지키는 사砂가 서쪽에서 깎여 있어서 기氣가 새어 나오고 있다. 그 때문에 그 후손 가운데 위학僞學이라는 비난을 받고, 고향을 떠나 호남에서 객사하게 된 사상가도 나타난 것이라고 일족의 부침浮沈과 풍수를 연결시키고 있다.

족보에서 보는 풍수

풍수를 통한 공간의 인식은, 족보에 기록된 묘지 및 마을 지역의 그림에서 구체적으로 읽을 수 있다. 먼저 다룬 조씨祖氏 조국균祖国

鈞이 찬수纂修한 『연호조씨족보蓮湖祖氏族譜』(光緒25年刊本, 『北京図書館
藏家譜叢刊 : 閩粤(僑郷)卷』 第31冊)은, 복건의 북서쪽에 위치한 포성현浦
城県에 대대로 거주했던 조씨祖氏의 족보이다.

묘지의 그림은 산도山圖로 기재되며, 각각 풍수론에서 본 명칭을
내포하고 있다. 예를 들면, '선인교족仙人蹻足', '비안투하飛雁投河',
'백상권호白象捲湖', '지주결망蜘蛛結網', '금계고시金鷄鼓翅' 등 지형을
구체적인 동물 등에 비추어 기의 흐름을 따라가는 구도를 띤다. '장
군대좌將軍大座'로 불리는 묘지 풍수에 대해서는,

> 용맥龍脈의 기운은 웅장하며, 혈의 기운은 충만하고, 국局의 기
> 운은 훌륭하며, 사砂의 기氣는 두 손을 모은 듯 단단하여, 새가
> 공중에서 선회하듯이 십 리 사방에 이르고 있다.

라고 해설을 덧붙여, 용맥을 따라 묘역에 흐르는 기운이 조상을 매
장한 지점에 집중되는 것을 과시하고 있다.

조씨와 같은 포성현에 거주하는 진씨陳氏의 족보인 진모등陳模等
편찬 『포성진씨가보浦城陳氏家譜』(民国6年刊本, 『北京図書館藏家譜叢刊 :
閩粤(僑郷)卷』 第16冊)에 열거되어 있다. 다듬어진 묘지도에는 수목도
그려져 있다. 중화민국 5년(1916)에 규정된 「족규族規」132)의 첫머
리에,

> 무릇 봉분의 수목을 지키기 위해서는 외지인이 훔쳐 가는 것을

---

132) 가족 내 질서 및 자산 관리에 대해 정한 규칙.

허락하지 않는 것이 당연하나, 불초한 자손들이 마음대로 벌목
하는 것과 불효한 것은 이보다 더한 일이 없다고 일족을 규합
하여 규탄한다.

라는 하나의 조건이 걸려 있고, 묘지 풍수를 보호하기 위해 종족이
힘을 합쳐 숲의 벌목을 금지했음을 알 수 있다. 비슷한 규약을 내건
족보는 적지 않다.

2. 마을의 풍수

마을을 걷다

쉐이송의 기념우표 발행을 축하하던 복건성福建省 병남현屛南県은 내 절친의 고향이다. 현의 중심지인 마을에서 차를 타고 세 시간쯤 달려간 곳에, 친구의 아버지가 태어난 충의촌忠義村으로 불리는 그 마을이 있다. 친구도 종종 할머니를 찾아뵙곤 했다. 나도 친구와 그의 아버님의 안내를 받으며 충의촌을 방문할 기회를 얻었다.

마을에 전해지는 이야기를 잘 아는 아버님에게 이 마을의 풍수에 대해 묻자, 왜 풍수에 관심을 갖느냐고 의아해하시면서도 마을의 풍수에 얽힌 이야기를 해 주셨다.

누나와 형과 동생 관계인 세 사람이 이 마을을 이루었다. 형은 산간인 이 땅이 발전의 여지가 없다고 보고는 새로운 곳을 찾아 마을을 떠났다. 누나는 마을에 남아 다른 집에 시집가지 않고 동생을 도와 마을이 발전할 수 있는 기초를 쌓았다. 그 당시의 왕조는 이 노력을 크게 칭송하여, 마을에 '충의忠義'라는 이름을 내려주었다고 한다. 이 전설이 언제의 일이었는지 사료에서는 해당되는 내용의 기록을 찾을 수는 없다. 그러나, 마을 이름을 자랑스럽게 여기는 후손들이 오랜 시간에 걸쳐 마을을 가꾸어 왔다. 이 마을 조성의 지침이 되었던 틀이 바로 풍수였다.

이 마을은 풍수적으로 보면, 방위가 이상적인 방향과 반대로 되어 있다. 마을을 가로지르는 하천이 이상적인 풍수 입지로는 서쪽에서 동쪽으로 흘러가야 한다고 보지만, 충의촌은 동쪽에서 서쪽으로 흐른다. 그러나, 서쪽으로 가는 흐름은 마을 영역을 벗어나자마자 급류가 되어 북쪽으로 흘러간다. 물줄기가 계곡이 되어 빠져나가는 곳에 강 양쪽 기슭에 바위가 있다. 이런 자연의 배치로 인해, 하천의 흐름이 역류가 되지만 이로 인해 마을의 풍수는 더 좋아진다는 것이다. 왜, 라는 나의 물음에 아버지는 예로부터 그렇게 전해 내려오지만 그 이유는 모르겠다고 고개를 갸웃거리셨다.

이 마을에 최초로 자리 잡고 산 일족은 진씨 성陳姓을 갖고 있다. 당나라 때 북쪽에서 복건福建을 다스리기 위해 파견되어 왔던 관료들이 36성姓으로 총칭되는 사람들을 이끌고 왔다고 복건에서는 널리 알려져 있다. 충의촌 진씨의 조상은 그중의 한 명이었다고 한다. 진씨는 마을의 풍수를 정리하여 가다듬었다. 그리고 얼마 후, 위씨 성韋姓 주민이 마을에 정착했다. 그들도 풍수를 지키기 위해 신경을 썼던 것이다.

가장 풍수상의 요충지로 중요시된 지점이, 바로 마을 영역을 가로지르는 하천이 흘러나가는 지점이다. 양쪽에서 강을 사이에 두고 끼우듯이 산이 다가온다. 이곳을 지나면, 그 물줄기는 계곡이 되어 북쪽으로 떨어진다. 하천의 동쪽 언덕에 거북돌龜石, 서쪽 언덕에 사자바위獅巖가 놓여 있다. 이 지점이 충의촌의 수구水口133)가 된다.

또 동쪽 언덕에는 태산전泰山殿(동악전東岳殿)이라 불리는 사당을 지어 땅을 지키는 온충정溫忠靖[134]공公을 모시고 있다. 이 신은 사람이 죽은 후에 가야 하는 명계冥界를 다스리는 동악대제東岳大帝를 따르는 신으로, 사람의 삶과 죽음을 관장하고 있는 것으로 여겨졌다.

수구를 지키기 위해, 양쪽 언덕의 산은 마을이 보호했다. 특히 동쪽 언덕의 산은 후문투後門兜라 불리며, 마을 전체에서 규약을 정해 함부로 벌목하거나, 산불을 막아 왔다. 산 이름의 뜻은, 마을의 뒷문을 감싸듯 지키는 산이라고 할까. 몰래 벌목한 자는 벌칙으로 돼지를 잡아서 마을 사람들에게 대접하기, 반성의 여지가 없으면 마을에서 추방하는 것으로 되어 있었다고 한다. 도벌자盜伐者가 잡히면 진성陳姓과 위성韋姓의 족장들이 모여서 처벌의 무게를 결정하기로 되어 있었다.

매년 정월 13일, 태산전泰山殿을 관리하는 향공香公이라 부르는 사람이 향을 들고 마을을 돌아다닌다. 세 걸음 나아가서는 신에게 예배하며 마을의 집들을 방문하는 것이다. 이때 "풍수를 지키는 나무를 베면 그 집에는 후사가 없게 될 거야"라고 주문을 외웠다고 한다. 9월 9일 중양일重陽日[135]에는 온공溫公의 신상神像이 받들어 모셔지고, 진성과 위성의 각 조상들을 모시는 종사宗祠를 돌아다녔다.

---

133) 두 산이 만나는 사이에서 나온 물이 강이나 개천으로 흘러나가는 곳. 용의 끝과 물이 만나는 곳.

134) 태산泰山의 신이자 명계冥界를 관장하는 동악대제東岳大帝의 부하. 원래는 한나라 때 태어난 온경溫瓊이라는 절강성 온주溫州 사람으로 알려져 있다. 절강에서 복건에 걸쳐 널리 신앙되고 있다. 가장 유명한 것은 온주의 충정왕묘忠靖王墓에서 모셔지고 있는 것. 매년 농력農曆 5월 5일 생일에는 많은 신자들이 찾아온다.

135) 농력農曆 9월 9일의 양양陽陽의 극極이 두 개 겹쳐 경사스러운 날로 여겨져 국화주를 마시며 불로장수를 기원했다. 일본에서는 헤이안平安 시대에 궁중의 연중행사로 국화 잔치가 개최되었다. 국화의 절기.

동악전東岳殿(충의촌)

이때에도 신이 사는 태산전泰山殿 뒤로 우거진 풍수림風水林을 지키기로 약속되었다.

마을에서는 도벌과 산불을 막기 위해 당번을 정하였다. 매월 초하루와 보름이면, 당번이 된 사람들은 동라銅鑼(징)을 두드리며 마을을 돌아다니면서 나무를 베지 않도록 불을 끄라고 말했다. 후문투後門兜의 산 주위에는 '화로火路'라고 불리는 폭이 5m나 되는 방화대가 설치되어 있었다. 매년 8월 15일이 되면 마을 사람들이 총출동하여 화로의 풀을 베고, 만약 다른 산에서 불이 나도 마을의 풍수를 지키는 풍수림에는 불이 붙지 않도록 땀을 흘렸다.

내가 충의촌을 찾았을 때, 태산사泰山祠에 진좌鎭坐하는 온공溫公의 의자에는 호랑이 가죽이 씌워져, 지금도 독실한 신앙을 받고 있음을 느낄 수 있었다. 사당 뒤에는 삼나무 거목이 우뚝 솟아 있었다.

마을 사람들은 이 거목을 천년 성수聖樹라 부르며, 풍수림을 대표하는 나무로 보호하고 있었다. 사당 앞에는 지붕이 있는 다리가 놓여 있다. 마을을 흘러온 강이 마을 영역을 나가는 지점에 해당하기 때문에 수미교水尾橋라고 이름 붙여졌다.

몇 년 전만 해도, 그 다리 하류 쪽에 또 다른 다리가 있었다고 한다. 뒤로 젖혀진 우아한 모습이 새우를 연상케 하여 하고교蝦姑橋라는 이름이 붙여졌다. 그러나, 무엇보다 돈이 우선인 시대가 되어, 다리는 하나면 충분하다고 생각한 마을 대표가 이 다리를 없애 버렸다고, 친구의 부친은 유감스러운 듯이 말씀하셨다. 두 개의 다리는 모두 마을 안에서 좋은 기운이 새어 나가지 않고 하류에서 나쁜 기운이 올라오지 않도록 설치되었으며, 이중의 관문關門이었기 때문에 마을이 번영해 온 것이라고 더욱 안타까워했다.

충의촌은 복건에서는 결코 특별한 마을이 아니다. 어느 마을을 방문해도 마을의 풍수에 대한 얘기들이 구전되고, 마을의 수구를 보호하기 위해 풍수림이 보전되어 있다. 풍수서에서는 죽은 사람을 매장하는 묘지는 '음택陰宅'이라 부르며, 산 사람들이 생활하는 주거지는 '양택陽宅'이라 불린다. 마을 주거지역에 관련된 풍수는 양택풍수가 된다.

양택의 원칙

『현관』에 의하면, 음택陰宅과 양택陽宅136)의 원리는 다르다고 한다. 음택은 수렴收斂되어 있는 점, 즉 매장埋葬되는 지점을 중심으로 풍수론상의 여러 요소가 콤팩트하게 집약되어 있는 점을 선호한다. 양택의 경우는 넓은 공간 안에 펼쳐져 있는 것을 좋다고 한다.

현재 중국뿐만 아니라 일본에서도 많은 풍수에 관한 개론서가 출판되고 있다. 독자의 관심은 무덤보다는 더 나은 집에 살고 싶다는 현실적인 문제에 있기 때문에, 대부분의 개론서가 풍수의 기본원리를 개략한 뒤, 음택 즉 묘지 풍수에 대한 기술은 그럭저럭 끝내고, 양택 즉 택지의 풍수를 논한다. 그런데 그 기술을 보면, 음택풍수의 원리를 그대로 양택풍수에 적용하고 있는 것이 적지 않다. 그러나 실제로 중국에서 전개되고 있는 환경론으로서 풍수를 보려 할 때에는 양택풍수를 음택풍수와 명확하게 구분할 필요가 있다.

양택을 평가하는 기준은, 크게는 제도帝都에서 성도省都, 이어서 현縣 등의 행정 소재지137)와 상공업 중심지인 진鎭, 작게는 도로와 촌락에 이르기까지, 용맥에서의 원근, 취락의 대소에 따라 그 우열이 결정된다. 그 때문에 용맥의 대간大幹에서 수천 리를 멀다 하지 않고, 멀리 떨어진 곳에서 기맥氣脈이 오고 있는 곳이라 하더라도, 그 땅에 기氣가 들어오는 처음 부분은 양택의 배치 안에 포함되어 있어야 한다. 안방의 정면은 전망이 좋고, 마을을 둘러싼 성벽은 널찍하며, 수구水口까지의 거리도 아주 멀어야만 한다. 제도帝都 등의 대도시의 풍수상의 배치는 어느 면으로 봐도 이러한 확장을 갖추고 있다.

만약 그 공간 배치가 2, 3백 리(백 수십 킬로미터) 사이에 전개되고

---

136) 살아 있는 사람이 거주하는 촌락·가옥에 관한 택지.

137) 중국의 행정 구분은 4단계로 성省급 행정 단위行政單位는 4개 직할시直轄市, 23개 성省, 5개 자치구自治區, 2개 특별행정구特別行政區. 그 아래에 지구급地區級, 현급縣級, 향급鄕級이 된다. 진鎭은 현縣 아래에 위치한다.

있다면, 그 땅에서는 출세하는 사람이 반드시 나온다. 어느 정도의 인물이 나타날지는 용맥의 본류本流와 지류支流의 역량에 따라 결정된다. 용맥이 아득히 먼 곳에서 온다 해도, 공간 배치가 넓고, 기氣를 유지하는 지형이 조밀하고, 많은 물을 얻을 수 있다면, 인재도 재화도 넘쳐흐를 정도로 번영하고, 주민도 세대를 거듭할수록 번창해지기 마련이다. 그 때문에 대도시는 반드시 큰 강에 위치한다. 작은 마을이라도 배가 다니는 곳이 있으면 발달하게 된다.

양택을 선택하기에 가장 좋은 지형은, 묘지에 적합한 음지陰地와 주택에 적합한 양지陽地를 겸비한 곳이다. 음지와 양지의 구분은, 반드시 명확하게 되어 있지는 않다. 그러나, 『현관』에 나타나 있는 이미지로는, 음지는 산의 품에 안겨서 햇빛이 별로 비치지 않는 듯한 땅, 양지는 평지에 펼쳐져 밝은 땅이라는 것이 된다. 음지와 양지 두 가지를 갖춘 땅을 찾지 못한다면, 거주하는 곳은 양지를 선택해야만 한다.

산속의 땅은 뼈를 매장하는 것을 우선시해야지, 사람이 살기에는 기氣가 박薄하다. 만약 주거지로 하기 위해서는, 다른 산수山水도 사는 공간 안에 넣어 기를 보충하지 않으면, 후손이 끊어지고 재산도 잃게 된다. 평평하고 넓은 땅이라면 매장은 둘째로 하고, 우선 주거지로 선택하면 좋다. 기가 후厚해야 복이 찾아온다. 매장에 적합한 음지가 가까이에 없어도, 단지 양지라는 것만으로 번영의 계기를 얻을 수 있다.

주거지 선정에는 이런 배려가 필수적이다. 『현관』은 다음과 같이 말한다. "집은 사람의 근본이요, 사람은 집에 따라 사는 것이라. 집의 기운이 왕성하면, 사람도 번창한다. 집의 기운이 약해지면, 사람은 쇠약해진다. 이것은 필연의 이치理이다."

이러한 『현관』의 내용에서는, 기気의 이론에 의지하면서 중국인이 오랜 전통 속에서 고안해 낸 지리(공간의 이론)를 읽어 낼 수 있다. 도시에서 촌락에 이르는 취락은, 공간의 확대에 따라 격이 정해지는 것, 대도시는 대하천의 합류점에 입지하고, 번창한 촌락 또한 수운水運이 좋은 평지에 위치한다는 것 등, 지리상의 법칙이 풍수적으로 전개되고 있는 것이다. 여기에서는 먼저, 촌락과 가옥에 관한 『현관』의 내용을 소개함과 동시에 복건의 족보에 보이는 촌락의 도판을 게재한다. 그리고 마지막으로, 수목과 거주지와의 관련성을 언급해 보고자 한다.

이상적인 거주지

한족漢族의 역사는 이주의 역사였다고 해도 과언이 아니다. 중원中原138)으로 불렸던 황하의 중하류 지역을 기점으로 동서남북 여러 방향으로 이주해 온 한족은, 토지를 선택하고 환경을 개편해 생활의 기반을 조성해 왔다. 이주에 앞서 원주민과 때로는 대립하고, 때로는 원주민을 동화시키며, 꾸준히 빈틈없이 거주 지역을 넓혀 온 것이다.

이 이주는 기근에 쫓기고 전란을 피해서 부득이하게 일어나는 것도 있지만, 계획적으로 전개되는 것도 있다. 한 치 앞도 알 수 없는

---

138) 현재의 하남성河南省과 산동성山東省·산서성山西省의 대부분과 하북성河北省·협서성陝西省의 일부.

도피행인지, 충분한 계획하에 이루어진 이주인지의 여부에 관계없이, 한족은 지형을 읽고 이주에 앞서 적합한 땅을 골라 정착지를 넓혀 나간 것이다. 오늘날 한족은 지구상의 모든 지역에 살고 있다. 이처럼 많고, 그리고 드넓은 땅에 그들이 살게 된 배경에는 확고한 이주 전략이 있다. 그 전략을 이론화한 것이 풍수론風水論이다.

『현관』은 다음과 같이 말한다.

> 대개 새로운 경계에 들어갈 때는 날아다니는 맹금류, 무리를 짓는 새가 모이는 방향을 지켜보며 결정하고, 우거진 숲, 나란히 자란 대나무의 왕성함으로 땅을 판별하는 것이다. 물이 조용히 흐르고, 산이 울창한 땅에서는 바람이 잔잔하고 마음이 평온하다. 가만히 서 있으면 생기生氣가 넘쳐 나는 소리가 귀를 채우고, 마음에는 생기가 번성하는 광경이 펼쳐진다. 바로 이것이 왕성한 기운이 발현되고 있다는 것이다. 이 땅에 터를 잡으면 기氣를 얻고 스스로 부유와 영달을 누리며 행복과 장수를 누린다.
> 만일 초목이 시들고, 조수鳥獸가 비명을 지르고, 바람 소리가 참담하고, 기분은 쓸쓸하며, 산은 무너지고 물은 마르고 있으면, 마치 사람 없는 황야를 가는 것과 같다. 퇴폐退廢의 기운이 이렇게 만드는 것이니 이름 있는 집안, 힘 있는 일족이라도 그런 환경에 살고 있으면 오래지 않아 반드시 사라진다.139)

---

139) 凡一入其境, 見飛禽群鳥之翕聚, 茂林修竹之暢盛. 水静山青, 風和気藹, 隱隱有烘烘盈耳之音, 恍然有郁郁繁盛之景, 正是旺気之發現也. 居是地, 沾是気者, 自然為富為貴, 能福能壽. 若草木焦枯, 鳥獸悲鳴, 風声惨淡, 気象蕭條, 山崩水陷, 如入無人之境. 退敗之気使然也. 雖有名公巨室居于其間, 不久而必自發. (『玄関』卷5「気数論」)

천승교千乘橋(복건성 병남현)

지붕이 있는 다리 1

복건성 북부의 병남현에는 곽옥교廓屋橋가 많다. 천승교는 남송 시대에 가설하여 청대 1715년에 재건되었다. 다리 길이는 62.7m.

천승교에 모시는 신들

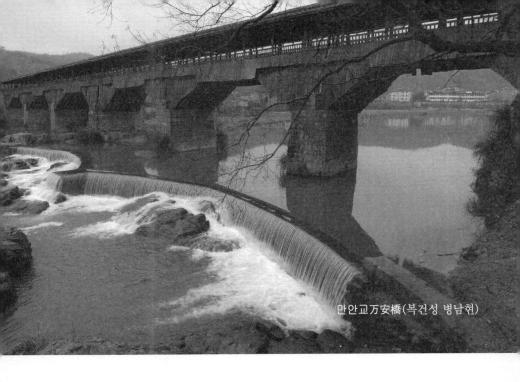

만안교万安橋(복건성 병남현)

지붕이 있는 다리 2

만안교도 송대에 가설하여 청대 1742년에 재건된 것이다. 전체 길이 98.2m로, 속칭은 '장교長橋'. 천승교·만안교 모두 풍수를 지킨다.

만안교 정면

생태 환경이 빼어난 땅이야말로 사람이 이주해야 할 곳이다. 이러한 곳에는 뛰어난 기운이 자아내는 '색色'(눈에 보이는 징후)과 '성聲'(귀에 들리는 징후)가 나타난다고 한다.

대개 좋은 기운(吉気)이 있는 곳에서는 상계上界에서 하늘의 사상事象에 길조가 나타난다. 가령 해와 달이 정채精彩를 띠고 멋진 구름, 빛나는 별이 하늘에 걸려서 구슬 같은 이슬, 단비가 내리고, 천지의 경치에는 거침이 없다. 하계下界에서는 진정한 용맥을 따라 흘러온 기気가 분출하는 올바른 혈穴 속에, 길조가 나타난다. 새벽빛이 바야흐로 밝기를 더해 가려 할 때에, 하늘은 깨끗하고 기운이 맑아지고, 온화한 한 무리의 기気가 나타나서 좋은 기운의 구름과 안개가 감돈다.

이러한 징후는 멀리서 바라보면 나타나는 것처럼 보이지만, 가까이 다가가면 알 수 없게 되어 버린다. 용맥이 이르는 산봉우리에 나타나거나, 혈이 있는 곳으로 솟아오르는 기気는, 새벽녘에 바라는 기와는 같지 않지만, 그 징후는 역시 좋은 기운이 발동한 것이다. 다만, 이 기気는 예기치 않을 때 나타난다. 새벽녘에 바라는 기는 일 년 중 한두 번밖에 볼 수 없다.

초목이 무성하고, 물이 촉촉하며, 산이 빼어나며, 샘이 향기롭고, 흙이 따뜻하며, 오색의 영지靈芝140)와 연꽃이 피어 있는 것도 좋은 기운이 사물 속에서 그 징후를 나타내는 것이다. 좋은 기운이 이처럼 눈에 보일 때에는 반드시 소리에도 작용하고,

---

140) 버섯. 사르노코시카케과에 속하는 버섯. 장수長壽의 약재로 사용되며, 길상吉祥 문양이라고도 되어 있다.

항상 소리에도 그 전조가 나타난다. 그 의미를 이해하고 소리를 판단하려고 해도, 그 '음과 전조와의' 연관은 확실하지 않다. 그러나, 무심히 소리에 귀를 기울이면, 멀리서 울리는 천둥소리遠雷의 울림, 종소리의 여운, 산들바람에 스치는 솔잎 소리, 가락이 좋은 악기 소리 등, 그 모든 것은 좋은 기운이 내뿜어 소리로 만든, 부귀영화의 조짐이다. 마치 하늘의 즐거움과 하늘의 평화로움이 서로 어우러져서 산이 울리고 계곡이 서로 조응하는 듯한 것은, 또한 지극히 좋은 기운이 그 징조를 나타내고 있는 것이다. (『현관』 권5 「진기색성론眞気色聲論」)

이러한 『현관』의 기술에서는 이주를 일삼던 한족이 오랜 역사 속에서 체득한 이상적인 환경이 어떤 것인지 구체적으로 상상할 수 있다.

이주지 선정 안내서 — 지세地勢

『현관』에서는 이주지를 선정하는 기준이 「향거입식가鄕居入式歌」란 시의 형식으로 정리되어 있다. 이것은 우리도 주거지를 선정할 때 참고가 된다. 아래에 의역한 문장을 추가하면서 시의 전문을 게재해 두겠다.

大凡鄕居看來龍(대범향거간래룡)　무릇 향리에 거처를 마련하려면 먼저 용맥을 보라

平原総隱隆(평원총은륭) 평지라면 대체로 약간 융기하고 있다.

若是高山尋頓伏(약시고산심돈복) 만약 산지라면 지세가 엎드려
조아리는 듯한 곳을 찾으라

昇高皆在目(승고개재목) 높은 곳에 올라가서 바라보면 모든 것
이 눈 아래에 보일 것이다.

撒落平洋濶最奇(살락평양활최기) 용맥이 평지로 내린 지점이 넓
은 것은 얻기 어려운 일

四顧忌傾危(사고기경위) 사방을 잘 살피고 경사진 곳은 피하라.

左右高低勢環拱(좌우고저세환공) 좌우의 높낮이는 지세가 둘러
싸고 있어

前迎竝後擁(전영병후옹) 앞은 시야가 탁 트이고 뒤는 약간 높이
있다.

朝山有意宅前橫(조산유의택전횡) 조산은 운치가 있고 집 앞과 옆
으로 이어지고

一水抱身行(일수포신행) 한 줄기의 강이 몸을 감싸 안 듯이 흐르
고 있고

出面星辰爲五吉(출면성진위오길) 정면으로 바라보는 산 모양이
오길五吉141)로 되어 있으면

此宅爲第一(차택위제일) 이 택지는 최고이다.

---

141) 제1장 「山의 九曜」의 항에서 말한 다섯 개의 길하다는 산형山形를 가리킨다.

四凶入首最堪憎(사흉입수최감증) 네 가지의 불길함이 숨겨져 있
　　　　　　　　　　　　　는 것은 불쾌한 사항으로
住後絶人丁(주후절인정) 계속 살면 자손이 끊어져 버린다.
朝若斜飛堂陡瀉(조약사비당원사) 불길한 첫째는, 맞은편 산이 기
　　　　　　　　　　　　　울어져 명당이 흘러내리는 것으로
立見家衰謝(입견가쇠사) 곧바로 집이 쇠퇴해 버린다.
若還穴小穿放寬(약환혈소천방관) 불길한 둘째는, 혈이 작고 그
　　　　　　　　　　　　　끝이 벌어진 것으로
気脈便傷殘(기맥변상잔) 기맥은 손상되어 버린다.
面前水去最難当(면전수거최난당) 불길한 셋째는, 앞쪽의 강 흐름
　　　　　　　　　　　　　이 거센 것으로
必主外州亡(필주외주망) 집주인은 여행지에서 목숨을 잃게 된다.
過穴水反亦同忌(과혈수반역동기) 불길한 넷째는, 혈을 지나는 강
　　　　　　　　　　　　　이 굽어 돌아오는 것으로
一發便衰潛(일발편쇠잠) 결국 쇠퇴해져 버리는 것이다.

後龍倉庫兩邊排(후룡창고양변배) 택지의 뒤쪽 용맥이 창고처럼
　　　　　　　　　　　　　양쪽으로 뻗어 있으면
家富積錢財(가부적전재) 집은 풍요로워지고 재물이 산더미처럼
　　　　　　　　　　　　　쌓인다.
忽然文筆左右現(홀연문필좌우현) 문필과 같은 봉우리가 좌우로
　　　　　　　　　　　　　바라다보이면
讀書應擧薦(독서응거천) 학업에 뛰어나고 과거에 합격해서 영예
　　　　　　　　　　　　　로울 것이다.

獻花露裙亂衣形(헌화로군란의형) 그러나 꽃을 흩뿌린 옷자락처
                              럼 흐트러진 옷차림을 하고 있으면
家有醜風聲(가유추풍성) 집안에 나쁜 소문이 항상 따라다닌다.

因甚頻ﾞ遭盜賊(인심빈조도적) 어찌 된 일인지, 자주 도둑에게
                              습격당하는 것은
天罡142)腦側倒(천강뇌측도) 천강 모양의 산이 측면으로 넘어져
                            있기 때문.
因甚頻ﾞ見火災(인심빈견화재) 어찌 된 일인지, 자주 화재를 당
                            하는 것은
燥火面前嵬(조화면전외) 마른 장작불 모양의 산이 앞면에 높이
                        솟아 있기 때문.
因甚頻ﾞ見厲疫(인심빈견려역) 어찌 된 일인지, 자주 역병에 걸
                            리는 것은
孤曜帶紅赤(고요대홍적) 고독한 모양의 산이 붉은빛을 띠고 있
                        기 때문.
因甚頻ﾞ入官庭(인심빈입관정) 어찌 된 일인지, 자주 소송에 휘
                            말리는 것은
掃蕩眼中橫(소탕안중횡) 소탕掃蕩 형태의 산이 눈앞에 이어져 있
                        기 때문.

龍如上格砂如下(용여상격사여하) 용맥이 좋더라도 사砂가 안 좋

---

142) 천강天罡·조화燥火·고요孤曜·소탕掃蕩 : 어떤 것은 송대 풍수 선생의 요우廖禹에
가탁假託되어 있는 산의 형태 분류 「구성전변九星傳變」에 나오는 것.

으면

雖貴無聲價(수귀무성가) 부귀하더라도 명예는 없다.

後龍如弱好前砂(후룡여약호전사) 뒷쪽의 용맥이 약하고 앞쪽의
사砂가 우수하면

只蔭外甥143)家(지음외생가) 시집간 딸의 자식에게까지 혜택을
주게 될 것이다.

水凶穴吉金盤格(수흉혈길금반격) 물이 흉하나 혈이 좋은 금쟁반
격으로 불리는 지세에서는

雖壞可從革(수괴가종혁) 풍수가 망가져도 언젠가는 개선될 수
있다.

水吉穴凶如玉盤(수길혈흉여옥반) 그러나 반대로 물이 길하고 혈
이 흉한 옥쟁반 같은 지세에서는

一破永無完(일파영무완) 한번 풍수가 파손되면 영원히 원래대로
되돌릴 수 없다.

이주지 선정 안내서 — 인공물人工物

지세와 거주지의 관계를 나타낸 뒤, 시는 주변의 인위적인 환경
도 살핀다.

---

143) 출가한 딸의 자녀. 다른 친족 집단에 속한다.

神前佛後最宜忌(신전불후최의기) 신을 모시는 사당이나 부처님
　　　　　　　　　　　을 모시는 절 근처는 피해야 하며

廢址猶当避(폐지유당피) 사당이나 절터도 피하는 것이 좋다.

最嫌古獄古戰場(최혐고옥고전장) 가장 꺼려야 할 것은 과거의 감
　　　　　　　　　　　옥이나 옛 전쟁터로

必定有余殃(필정유여앙) 반드시 재앙이 남아 있는 법이다.

起墳平塚最不可(기분평총최불가) 묘지나 공동묘지도 안 되니

居人多坎坷(거인다감가) 거기에 사는 사람에게는 불행이 많은
　　　　　　　　　　　법이다.

道路衝門144)最不宜(도로충문최불의) 도로가 문에 부딪히는 것은
　　　　　　　　　　　가장 좋지 않으니

常有是和非(상유시화비) 항상 말썽이 끊이질 않는다.

流水若還衝屋構(유수약환충옥구) 강이 택지와 부딪치듯 흐르고
　　　　　　　　　　　있으면

人散家業退(인산가업퇴) 사람이 뿔뿔이 흩어지고 사업도 쇠퇴
　　　　　　　　　　　한다.

宅邊常有水潺潺(택변상유수잔잔) 주택 근처에서 강이 콸콸 흐르
　　　　　　　　　　　고 있으면

喪禍自連綿(상화자연면) 장례식이 끊임없이 이어진다.

四山高壓定是凶(사산고압정시흉) 사방의 산이 위압적인 것도 분

---

144) 오른쪽 그림과 같이 T자로에 위치한 가옥. 이런 주거지에서 대문 옆에 '태산석감
　　당泰山石敢當'이라고 새긴 돌을 붙인다.

명 화를 초래하고

人口少興隆(인구소흥륭) 가족이 번영하는 일이 적어진다.

三陽不照名陰極(삼양부조명음극) 해와 달, 별이 집을 비추지 않

고 어두컴컴한 집에는

妖怪多藏匿(요괴다장닉) 귀신이 많이 숨어 있다.

城居必要傍街衝(성거필요방가충) 시내에 산다면 번화가 옆에 살고

向首理難拘(향수리난구) 우선 이론에 얽매이지 말라.

鄕居必要龍神落(향거필요용신락) 마을에 산다면 용맥이 생동하는

곳에

向首隨龍作(향수수용작) 일단 용맥을 따라 주거지를 짓는다.

　거주지를 선택할 때에 조심해야 할 일로, 『현관』은 앞서 풍수서
작가인 료우廖禹의 말을 인용해, "양지(양택陽宅의 경우)의 요점은 규
모를 크게 펼치면 기운氣力은 비로소 강해진다"고 한다. 풍수의 각
요소들이 압축되어 담겨 있지 않고 산만해도 골격만 튼튼하다면,
거기에 살아야 할 것이다.

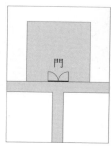

석감당石敢當(상루촌)

묘지를 선택하는 음택풍수를 선택하는 방법과, 거주를 정하는 양택풍수에서는 지형을 보는 것도 자연히 다르다. 만약 평지에 기운이 뿜어져 나오는 기색이 있었다면, 그런 장소는 묘지가 되기 때문에 경솔하게 거주해서는 안 된다. 그런 땅에는 무덤이 있기 마련. 과거 묘지였던 땅은 주거하기에는 적합하지 않기 때문이다. 산에서 이어진 용맥이 평지로 내려와 끝나려 하는 곳은, 기氣의 활력이 쇠약하다. 몰락한 마을을 보면 천지개벽 때부터 망양茫洋한 땅이었고, 용맥의 끝자락이 있는 것처럼 보였다 하더라도 흙탕물에 밀려 떠내려가기 쉽다. 오래 살 땅이라고는 할 수 없는 것이다.

거주지 선정의 포인트는 물이다. 음택풍수가 험준한 산의 모양에 집착하는 것과는 대조적이다. 집의 대문은 물에 따라서 논해야 한다. 주택을 인체에 비유한다면 문은 입에 해당하고, 입으로 유입된 물이 몸을 가득 채운다. 도시라면 거리를 흐르는 물이 중요하고, 마을이라면 논을 축이는 계곡물이 중요하다.

3. 집의 풍수

창거총론創居総論

『현관』은 다른 풍수서와 달리, 집의 풍수를 논할 때도 먼저 총론적·역사적 배경을 설명한다. 그「창거총론」에서는 다음과 같이 말한다.

상고上古 시대에는 자연동굴에서 사람이 살았고, 방[居室] 같은 건 전혀 없었다. 집[家屋]이라는 양식이 처음 만들어졌던 시대는, 황제皇帝145)가 처음 거주 공간을 마련하고, 문과 창문을 통해 비바람을 피하고, 나라를 세워 성곽을 쌓고, 도둑의 침입을 막았을 때로 거슬러 올라간다. 이것이 방의 기원이다. 여기에서 사람의 일생은 주거와 함께 시작하는 것이 일반화되었다. 주택이 일반적이 되면, 집안의 노인이나 젊은이도 아침에 이곳에 모이고 저녁에 여기에서 쉬게 되어, 한 집안의 길흉은 여기

---

145) 중국 고대의 전설상의 제왕. 의복衣服·화폐貨幣·역曆·의약醫藥·음률音律 등을 정했다.

에서 결정되었다.146)

가옥은 많은 방으로 구성된다. 일본 현대인들은 집을 짓거나 살 때, 자칫 가옥의 겉모습에 현혹된다. 손님으로서 지인의 집을 방문했을 때, 거실의 배치에 눈이 가기 마련이다. 최근에는 저출산과 교육을 중시하는 경향이 강해지는 가운데, 아이 방을 중요시하는 가족도 있다. 그러나, 거주하는 사람들에게 일상생활에 직접 영향을 주는 장소는 결코 거실이 아니다.

전통적인 일본의 가상家相147)을 신경 쓰는 사람은, 화장실[厠]의 방위 등에 주의를 기울인다. 오물 처리가 안 된 시대라면, 화장실 환경은 가족의 건강에 영향을 미친다. 그러나, 하수도나 정화조가 발달한 시대에는 이런 가상家相은 과거의 것이 되었다.

주택의 풍수론에서 주목받는 주거 요소는 문로門路·상牀·조竈이다. 지금의 부동산 광고에 나타나는 말로 바꾸어 말하면, 현관과 침실과 부엌이 된다. 『현관』은 다음과 같이 말한다.

한 주택의 핵심인 곳은 현관으로 가장 중요하다. 화복禍福은 이곳에 깃든다. 밤낮으로 생활하는 장소로는 침실과 부엌이 중요

---

146) 上古之世, 巢居穴處, 則居室俱, 属子烏有. 昂有所爲創制哉. 代而至子黄帝, 始設居處, 列戶牖, 以避風雨, 立邦國, 築城敬, 以禦盗寇. 此居室之所由始也. 子是人之一生, 始以宅居爲主焉. 宅居所以爲主者, 以一家之老幼, 朝子斯, 夕子斯, 吉凶繫焉. (『玄関』卷5)

147) 중국의 음양·오행설 등의 영향을 받아 일본의 풍토에 맞게 발달하였다. 단지, 일본에는 '기氣'의 감각이 정착되어 있지 않기 때문에, 고정적인 언설이 되기 쉽다. 이를테면 귀문鬼門이라 불리는 만사를 꺼려야 할 방향은 늘 간艮의 방위, 즉 북동쪽에 있다.

천주泉州 근처의 정성공鄭成功 묘 17세기 전통적인 묘의 형태를 보인다

산에 안긴 토루군土楼群(복건성 영정현永定県)

하다. 심신心身은 여기에 의지한다. 주택이 사람에게 미치는 영
향은 더없이 크다.148)

　과학적으로 주거의 본연의 모습을 추구하고 있는 토목건축학 그
룹149)의 지적에 의하면, 현대 일본의 주택은 혼란 속에 있다고 한
다. 전통 속에서 일본의 풍토風土에 맞추어 길러져 온 주거 문화가,
메이지明治 이후의 급격한 서구화 속에서 크게 변모했다. 그렇다고
서구의 주택 문화가 정착되어 있지도 않다. 고온 다습한 일본의 여
름에, 서구의 폐쇄적인 가옥이 적합하지 않았던 것도 그 배경일 것
이다. 더욱이 쇼와昭和 시기에는 텔레비전·냉장고·세탁기 등의 전통
속에는 없었던 가전제품들이 각 세대에 보급되어 거주의 양식도 변
화시켰다. 여러 세대의 가족이 동거하는 가족 구성도 핵가족화, 그
리고 저출산이라는 시대의 물결에 따라 급변하였다.

　백 년 정도의 시대 흐름 속에서 일본인들의 생활, 일본 풍토에 적
응한 주거 규범을 세우는 노력은 거의 축적되어 있지 않았다. 주택
을 공급하는 기업은 그때그때 유행을 좇아 새로운 기술이나 공법을
적용하여 다른 기업과의 차이를 부각시키는 데 혈안이 되어 있을
뿐, 안정된 주거 문화를 고려하지 않았다. 그 결과, 하우스식150)이
라고 총칭되는 주거지에서 유래한 심신의 부조화와 인격의 파탄을
초래하고 있다.

---

148) 一宅之樞紐門路為尊. 禍福寓焉. 晝夜之所倚, 床辻爲重. 体魄依焉. 宅居之關係于
　　 人也, 大矣哉. (『玄関』 卷5)
149) 1981년 토미타 타츠오가 설립한 호미 스터디 그룹.
150) 건축자재·가구·살충제·진드기·담배연기 등의 실내 공기 오염이 원인으로 건강 장
　　 애를 일으키는 것.

주거는 그 외부 환경 속에 놓아두어 봐야만 한다. 현대 기술이 가능하게 한 고밀폐성의 주거공간은 환기와 냉난방·습도 조절 등에 대량의 에너지를 소비하게 된다. 인공적인 조절이 조금만 잘못되면, 숨 쉬는 공기가 탁해지거나 곰팡이가 생긴다. 한랭지 등의 자연환경이 인간에게 가혹한 지역을 제외하면, 인간은 가능한 한 자연의 혜택을 살리는 것을 목표로 해야 할 것이다.

외부 환경인 자연이 주거에 미치는 영향에는 바람과 빛과 온도가 있다. 주거 가운데에서 입구는 바람을 받아들이는 입이 된다. 주택 안에서 가장 긴 시간을 보내는 주부主婦·주부主夫는 주방이 활동 거점이 된다. 일본의 많은 가옥에서는 부엌을 중요시하지 않고, 서북쪽 등 조건이 나쁜 곳에 배치하고 있다. 그 때문에 겨울에 발밑에서 냉기가 올라오고, 여름에는 석양이 비쳐 몸이 달아오르기 때문에, 주부主婦·주부主夫의 컨디션을 무너뜨린다고 한다. 부엌 배치에는 빛을 고려할 필요가 있다. 침실에서는 가족이 휴식을 취하고 체력을 유지한다. 안정된 환경을 유지하기 위해서 온도의 변화가 적은 장소에 배치해야 한다.

이러한 건축가의 지적은 공교롭게도 『현관』의 「창거총론創居總論」과 일치한다.

팔괘八卦

풍수론이 주택에 응용될 때, 그 논의는 갑자기 복잡해진다. 무덤의 위치를 결정하거나, 혹은 마을의 입지를 선택하는 것과 비교할 때, 집은 직접 그 집에 사는 사람들의 삶에 깊고 직접적인 영향을 미치기 때문이다. 또한, 무덤은 매장자의 친척, 마을은 마을 사람 전체가, 그 무덤과 마을의 풍수에 관한 해석을 납득할 필요가 있기 때문에 자연지리적인 합리성이 요구된다. 이에 반해, 집의 풍수에 관한 해석은 따지고 보면, 그 집의 주인[施工主]만 납득시키면 된다. 그 때문에 주인, 대부분의 경우는 그 집에 사는 가족 중에서 가장이 되는 사람에게 초점을 맞춰 주택의 풍수론이 구성되는 것이다.

주택과 가장을 연결시키는 이유로는, 역학에 근거하는 몇 개의 설이 제기되고 있다. 그중에서 『현관』이 채용하고 있는 이론은 '팔택八宅'이라고 불리는 것이다. 이 책에서 지금까지 논해 온 풍수론에 기초한 지세를 읽는 법, 묘지와 촌락의 입지 선정 방법에 대해서는 음양오행설의 범위에서 거의 이해할 수 있었다. 그런데, 주택이 되면 공간과 개인을 직접 연결한다는 이론적 비약을 해야만 한다. 여기에 등장하는 것이 팔괘다. 이 팔괘는 상당히 오컬트occult(초자연적)이다. 여기에서 그 요점을 최소한으로 해설해 둘 필요가 있다.

二進法	000	001	010	011	100	101	110	111
爻	☰	☱	☲	☳	☴	☵	☶	☷
八卦	乾	兌	離	震	巽	坎	艮	坤
先天八卦	一	二	三	四	五	六	七	八
十進法	0	1	2	3	4	5	6	7
後天八卦	六	七	九	三	四	一	八	二

팔괘대응표

서구의 오컬트와도 공통되지만, 중국의 팔괘도 숫자의 불가사의를 논의의 밑바탕으로 한다. 팔괘는 이진법二進法151)과 십진법十進法을 교착시켜, 수数의 불가사의를 크게 전개시킨다. 팔괘는 먼저 '양의兩儀'로 구성된다. 양의란 양陽과 음陰으로, '효爻'로 불리는 기호로서 양은 '━', 음은 '╌'로 나타내지만, 수학적으로는 양은 이진법의 '0', 음은 이진법의 '1'이라고 생각하면 된다. 즉, 효는 정보의 단위인 비트bit라는 것이 된다.

팔괘의 8이란 2의 3제곱으로, 이진법의 세 자리 숫자의 배열이다. 이진법의 숫자 각각에, 한자漢字가 배당되어 있다. 팔괘의 효는 아래에서 순서대로 세 개를 조합하여 나타난다. 이진법의 숫자와 효, 팔괘의 한자, 팔괘의 순서를 대응시켜, 마지막에 십진법의 숫자를 대응시키고, 다시 후술하는 '후천팔괘後天八卦'의 숫자를 추가하면, 위의 표와 같이 된다.

또한, 건乾을 일一로서 순서대로 곤坤을 팔八로 하는 숫자는 '선천팔괘先天八卦'라고 불린다.

이렇게 보면, 팔괘란 컴퓨터 언어라고 해도 좋다. 현대의 컴퓨터가 여러 가지 사상事象을 디지털화해 파악하는 것이라면, 고대 중국이 낳은 팔괘는 똑같은 이진법으로 삼라만상을 디지털적으로 분류하려고 하는 체계이다. 표로 나타내면 다음과 같다.

선천팔괘도

---

151) 2배수로 자릿수를 하나씩 늘리며 세는 법. 모든 수를 0과 1의 조합으로 나타낸다. 컴퓨터로 이용된다.

■ 팔괘 만물 유상도 八卦万物類象表

오행 분류	乾	坤	震	巽	坎	離	艮	兌
自然	天	地	雷	風	水	火	山	沢
五行	金	土	木	木	水	火	土	金
陰陽	陽	陰	陽	陰	陽	陰	陽	陰
先天数	1	8	4	5	6	3	7	2
後天数	6	2	3	4	1	9	8	7
季節	立冬秋冬 의 交	立秋夏秋 의 交	春分	立夏春夏 의 交	冬至	夏至	立春冬春 의 交	秋分
時辰	戌亥	未申	卯	辰巳	子	午	丑寅	酉
期日	十五満月	三十日	初三日	十七日	初	初八日	二十三 前後	初十前後
五行数	4, 9	5, 10	3, 8	3, 8	1, 6	2, 7	5, 10	4, 9
後天方位	西北	西南	東	東南	北	南	東北	西
先天方位	南	北	東北	西南	西	東	西北	東南
十干	庚辛	戊己	甲	乙	壬癸	丙丁	戊己	庚辛
十二支	戌亥	未申	卯	辰巳	子	午	丑寅	酉
納干	申壬	乙癸	庚	辛	戊	己	丙	丁
色	大赤 金黄 白色	黃	緑	藍	黑 紫 深藍	紅 花色	黃 棕 珈琲	白
味	辣	甜	酸	酸	鹹	苦	甜	辣
人体	大腸, 頭 胸, 骨 右足 男生殖器	胃, 腹 肉 右肩	肝 足(含小腿) 筋, 神経 髪	胆 気管肱 頭髪股 左肩筋 神経脛 腸道	腎, 膀胱 泌尿系統 血液 体液	心, 眼 小腸 乳房 赤血球	脾臓 鼻, 手 背, 指 足, 関節	肺, 口 舌, 歯 咽喉 気管
人体	精液		声 左脇腹 左肩·腕	食道 血管 鼻孔 림프系統	耳, 腰 脊椎 生殖器 肛門		頬骨 乳房 左足	口角 頬骨 右脇 右肩·腕 肛門
表面에 나타난 病状 (위의 人体器 官病을 除外)	老病 硬化性病 急病	浮腫 皮膚病 暈症 慢性病 癌病	多動症 外傷	感気 中風 憂鬱症 伝染病	性病 中毒 心臓病 下痢 水腫病 免疫系統病	火傷 熱傷 過敏症 放射性病 発熱 血病 婦人病 嚢腫	血病 腫瘤 結石 腫症 皮膚病 気血不通	性病 外傷 低血圧 皮膚病

팔괘의 원칙을 기록한 고전 『역경易経』152)에서는, 십익十翼으로 총칭되는 일종의 해설서가 붙어 있다. 십익十翼 중의 「설괘전說卦傳」 제5절에 "제帝는 진震에서 나와, 손巽에서 가지런히 하고, 리離에서 서로 보고, 곤坤에서 일하고, 태兌에서 기뻐하고, 건乾에서 싸우고, 감坎에서 수고하고, 간艮에서 이룬다. 만물은 진震에서 나오니 진震은 동방이다. 손巽에서 가지런히 하니 손巽은 동남방이다. (……) 리離란 것은 밝음이다. 만물이 다 서로 보는 것이니 남방의 괘이다. (……) 곤坤이란 것은 땅이다. (……) 태兌란 것은 바로 가을이다. (……) 건乾에서 싸운다는 것은, 건은 서북의 괘이니 음양이 서로 부딪치는 것을 말한다. 감坎이란 것은 물이니 정북방의 괘이다. (……) 간艮은 동북의 괘이다."라는 말이 적혀 있다. 여기에 기록되어 있는 진震·손巽·리離·곤坤·태兌·건乾·감坎·간艮의 순서가 '후천팔괘後天八卦'라 불리는 것으로, 북쪽 방위에 해당하는 감坎부터 차례로 반시계 방향으로, 각 방위에 배당되어 있다. 예를 들면 건乾을 '술해戌亥'라고 읽듯이, 방위로 알려져 있는 것이 후천팔괘인 것이다.

선천팔괘先天八卦는 인류가 문명을 창조했을 때 이미 존재하고 있었던 팔괘이기 때문에 '선천先天'이라고 불린다. 이에 반해, 후천팔괘後天八卦는 주나라 문왕文王153)이 사람들에게 준 것이라고 한다. 선천팔괘는 앞서 살펴본 것처럼 이진법의 수리數理이고, 사람이 수를 세는 행위를 시작함과 동시에 나타난 서열이다. 이에 반해 후천팔괘는 수리에서는 자동적으로 연역되지 않는다. 중국 고유의 문명

---

152) 주대周代의 점괘를 바탕으로 음양의 이원二元을 조합한 64괘에 의해 인생의 변화의 이치를 해설한 책.
153) 은殷 왕조 때 서쪽에 세력을 가진다. 태어날 때부터 덕이 있어 많은 제후들이 모였다고 한다. 유가의 본보기가 되었다. 무왕의 아버지.

이 나타난 후에 만들어진 서열이기 때문에 '후천後天'이다. 후천팔
괘에는 중국 문명의 요람지가 된 중원中原, 즉 북반구 중위도의 온
대라는 생태 환경이 짙게 반영되어 있다.

팔택八宅의 분류

그런데, 주택의 풍수론에서 중요한 범주
category는 '후천팔괘後天八卦'이다. 이것은
마법진魔法陣154)에 이진법의 팔괘를 적용시
켜서 공간으로 전환하기 위한 방법이다. 중
국적인 마법진은 낙서도洛書圖155)라 불리
고, 오른쪽 그림이 된다. 이 가로 3행, 세로
3열 9개의 칸에 배열된 숫자를 가로·세로·
사각으로 계산하면, 총 합계가 15가 된다.
더욱이 구승九枡의 중앙에, 1에서 9까지의
배열에서 중간에 해당하는 '5'를 적용한 것
이 낙서도인 것이다.

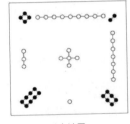

낙서도

중앙의 '5'를 중심으로 해서, 그 주위에
여덟 개가 늘어서 있다. 각각의 숫자와 후

4	9	2
3	5	7
8	1	6

구궁九宮

천팔괘의 숫자를 대응시키면, 각 궁에 팔괘의 한자가 들어간다. 이

---

154) 정방형正方形의 방진方陣에, 1부터 방진方陣의 총수까지의 정수整數를 배치하
고, 가로·세로·대각선의 줄에 대해서도 수의 합계가 같아지게 만든 것.
155) 신화의 시대, 우임금이 치수治水를 행할 때 황하의 지류인 낙하洛河에서 나타난
신령스러운 거북의 등에 기록되어 있던 마방진魔方陣.

巽宮	離宮	坤宮
震宮	中宮	兌宮
艮宮	坎宮	乾宮

8괘구궁도八卦九宮圖

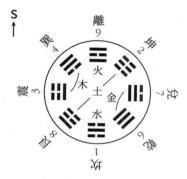

후천팔괘배오행後天八卦配五行

것을 '팔괘구궁도八卦九宮圖'라고 한다. 팔괘구궁도의 '일一'을 북쪽에 배당하여 공간으로 바꾸면, '1 = 북北 = 감坎', '8 = 동북東北 = 간艮', '3 = 동東 = 진震', '4 = 동남東南 = 손巽', '9 = 남南 = 리離', '2 = 서남西南 = 곤坤', '7 = 서西 = 태兌', '6 = 서북西北 = 건乾'에 각각 배당되게 된다. 5는 중앙으로, 방위에는 배당되어 있지 않다.

　여기서부터는 이제 오컬트(신비학)의 세계다. 주택이라는 공간과 인간의 운세를 연결시키기 위해, 풍수론에서는 여러 가지 논리가 세워졌다. 그중에서 가장 단순한 것이 '팔택八宅'이라고 불리는 것이다. 팔택의 기본 이론에 의하면, 주택은 '동사택東四宅'과 '서사택西四宅'으로 분류되며, 각각을 혼동해서는 안 된다고 한다. 중국의 전통적인 가옥은 앞서 설명한 것처럼 그 중심이 되는 정당正堂이 있다. 이 정당이 향하고 있는 방향에 따라, 예를 들면 남향의 주택은 '좌북면남座北面南'으로 표시된다. 어느 방향으로 주택이 '좌座'하고 있느냐에 따라 집의 성격이 분류된다.

　동사택東四宅은 정당이 진震(東)·손巽(東南)·리離(南)·감坎(北)에 앉아 있는 것이다.

서사택西四宅은 정당이 태兌(西)·곤坤(西南)·건乾(西北)·간艮(東北)에 앉아 있는 것이 된다. 서사택에서 동북쪽에 해당되어 있는 간艮이 포함되어 있는 것이 부자연스럽게도 보인다. 왜 이렇게 분류가 되는지 풍수 선생에게 물으니, 주택을 동과 서 두 종류로 분류하면 음양의 균형에서 자연스럽게 이런 조합이 된다는 것이다. 확실히 효의 수를 세어 보면, 동사택도 서사택도 음과 양의 효는 모두 여섯씩이 된다. 태兌의 효가 '양陽·양陽·음陰', 간艮의 효가 '음陰·음陰·양陽'으로, 딱 음양이 반전되어 있기 때문이다.

사람의 운세와 팔괘

낙서도의 마법진에 포함된 1부터 9까지의 숫자는, 공간뿐만 아니라 시간에도 해당한다. 갑자甲子에서 시작하는 간지干支는 60년을 하나의 주기로 하고 있다.

사람의 운세는 출생한 해의 숫자와 연결된다. 남자의 경우에는 갑자를 '一'로 하고, 다음해인 을축乙丑은 '九', 그다음의 병인丙寅은 '八'로 수가 거꾸로 가고, 여자의 경우에는 갑자를 '五'라고 하면 다음 해는 '六'이라는 것처럼 차례로 진행된다.

이와 같이 1년마다 숫자를 대응시켜 나가, 간지와 숫자의 조합이 한 바퀴 도는 주기는 몇 년인가. 답은 9와 60의 최소 공배수인 180년이고, 그 한 주기 안에 간지는 세 번 순환한다. 갑자甲子가 '一'이 되는 첫 번째는 '상원上元', 두 번째는 '중원中元', 마지막은 '하원下元'

이라고 불린다. 모든 것의 최초는 황제기원皇帝紀元156)에 두고 180년마다 주기를 되풀이하게 된다. 다만, 황제의 즉위를 원년으로 하는 황제기원도 역사적인 근거는 없으며, 지극히 자의적인 것이다. 이것도 팔택 풍수가 오컬트한(비과학적인) 때문일 것이다.

근대에는 서기 1864년부터 1923년까지의 60년간이 상원인 것으로 간주된다. 1984년부터 하원이 시작되어, 2043년에 주기가 끝난다. 1924년부터 90년간의 남녀 각각의 숫자를 다음 페이지에 표로 해 둔다. 자신이 태어난 해를 표에서 찾아보는 것도 하나의 재미일 것이다. 단, 이 경우 1년은 중국의 전통적인 농력農曆157)에 따른 것이니, 서력西曆으로 1월 하순에서 2월 중순 사이에 생일이 있는 사람은 중국의 만세력[万能曆]158) 등으로 세어 중국의 춘절春節159)이 자신의 생일 전인지 후인지 확인해 볼 필요가 있다.

이 숫자는 일본에서도 운세점 등에서 자주 등장하는 '본명성本命星'160)이다. 숫자에는 일곱 가지 색상이 각각 해당되는 오행과 맞춰져 있다. 다음 페이지의 표 상단에 '일백수성一白水星' 등이 있는 것이 그것이다. 이 본명성의 숫자는 팔괘와 맞춰진다. 대응 관계는 같은 표의 하단을 봐 주기 바란다. '일백수성'의 팔괘는 감坎이 된다. 낙서도에서 팔괘와 상대가 없는 중앙의 '5'의 경우는, 남성이면 '2'

---

156) 황제의 즉위를 기원으로 하는 기년법. 기원이 몇 년인지에 대해서는 여러 설이 있다.
157) 중국 전통의 태음태양력太陰太陽曆. 운행에 기초한 음력에 몇 년에 한 번 '윤월閏月'을 더해 태양의 운행에 기초한 주기에 맞춘 달력.
158) 음력과 양력을 대응시킨 달력. 인터넷으로 검색할 수 있다.
159) 음력의 새해로 전후 수일간 휴일이다. 귀성을 위해 인구가 대이동하며, 전 세계의 중국인 세계에서 성대한 이벤트가 열린다.
160) 구성九星 중 그 사람의 생년에 해당하는 별.

■ 본명성표本命星表

男性	九紫火星	八白土星	七赤金星	六白金星	五黃土星	四綠木星	三碧木星	二黑土星	一白水星
上/中元	1919	1920	1921	1922	1923	甲子1924	1925	1926	1927
中元	1928	1929	1930	1931	1932	1933	1934	1935	1936
中元	1937	1938	1939	1940	1941	1942	1943	1944	1945
中元	1946	1947	1948	1949	1950	1951	1952	1953	1954
中元	1955	1956	1957	1958	1959	1960	1961	1962	1963
中元	1964	1965	1966	1967	1968	1969	1970	1971	1972
中元	1973	1974	1975	1976	1977	1978	1979	1980	1981
中/下元	1982	1983	甲子1984	1985	1986	1987	1988	1989	1990
下元	1991	1992	1993	1994	1995	1996	1997	1998	1999
下元	2000	2001	2002	2003	2004	2005	2006	2007	2008
下元	2009	2010	2011	2012	2013	2014	2015	2016	2017
八卦	離	艮	兌	乾	坤	巽	震	坤	坎

女性	九紫火星	八白土星	七赤金星	六白金星	五黃土星	四綠木星	三碧木星	二黑土星	一白水星
中/上元	1931	1930	1929	1928	1927	1926	1925	甲子1924	1923
中元	1940	1939	1938	1937	1936	1935	1934	1933	1932
中元	1949	1948	1947	1946	1945	1944	1943	1942	1941
中元	1958	1957	1956	1955	1954	1953	1952	1951	1950
中元	1967	1966	1965	1964	1963	1962	1961	1960	1959
中元	1976	1975	1974	1973	1972	1971	1970	1969	1968
下/中元	1985	甲子1984	1983	1982	1981	1980	1979	1978	1977
下元	1994	1993	1992	1991	1990	1989	1988	1987	1986
下元	2003	2002	2001	2000	1999	1998	1997	1996	1995
下元	2012	2011	2010	2009	2008	2007	2006	2005	2004
下元	2021	2020	2019	2018	2017	2016	2015	2014	2013
八卦	離	艮	兌	乾	坤	巽	震	坤	坎

■ 육십갑자표六十甲子表

1 甲子	2 乙丑	3 丙寅	4 丁卯	5 戊辰	6 己巳	7 庚午	8 辛未	9 壬申	10 癸酉
11 甲戌	12 乙亥	13 丙子	14 丁丑	15 戊寅	16 己卯	17 庚辰	18 辛巳	19 壬午	20 癸未
21 甲申	22 乙酉	23 丙戌	24 丁亥	25 戊子	26 己丑	27 庚寅	28 辛卯	29 壬辰	30 癸巳
31 甲午	32 乙未	33 丙申	34 丁酉	35 戊戌	36 己亥	37 庚子	38 辛丑	39 壬寅	40 癸卯
41 甲辰	42 乙巳	43 丙午	44 丁未	45 戊申	46 己酉	47 庚戌	48 辛亥	49 壬子	50 癸丑
51 甲寅	52 乙卯	53 丙辰	54 丁巳	55 戊午	56 己未	57 庚申	58 辛酉	59 壬戌	60 癸亥

와 대응하는 곤坤, 여성은 '8'과 대응하는 간艮으로 각각 나눠진다.

이렇게 해서 모든 사람은 그 태어난 해에 따라서 팔괘를 배당받게 된다. 자신의 팔괘에 따라 사람 또한 동사명東四命과 서사명西四命으로 구분된다.

동사명은 진震(三碧木星)·손巽(四綠木星)·리離(九紫火星)·감坎(一白水星)
서사명은 태兌(七赤金星)·곤坤(二黑土星)·건乾(六白金星)·간艮(八白土星)

이 된다. 팔택풍수의 원칙은 동사명으로 태어난 사람이 가장으로서 집을 지을 때에는 동사택東四宅의 집으로, 서사명인 사람은 서사택西四宅의 집으로 해야만 한다. 이것을 '택명宅命'이라고 한다.

택명의 원칙으로 따지면, 중국에서 일반적인 좌북면남坐北面南(대청마루가 북쪽에 있어 남쪽을 향하고 있다)의 집은 동사택의 하나이므로 서사명의 운세인 사람은 살 수 없게 되어 버린다. 거기에 등장하는 것이 팔괘에 정통한 풍수 선생이 된다.

집의 화복길흉禍福吉凶

택명宅命이라는 단계쯤 되면, 과학이라기보다는 미신에 가까운 점이 있다. 그러나, 그 원칙을 해독해 보면 의외로 이치에 맞는 점도 있는 것이 신기하다.

집에는 그 정당正堂이 앉은 방위에 따르는 팔괘가 있다. 각각의

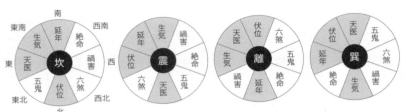

길흉성방위감정표吉凶星方位鑑定表(동사명東四命)

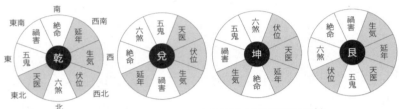

길흉성방위감정표吉凶星方位鑑定表(서사명西四命)

■ 길吉하다고 여겨지는 방향

괘의 집에는 길吉의 방위와 흉凶의 방위가 있다고 한다. 그 길吉의 방위에, 앞서 말한 현관·침실·부엌의 세 곳을 배치하면 운세가 좋아진다고 한다. 가령 좌북남면坐北南面의 가옥에 칠적금성七赤金星의 서사명인 운세를 가진 사람이 입주했다고 하면, 현관 등의 배치를 길한 방위로 정하면 운세는 좋아진다는 것이다.

팔택에서의 길흉은 다음과 같은 말로 나타난다.

생기生気 = 대길大吉의 방위. 이곳에 신경 써서 집을 지으면, 그 집에 사는 사람은 출세하고 부자가 되며 건강도 좋아지고 자손도 늘어난다.

천의天醫 = 중길中吉의 방위. 이는 건강을 관장하는 방위로, 심신뿐만 아니라 도덕적으로도 건전해진다.

연년延年 = 소길小吉의 방위. 가정 원만, 건강 장수를 누린다.

복위伏位 = 단순한 길. 편안하고 분란이 없이, 적당한 방위.

화해禍害 = 단순한 흉. 재산이 줄고, 주로 이비인후과에 해당하는 병이 난다.

육살六煞 = 소흉小凶의 방위. 물건을 도둑맞고 재산을 잃어 가족에게 불행이 닥친다.

오귀五鬼 = 중흉中凶의 방위. 집에 귀신이 나타난다. 화재나 중병이 나서 재산을 잃는다.

절명絕命 = 대흉大凶의 방위. 병이 많아 천수를 다하지 못하고, 화가 계속되어 가업이 파탄 난다.

이 여덟 가지 말은, '유성遊星'이라고 불린다.

이 방위의 길흉은 팔택마다 정해져 있다. 풍수에 관심을 가진 사람은 그 방위의 길흉을 기억해 두어야 한다. 그래서 기억하기 쉽도록 「대유년가大遊年歌」가 만들어져 많은 풍수서에 실려 있다. 『현관』에서도 '이것, 잘 기억할 것'이라며, 익숙하게 기억하라고 한다. 그 노래는,

乾六天五禍絕延生(건육천오화절연생)　건괘는 육살이 천의이고,
　　　　　　　　　　　　　　오귀는 화해·절명·연년·생기이다.

坎五天生延絕禍六(감오천생연절화육)　감괘는 오귀이고, 천의·생기·연년·절명·화해가 육살이다.

艮六絕禍生延天五(간육절화생연천오)　간괘는 육살이고, 절명·화해·생기·연년·천의가 오귀이다.

震延生禍絶五天六(진연생화절오천육)　진괘는 연년·생기·화해·절
　　　　　　　　　　　　　　　명이 오귀이고, 천의가 육살이다.

巽天五六禍生絶延(손천오육화생절연)　손괘는 천의가 오귀이고.
　　　　　　　　　　　　　　　육살은 화해·생기·절명·연년이다.

離六五絶延禍生天(리육오절연화생천)　이괘는 육살이고, 오귀는
　　　　　　　　　　　　　　　절명·연년·화해·생기·천의이다.

坤天延絶生禍五六(곤천연절생화오육)　곤괘는 천의·연년·절명·생
　　　　　　　　　　　　　　　기·화해가 오귀이고 육살이다.

兌生禍延絶六五天(태생화연절육오천)　태괘는 생기·화해·연년·절
　　　　　　　　　　　　　　　명이 육살이고, 오귀는 천의이다.

라는 것. 각 절의 첫머리인 팔패는 주택이 어느 방위에 앉아 있는지
를 나타낸다. 이 앉아 있는 방향이 그런대로 좋다고 여겨지는 복위
伏位에 해당된다. 그 방위에서 차례대로 시계 방향으로 길흉을 나타
내는 유성遊星의 첫 글자가 배열되어 있다.

　예를 들면, 주택이 건建의 방위, 즉 서북쪽에 앉아 동남쪽으로 향
하고 있는 경우, 서북쪽의 건建은 복위伏位, 그 옆의 북[坎]의 길흉은
육살六煞이 되어, 소흉의 방위라는 것이 된다. 마찬가지로, 동북[艮]
은 천의天医, 동[震]은 오귀五鬼, 동남[巽]은 화해禍害, 남[離]은 절명
絶命, 서남[坤]은 연년延年, 서[兌]는 생기生氣가 된다. 따라서 길하다
고 여겨지는 방위는 간艮·곤困·태兌이며, 거기에 현관이나 침실 또는
부엌을 배치하도록 유념하게 된다.

팔택풍수에 의한 집짓기

『현관』에 의하면, 주택은 그 규모 등에 따라서 팔택 풍수를 어떻게 응용하는지를 자세하게 설명하고 있다. 이 책에서는 그중에서 건乾(西北)에 앉은 단순한 주택을 예로 들어, 주택을 짓거나 선택하거나 할 때 풍수가 어떻게 논해지는지를 보고 가는 것에서 멈추기로 한다.

건乾의 주택은 서사택西四宅에 속하며, 그 길한 방위는 건乾·간艮·곤坤·태兌이다. 주택의 운세를 가장 크게 좌우하는 대문, 즉 주택의 입구를 설치하는 방위는 연년延年인 곤坤(서남)에 설치하는 것이 이상적으로 여겨진다.

왜 손巽이나 간艮·태兌의 방향보다 곤坤이 더 좋으냐는 설명은 복잡하다. 이것을 해설하려면, 구요九曜라는 분류법을 소개해야만 하고, 그 설명도 과학적이지 않기 때문에 이 책에서는 설명을 생략한다. 핵심은 건과 곤을 조합하면, 음양의 균형이 좋아진다는 것이다. 만약 간의 방위에 입구를 설치하면, 양의 힘이 뛰어난 주택 전체의 배치에, 한층 더 양의 힘이 더해지기 때문에 가족 중에서 음으로 여겨지는 여성의 힘을 압도해 버린다. 이 때문에 집에 오래 머물러 있는 주부가 병이 나기도 한다.

『현관』에 기초하여 집의 방위 각각에 대해, 괄호 안에 음양과 오행을 표시하고 그 아래에 동사택·서사택의 구별, 운세가 강한 순서로 길하다고 여겨지는 방위, 최적이라 여겨지는 현관 방위(白ヌキにした方位)와의 관계를 괄호 안에 정리해 보면 다음과 같다.

坎(陽·水) = 東四命 巽 → 震 → 離(水와 상생 관계에 있는 木의 방위 = 巽)

艮(陽·土) = 西四命 坤 → 乾 → 兌(土와 상생 관계에 있는 金의 방위 = 兌)

震(陽·木) = 東四命 離 → 坎 → 巽(木와 상생 관계에 있는 火의 방위 = 離)

巽(陰·木) = 東四命 坎 → 離 → 震(陰에 대한 陽의 방위 = 坎)

離(陰·火) = 東四命 震 → 巽 → 坎(陰에 대한 陽의 방위 = 震)

坤(陰·土) = 西四命 艮 → 兌 → 乾(土와 상생 관계에 있는 金의 방위 = 乾)

兌(陰·金) = 西四命 乾 → 坤 → 艮(陰에 대한 陽의 방위 = 艮)

乾(陽·金) = 西四命 兌 → 艮 → 坤(陽에 대한 陰의 방위 = 坤)

입구가 정해지면, 이어서 침실과 부엌 배치를 생각한다. 건乾 주택의 경우, 음양의 균형을 고려하여 길하다고 여겨지는 건乾·간艮·태兌의 세 방위 중에서 선택한다. 침실과 주방은 주택의 운세를 관장하는 역할을 가지고 있기 때문이다.

그러나 집을 짓거나 사 본 경험이 있는 사람이라면, 누구나 통감하고 있는 일이지만, 입지와 예산 등에 제약되어 마음먹은 대로 원하는 집을 구하기가

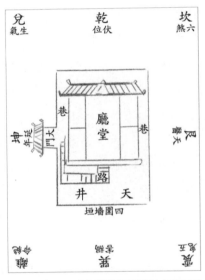

좌건하손개곤문정택도坐乾何巽開坤門靜宅図(『현관』 권5)

어렵다. 『현관』도 그 「창거총론創居總論」에서 다음과 같이 말하고 있다.

문을 고치고 길을 바꾼다고 해서, 집의 넓이에서 자유로울 수는 없다. 집이 주택 밀집지에 있으면, 원하는 대로 방의 배치를 바꾸려고 해도 좌우가 막혀서 활용하지 못하는 경우가 많다. 이 경우에는 주택 전체를 재검토하여, 좋은 방위가 어디에 있는지를 놓치지 말고, 침실 출입구의 방향, 부엌문의 위치를 검토하거나, 침대나 취사를 하는 부엌의 위치를 방안에서 옮기기도 하고, 조금이라도 길한 방위에 맞추도록 유의한다. 또는 현관의 크기를 조절해서 운세를 높이는 것도 가능하다.161)

이 문구는 참으로 설득력이 있다. 일본에서 유행하고 있는 인테리어 풍수개운법風水開運法162)도, 이러한 차선책의 하나로 볼 수 있을 것이다.

주택과 수목樹木

주택의 풍수를 결정하는 중요한 요소는 집의 방위나 방 구조만이 아니다. 주변의 나무들도 집의 풍수를 크게 좌우한다. 집 주위에 수목이 없으면, 주민의 생명력을 지켜줄 수 없다, 매일 반복되는 산바람과 계곡 바람에 시달려서 겨울은 추위에 노출되고, 여름은 더위

---

161) 但改門易路之法, 乃就基址之寬舒者論也. 倘居限于衆屋広廈之中, 縦欲施為, 奈妨于左右不能運用, 必不得已. 即于本宅之中, 看吉曜在何方, 或改寢室之門, 及便門, 或移床杜坐向于吉方, 或将大門尺寸之吉星以增減之. (『玄関』卷5)

162) Dr. 코파로 알려진 고바야시 요시아키小林祥晃 등이 풍수를 현대 일본의 주거 환경에 맞추어 배열한 것. 간편함 때문에 1980년대 후반부터 유행하게 되었다.

에 시달리게 된다. 초목이 무성하면, 생기가 왕성해져서 지맥이 지켜진다고 한다. 이러한 풍수론은 지극히 이치에 맞는 것이다. 예를 들면, 한여름에 수목은 한창 땅속에서 물을 빨아들여 잎에서 수분을 발산시킨다. 기화열을 발산하는 잎은 차갑다. 이 잎을 스치는 바람도 자연히 시원한 바람이 되는 것이다. 나무에 둘러싸인 집에는 숲에서 빠져나온 상쾌한 바람으로 기분이 좋아진다.

풍수론에서는 방위마다 심어야 할 수목이 정해져 있다. 동쪽에는 복숭아桃·버드나무楊, 남쪽에는 매화梅와 대추나무棗, 서쪽에는 회화나무槐와 느릅나무楡, 북쪽에는 살구나무杏와 자두나무李를 심으면 운세가 좋아진다. 또 산뽕나무柘는 임자계축壬子癸丑에, 소나무松와 측백나무柏는 인갑묘을寅甲卯乙에, 버드나무楊柳는 병오정미丙午丁未에, 석류石榴는 신경유신申庚酉辛에 각각 심는 것이 좋다고 한다.

봄철에 녹나무楠의 거목이 우거진 후장촌後章村을 찾았을 때, 비탈 곳곳에 세워진 집 주변에 여러 종류의 하얀 꽃이 만개했던 기억이 난다. 복숭아꽃도 있고, 또 배꽃도 있었다. 마을 사람들에게 확인해 보니, 이 꽃나무들은 풍수를 의식하며 심어진 것이었다.

마을의 배꽃(후장촌)

제3장 용맥龍脈과 수토水土

1. 제도帝都의 용맥龍脈

마을의 생활과 나무숲

수송水松을 보호한 상루촌上楼村에서도, 녹나무의 거목이 우거진 후장촌後章村도, 마을 생활과 그 주위에 울창한 숲은 긴밀하게 연결되어 있다. 3월의 봄, 일본보다도 위도가 낮은 복건이라도 아침저녁은 기온이 떨어진다. 후장촌에서 족보의 소재를 물었을 때, 문화대혁명부터 그 족보를 베껴서 지켜 낸 노인은, 대나무로 엮은 손바구니에 도자기 화로를 넣고, 거기에 숯을 얹어 놓고 손을 쬐면서 일족의 유래를 말해 주었다. 황갈색이 될 때까지 사용한 손바구니를 보면, 목탄이 옛날부터 마을의 중요한 연료였음을 알 수 있다. 상루촌에서는 마을의 풍수를 가르쳐 준 노인의 집에도 화로가 있었다. 날씨가 추워지면 벽에 걸린 접이식 탁자를 화로 위에 놓고, 재를 뿌린 목탄의 따뜻한 온기를 발로 느끼면서 차를 마시며 이야기를 나눈다.

숯을 굽는 현장을 우연히 만났다. 상루촌에서 수송 숲을 찾아 다리를 건너고 논을 한참 걷다 보면, 길은 물줄기가 있든지 없든지 계곡을 따라 산으로 접어든다. 숲에서 흰 연기가 솟아오르고 있다. 목탄을 굽고 있었다. 땅바닥에 구덩이를 파고, 근

숯 굽는 사람(복건성)

처 숲에서 베어 낸 나무를 넣고, 그 위에 불을 땐다. 작업에 여념이 없는 청년에게 물으니, 3시간 정도면 7~80근(40킬로그램 정도)의 목탄이 된단다. 계곡에서 물을 물뿌리개로 길어다가, 숯 굽는 불이 꺼지지 않도록 주의해서 숯 굽는 곳의 주위에 물을 뿌린다.

이렇게 구워진 목탄은 두드려 보면, 일본의 비장탄備長炭163) 같은 맑은 소리는 나지 않는다. 질이 나쁜 목탄이지만, 판매용이 아니고 일상생활 속에서 사용한다면, 그것으로 충분할 것이다. 그때그때 쓸 만큼만 적당히 가늠해 필요한 양만큼 나무를 벌채해, 숯가마도 안 만들고 숯을 굽는다. 일본의 숯 굽는 곳의 이미지로 보면, 굉장히 단순한 작업이다. 굽는 나무만 해도, 마을 사람들의 말에 따르면, 쓰러지거나 말라 죽은 나무를 주로 이용하고, 생나무를 사용할 때에는 솎아베기 작업 중에 잘려나간 것이라고 한다. 솎아베기는 숲에 빛을 들어가게 하기 위함이다. 필요 이상은 베지 않도록 마을에서는 산림을 지키는 감시원을 두고 관리하고 있다.

---

163) 와카야마현和歌山県에서 생산되는 양질의 숯. 겐로쿠 연간元禄年間(1688~1704)에 빈고야초우에몬備後屋長右衛門이 창제.

마을의 생활과 밀착
된 숲속에는 다양한 야
생동물이 서식하고 있
었다. 예를 들면 호랑이
에 대해서.

상루촌에서 촌장님
댁을 방문하여 그의 아
버지인 이공계李功界씨

호랑이(복건성 상항현上杭県)

(1923년생 82세)께 풍수에 대해 들었을 때, 호랑이의 얘기도 나왔다.
이씨가 17살 무렵, 집의 큰 돼지가 호랑이에게 끌려갔다. 흔적을
좇아 산의 '탈고자脫褲子'라고 불리는 곳까지 올라갔더니 돼지가 한
쪽 발을 잡아먹히고 쓰러져 있었다. 호랑이가 먹다 남긴 것을 들고
돌아오려는 데도, 두 사람이 겨우 들어 올릴 수 있을 정도의 무게였
다. 이 무거운 돼지를 산 위에까지 턱의 힘으로 끌어올렸다고 생각
하면, 호랑이의 힘의 세기를 잘 알 수 있다. 21살 때에, 우리의 덫
에 잡힌 호랑이를 보러 갔다. 개 한 마리를 미끼로 해서 잡은 호랑
이는 총에 맞아 죽었고, 고기를 먹었지만 맛은 없었고, 뼈와 가죽을
팔았다. 지금부터 30년쯤 전에는 호랑이가 나왔다고 한다.

가축을 빼앗고, 때로는 사람도 덮치는 호랑이에게 마을 사람들은
두려움을 갖고 있었지만, 그 서식지인 숲을 태워 버리거나 베어 버
리지는 않았다. 숲은 마을에 혜택을 주고, 후손에게 물려주어야 한
다고 인식했기 때문이다. 그러나, 호랑이가 1960년대에 출몰하지
않게 된 이유는, 그 얼마 전부터 생태 환경이 파괴된 것에서 얻을
수 있다. 파괴는 마을 사람들의 의지가 아니다. 국가의 정책이나 외

부인의 활동이 마을의 생활을 지켜 온 숲을 파괴한 것이다.

이 장에서는 복건성 근처, 강서성의 한 산에 초점을 맞추어, 외부의 힘에 의해 파괴되려고 할 때 풍수 관점의 억제력이 어떻게 작용하였는지 역사 자료를 이용하여 조사해 보자.

봉금산封禁山으로 불린 산

강서성江西省 광신부広信府의 상요현上饒県과 광풍현広豊県에 걸쳐 있는 산지는 한때 봉금산으로 불렸다. 동당산銅塘山이라는 지명이 있다. 명대 중기인 16세기 전반부터 청대 후기의 동치 8년(1869)에 이르는 약 350년간 왕조의 정책으로 산지를 봉쇄하고 출입을 금지하는 '봉금封禁'이라 불리는 조치가 취해져, 일관되게 개발이 억제되었기 때문에 봉금산이란 통칭이 성립된 것이다.

명나라 정덕 연간正德年間에 복건福建에서 처음 일어난 등무칠鄧茂七의 난164)은 강서에도 파급되어 엽종류葉宗留·양문楊文 등이 호응하여 이 산중에서 반란을 일으켰다. 이들은 산속에 풍부한 자원이 있다고 선전하며, 이익을 가지고 사람들을 유인해서 오랫동안 세력을 유지했다. 산맥은 무이산맥武夷山脈으로 이어져 강서와 복건의 경계에 위치하며, 강남지역과 영남지역을 잇는 교통 요충지를 내려다본다. 왕조의 입장에서는 이 산지가 반란자의 영역에 있음을 간과할 수 없었고, 치안을 회복한 뒤에 봉금하였다.

---

164) 1448~1449년 사이에 일어난 소작농민 등무칠이 일으킨 반란. 이에 호응하여 복건뿐만 아니라 절강·강서·광동 일부에까지 파급되었고, 수십만 농민이 봉기하였다.

나라의 이 방침이 바뀔 뻔한 시기가 두 번 있었다. 명나라 후기에 해당하는 만력 연간万曆年間(16세기 후반에서 17세기 초)과, 청대 중기의 건륭 연간乾隆年間(18세기 중반)이다. 두 시기에는 중국 경제가 외국과의 활발한 무역을 배경으로 해서 과열되었다. 16세기 경제의 활황을 나는 '상업의 시대'165)라고 부른다. 이에 반해 18세기의 경제 팽창은 '산업의 시대'166)로 구별한다.

상업의 시대는 은이 지배했다. 중국의 주요 수출품인 생사生絲와 견직물絹織物·도자기를 수입하기 위해서 대량의 은銀이 중국으로 유입되었다. 그 주역은 해외와의 교역을 담당한 상인이다. 은은 당시 직물 산업의 핵심 지역인 강남으로 흘러들어 소비문화를 꽃피웠다. 한편, 은은 도시에 집중되어 농촌에서 도시로 다양한 부를 흡수했다. 명나라의 세금이 은으로 지불되는 것을 원칙으로 했기 때문에, 은은 농민의 수중에는 남지 않고 나라에 의해 빼앗겼다. 왕조는 농민에게서 거둬들인 은을 도시에서 생산된 사치품을 구입하는 데 사용했다. 이렇게 해서 도시의 부유층은 한층 더 많은 부를 손에 넣을 수 있었다. 언뜻 보기에도 화려한 도시 번영의 뒤에는 피폐한 농촌이 펼쳐져 있었던 것이다.

상업의 시대가 정점에 이르러 급격하게 떨어지기 시작한 것은,

---

165) 동남아시아 역사 연구자 앤서니 리드가 15~17세기 동남아시아의 번영의 시대를 Age of Commerce라고 이름 붙인 데서 유래한다. 일본인 연구자에게는 아직까지도 상업을 경시하는 의식이 있기 때문인지, '상업의 시대' 혹은 '통상의 시대'로 번역해야 할 말을 '교역의 시대'로 하는 경우가 많다. 그러나 16세기와 18세기의 질적 차이를 명시하기 위해서는 '상업의 시대'로 해야 할 것이다.

166) 은銀 등의 귀금속에 비례하기 위해 교역을 실시하는 시스템 아래에서, 각지의 경제가 활황을 나타낸 18세기를 가리킨다. 정부의 산업진흥정책이 중요한 의미를 갖는다.

봉금산 개발이 계획된 만력万曆 후반, 17세기 초 무렵이었다.

봉금산封禁山 개발 정치 배경

그 당시의 황제 주익균朱翊鈞. 사후에 하사된 묘호廟號는 신종神宗 연호年號를 따서 만력제万曆帝167)로 불리는 이 인물은, 상업 시대의 번영과 그 무너짐을 한 몸으로 구현한 황제라 할 수 있다. 명나라가 멸망한 뒤, 어느 중국 지식인은 만력제 때 이미 나라가 멸망했다고 말한다. 황제로서는 실격이라고 하지만, 인간으로 볼 때 이 주익균은 매우 흥미롭다.

명나라 역대 황제는 이 나라를 세우고 남경南京으로 도읍을 정한 주원장朱元璋168)의 계보를 이어받지만, 그들보다도 더 건국자가 지명한 후계자로부터 권력을 빼앗은 영락제永樂帝169) 주체朱棣의 직계 후손들이었다. 주체朱棣는 생전의 행동을 보면, 정신적으로 균형이 어긋난 데가 있었다. 그 성격이 좋은 방향으로 활발히 작용하면, 다양한 대사업, 예를 들면 북경 천도, 정화鄭和170)의 해외 원정, 몽골 고원으로의 정벌 등, 상식 이상의 큰 프로젝트를 가능하게 한다.

---

167) (1563~1620) 명나라 14대 황제. 재위(1572~1620). 신종. 수보首輔를 맡았던 장거정張居正이 죽은 후 친정親政을 방만하게 했다.
168) (1328~1398년) 명조 초대 황제. 재위(1368~1398). 태조 홍무제洪武帝. 홍건군 紅巾軍의 일개 병졸에서 몸을 일으켜 화중華中을 지배하고, 훗날 원군元軍을 몰아내고 전국을 통일했다.
169) (1360~1424) 명조 제3대 황제. 재위(1402~1424). 태종 성조成祖. 정난靖難의 변을 일으켜 즉위. 적극적으로 외국을 정벌하여 타국으로부터 조공도 성행했다. 『영락대전永樂大全』, 『사서대전四書大全』 등의 편찬을 명했다.
170) ☞ p124.

그러나 영락제의 후계자들에게는 정신적 불균형(언밸런스)의 나쁜 면이 자주 나타났다.

역대 황제들 가운데 만력제로 불리는 주익균은 성실한 인격을 가졌고, 장래에는 훌륭한 군주가 될 것으로 기대되었다. 그를 어린 시절부터 엄격하게 교육한 자가 장거정張居正171)이다. 1572년 주익균이 10세에 즉위하자, 장거정은 재상으로서 어린 황제를 대신하여 정치를 맡았다. 행정개혁과 세제개혁을 단행하고, 전국 규모로 경작지 측량을 밀어붙여 기울었던 나라의 재정을 바로 세웠다. 이런 장거정을 젊은 황제는 신뢰하고, 그의 엄격한 요구에 부응하려고 노력하며, 몸을 잘 다스려 정무에 임했다.

그런데 장거정이 1582년 사망하고 보니, 상당히 부패한 관료였음이 밝혀진 것이다. 물론 장거정의 정치적인 업적에 비해 과장은 있지만, 뇌물에 많이 연류된 것은 틀림없었다. 청년이 다 된 황제는 자신의 이상으로 존경한 스승이 사실은 허상이었던 것에 아마 큰 충격을 받았으리라.

젊은 황제는 그 후 일체의 정무를 보지 않고, 그때까지 억압해 온 욕망을 폭발시킨다. 그 호화로운 취미를 만족시키기 위해서는 막대한 자금이 필요했다. 황실은 궁핍을 메우기 위해서 새로운 자금원을 찾았다. 단지 목적은 관료가 관리하는 국가의 수입을 늘리는 것이 아니라, 황제가 개인적으로 사용할 수 있는 궁궐의 수입을 늘리는 데 있었다. 황제의 손발이 되어 나라로부터 부를 수탈한 것이, 역시 영락제永樂帝 때부터 세력을 확장한 환관宦官172)이었다.

---

171) (1525~1582) 호북湖北 강릉현江陵縣 사람. 어린 황제를 옹위하고 정치개혁을 추진했다.

만력万曆 24년(1596) 각지에 파견된 환관은 은을 생산하는 광산을 개발하고, 교역의 요충지에서 세금을 징수하는 것이 목적이었다. 광산을 찾으러 간 환관은 산으로 향하지 않고 마을로 나갔다. 거기서 부잣집을 찾으면, 집 아래에 광맥이 있다며 집을 부수려 했다. 재난을 당한 주민은 집을 통째로 잃지 않기 위해 할 수 없이 많은 은을 환관에게 내주었다. 세금을 거두기 위해 파견한 환관은 무뢰배를 거느리고 상인과 주민들로부터 자산을 탈취했다.

이렇게 수탈한 부의 대부분은 환관이 착복하고, 북경에 보내진 돈은 사치스런 궁중의 소비생활에 쓰였고, 만력万曆 24년, 25년 잇달아 소실燒失된 궁전을 재건하고, 심지어 주익균의 무덤인 정릉定陵을 조성하는 데 쓰였다. 궁궐을 위한 환관들의 수탈은 중국사에서 '광세鑛稅의 화禍'173)로 불리며 주익균이 사망한 1620년까지 계속되었다.

봉금산의 개발을 주장한 인물은, 나라에서 파견된 환관인 반상潘相174)이다.

---

172) 동양의 여러 나라에서 궁궐이나 귀족의 후궁을 섬기던 거세된 남자. 원래 거세는 형벌로 시작되었으나, 권세를 과시하게 되자 스스로 환관이 되는 자도 생겨났다.
173) 신종은 염세塩稅의 징세에도 환관을 기용했는데 환관의 불법 징수나 협박에 대해 민중이 반세反稅 투쟁을 벌이기도 했다.
174) 강제 수탈로 알려진 만력기万曆期의 환관. 만력 27년(1599)에는 경덕진景德鎭에서 궁궐에 상납하는 도자기 생산을 감독하는 감독관이 된 반상이 대형 용항아리의 납기를 엄하게 추궁하는 바람에 대규모 민란이 발생한 사건 등이 있다.

명대明代의 봉금산 개발

명대에 있어서 봉금산 개발과 그 전말에 대해, 히노고 이치로日野 康一郎씨의 연구논문 「명말 민란과 산지 개발의 문제」175)에 따라 대략적으로 살펴보자.

환관 반상潘相이 산지 개발에 나선 계기가 되었던 것은 1600년 강서성에 파견되었던 반상의 부하들이 봉금산 근처에 있던 운무산 雲霧山에서 큰 나무들이 무성하고, 광산이 분포한다고 보고한 것으로 거슬러 올라간다. 이 산 또한, 봉금산과 마찬가지로 오래도록 손을 대는 것이 금지되었기 때문에 숲이 우거지고 풍요로운 자연이 회복되었던 것이다. 마침 북경에서는 황제의 명령으로 대토목 공사가 진행 중이라 큰 나무가 필요했다. 이 산지의 개발이 상주上奏되어 허가됨과 동시에 주변 산지의 개발도 하기로 결정되었다. 그 안에 봉금산도 포함되어 있었던 것이다.

개발이 진행되게 된 지역에는 반상의 부하가 파견되어 전체를 반상이 총괄하게 되었다. 계획에는 경제적 중심지인 항주杭州176) 등에서 상인을 모아 나무를 벌목해 큰 나무는 북경으로 보내고, 크지 않은 나무는 상인에게 매각해 북경 토목공사 비용을 충당하기로 했다. 그러나, 개발사업이 움직이기 시작하자 봉금산 기슭에서 주민을 중심으로 한 반대 운동이 일어났다. 중국사에서는 '민변民變'177) 이라 불리는, 실력에 의한 저항이었다.

---

175) 『明末民変と山地開発の問題』, 東洋学報(第86巻 第4号), 2005.
176) 절강성의 성도省都. 남송의 도읍지인 임안(임安)이 놓여 있었다. 전당강錢塘江 하구에 있으며 차·비단 집산지.
177) 민중 봉기. 민요民擾. 민란民亂. 명나라 후기에 주로 도시에서 많이 발생하였다.

강서성의 순무巡撫(행정장관)는 이 저항 운동에 놀라 봉금산 개발을 중단하라고 중앙에 요청했다. 그러나 황제는 인정하지 않았고, 두 번째 폭동이 일어났다. 봉금산 개발을 맡던 반상의 부하는, 주민에게 구타당해 중상을 입었다. 그때 병상에 있던 황제가 광세鑛稅를 중지한다는 조칙이 내려진다. 주민의 반감은 황제의 후원을 잃은 환관의 부하에게로 향했고, 운동은 과격한 것이 되었다.

저항 운동이 거세지고, 개발이 당초 계획처럼 이익이 나지 않는 것으로 드러나자, 관료들 사이에서도 개발 중단을 요구하는 움직임이 강해졌다. 관료들이 든 개발 중단 이유 중 하나로 용맥의 보전이 내세워져 있다는 점에 주목하고 싶다.

조릉祖陵의 풍수

강서순안감찰어사江西巡按監察御史 오달가吳達可가 제출한 개발에 반대하는 의견은 다음과 같다.

시험 삼아 봉금산 나무에 대한 의견을 말해 보고자 한다. 그 산은 (강서성의) 광신현広信県에 있다고 하나, 산맥은 복건과 절강으로 이어져서 세 개의 성에 걸쳐 있다. 더욱이 남경의 조릉祖陵에 기를 공급하는 곳의 용맥이 발원하는 곳이기도 하고, '왕기王気'(제왕을 낳는 기운)도 여기에 모여 있다. 어찌 개발로 인해 (나라에 있어서 그토록 중요한 용맥을) 훼손해도 좋다는 것인가.[178]

이 의견으로 봤을 때 조릉祖陵은 명조를 세운 제1대 황제인 태조 주원장의 무덤 효릉孝陵을 가리킨다.

봉금산을 떠나 남경179)의 풍수에 대해 여기서 잠깐 언급하고자 한다.

중국의 수도는 고대부터 현대에 이르기까지 풍수에 얽힌 애기가 많다. 특히 남경은 삼국 시대의 손권孫權180)에서 시작해, 남북조 시대 남조南朝의 수도가 되었고, 명나라 초기와 태평천국太平天国181), 중화민국中華民国182)으로 자주 수도를 옮겼지만, 그 기간은 짧다. 풍수적으로 남경은 제왕을 낳을 만한 장점을 지니면서도, 제왕이 오래 머무는 것을 막는 단점을 지니고 있다고 알려져 있다. 남경의 양면성은 많은 전승을 낳게 되었다.

남경에 이르는 용맥은 천하 3대간天下三大幹의 남간南幹에 속한다. 남경에서 아득히 먼 서쪽, 티베트 고원에서 운남雲南으로 내려온 용

---

178) 試以封禁山木言之. 本山雖属広信, 実連間浙三省,而又建康祖陵発脈之処. 王気攸
鍾. 豈可以開採, 損之.(『明神宗実録』卷379, 万暦 30月 12月 辛卯)
　　실록実録 : 조정 내의 기록. 황제나 국가와 관련된 일상을 적고 「기거주起居注」에
근거해 황제의 대代가 바뀌는 것으로 정리한 것. 왕조가 교체되면 전조의 황제 실록
을 이용해 정사가 편집된다. 명나라 역대 황제의 실록은 『명실록明実録』으로 총칭
되는데, 명나라 때 현존하는 공문서의 실물이 적기 때문에 실록은 1급 자료가 된다.
또 청대의 『청실록清実録』과 비교하면 내용이 생생하다.
179) 강소성江蘇省의 성도. 수륙교통의 요충지. 예로부터 삼국의 오吳와 육조六朝·명
明·중화민국中華民国 등의 수도로 번성하였다. 명나라 영락제 때 북경에 대해 남경
이라 칭하였다.
180) (182~252) 오吳의 건국자. 강동江東 6郡을 지배하고 적벽赤壁 전투에서는 유비
와 동맹하여 조조의 군사를 물리쳤다.
181) (1851~1864) 홍수전洪秀全을 지도자로 하는 상제회上帝會를 중심으로 세워진
나라. 1853년 남경을 공략하여 수도로 삼고, 천경天京으로 개칭하였다.
182) 신해혁명辛亥革命 이후 1912년부터 중화인민공화국이 성립되기까지의 중국 국
호. 1928년 장개석이 남경을 수도로 하여 국민정부를 수립하였으나 국공내전国共
内戰에서 패하여 대만으로 피신하였다.

명효릉 문무방문文武方門 효릉의 중심 건물로 들어가는 정문 ⓒ 류현석

차산명태조지묘此山明太祖之墓 차산此山이란 보성寶城으로 둘러싸인 '보정
寶頂'을 가리킨다. 명효릉은 주원장과 황후 마씨馬氏의 합장릉으로, 마황후
의 시호가 '효자孝慈'였으므로 효릉孝陵이라 했다. 1381년부터 1413년까지
32년간 10만여 명의 인부를 동원하여 능을 조성했다고 한다. 강소성江蘇省
남경시南京市 현무구玄武區의 자금산紫金山에 있다. ⓒ 류현석

맥은 장강長江의 남쪽 산들을 둘러싸고, 강서성과 복건성의 경계를
따라 이어진 무이산武夷山을 거쳐, 장강 하류 평야에 이르는 천목산
天目山183)에 이른다. 무이산에서 천목산으로 이어지는 용맥의 요지
중 하나가 바로 봉금산인 동당산銅塘山이다. 천목산에서 먼저 용맥

183) 절강성 북부에 있는 산. 동서 2봉峰으로 이루어졌는데, 불교·도교 사찰이 많다.

은 평야 곳곳에 흩어져 있는 산지를 더듬어, 장강을 쥐어짜듯이 치솟아 진강鎭江184)에 부딪치면서, 서쪽으로 방향을 틀고 장강을 거슬러 올라가며 남경의 동쪽으로 들어간다.

남경 주변의 지세를 보면, 진강과 남경을 잇는 영진산맥寧鎭山脈이 동쪽에서 서쪽으로 이어져 있다. 영寧이란 남경의 다른 이름인 강녕江寧, 진鎭은 진강이다. 산맥은 남경의 동쪽에서 세 방향으로 갈라져 있다. 북으로 이어지는 지세는 용담산龍潭山에서 서하산栖霞山·오룡산烏龍山을 거쳐, 장강에서 돌출한 암봉岩峰인 연자기燕子磯에 이르러, 남경의 북쪽에 위치한 막부산幕府山이 된다. 남쪽으로 나아간 지맥은 탕산湯山·청룡산靑龍山·황룡산黃龍山 그리고 대연산大連山으로 이어져, 남경의 남쪽을 흐르는 진회하秦淮河를 방산方山에서부터 뛰어넘어, 강 건너인 조당산祖堂山·우수산牛首山과 연결된다.

남북의 두 지맥 사이에 끼어 있어, 그 중앙을 달리는 지맥이 보화산寶華山을 기점으로 용왕산龍王山·영산靈山을 거쳐 종산鍾山에 이른다. 이 종산의 남쪽 기슭에 조성된 능묘가 명나라 태조 주원장을 묻었던 효릉이다.

효릉은 바로 풍수상의 최적지에 자리 잡고 있다. 능의 북쪽에 우뚝 솟은 종산은 천하 3대간 중 남간에 바로 연결되어 풍부한 기氣를 태조의 유골에 공급한다.

자금산紫金山이라고도 불리는 산체山体의 기초는, 자주색을 띠는 쉐일shale(얇고 벗겨지기 쉬운 진흙바위)로 이루어진다. 그 표면은 단단한 석영사암石英砂巖으로 덮여 있어 산이 쉽게 무너지지 않는다. 능의 동쪽으로는 남쪽 지맥에 속하는 청룡산靑龍山이 지키고 있다. 풍

184) 강소성 서남부, 장강 하류 남안에 위치. 예로부터 상업 도시로 번성했다.

중산릉 문미門楣에는 삼민주의의 '민족民族·민생民生·민권民權'이라는 6자
가 전서로 씌어 있고, 그 위의 현판에는 손문의 친필인 '천지정기天地正氣'가
새겨져 있다. ⓒ 류현석

수 용어를 쓴다면 청룡사靑龍砂이다. 서쪽으로는 북쪽 지맥에서 갈
라져 나온 청량산淸涼山이 있다. 진회하秦淮河가 남쪽으로 흘러서 탁
한 기운을 흘려보내, 항상 신선한 기운이 무덤에 머문다. 또 남쪽의
지맥에 속하는 방산方山과 우수산牛首山 등이 안산案山으로 풍격을
유지한다.

효릉이 자리한 땅을 능가하는 풍수상 적지는 찾기 어렵다. 그래
서인지 효릉의 동쪽185)에는 중화민국의 국부國父인 손문孫文186)을
모시는 중산릉中山陵이 자리잡고 있다.

---

185) 원문의 '北(북쪽)'은 오류. ― 역자 주
186) (1866~1925) 중국 혁명의 지도자. 1905년 도쿄에서 중국혁명동맹회를 결성하
여 삼민주의三民主義를 강령으로 삼았다. 신해혁명辛亥革命으로 임시 대총통大總
統에 취임. 이후 중국 국민당国民黨 창설.

남경의 풍수

남경이 풍수상의 적지適地로서 제도
帝都를 두어야 할 땅임을 간파했다고 하
는 인물은 두 사람이다. 한 사람은 제갈
량諸葛亮187)이다. 삼국 시대 제갈량이
손권과 장강 유역 지세를 돌아볼 때, 이
땅이 "종부鍾阜(종산)에 용이 포효하고,
석두石頭(청량산)에 호랑이가 있다. 이는

바로 제왕의 집이다"고 간파했다고 전해진다. 그 후 손권이 이곳에
도읍을 두고, 청량산에 성벽을 쌓았다. 다만, 이 얘기는 풍수론이
확립된 시기가 송대宋代임을 감안하면, 역사적인 사실이라고 보기는
어렵다.

두 번째 사람은 원말元末에 군웅이 할거하는 중 주원장의 군사軍
師가 되어, 명나라 창건의 길을 개척한 유기劉基188)이다. 이 인물은
일본의 지명도로 비교하면, 제갈량에 크게 못 미친다. 그러나 그 업
적을 보면 제갈량과 맞먹는다. 주원장의 정권이 아직 군웅의 하나
에 불과했을 때, 유기는 천하평정에 이르는 과정을 분명히 인식하
고 있었다. 또 전설로는 초자연적인 능력을 발휘해서 주원장의 천
하통일을 도왔다고 한다.

절강성 산간지역을 출신지로 한 유기가 풍수에 정통했을 가능성

---

187) (181~234) 삼국 시대 촉한蜀漢의 승상. 자字는 공명孔明.
188) (1311~1375) 원말명초元末明初의 정치가. 자는 백온伯溫. 문필가로서도 알려져
  있다.

은 충분하다. 주원장은 중국을 통일할 때, 유기에게 궁성의 위치를 정하라고 명령했다. 남경의 지세는 풍수적으로 보면, 제도를 열기에 충분할 만큼의 크기가 되는 땅이다. 그 북쪽으로 장강이 흐르고, 그 남쪽에는 종산 등의 주변을 압도하는 산이 솟아 있다. 풍수적으로는 남북이 바뀌어져 있는 것이다. 유기는 풍수학 권위자의 힘을 빌리면서 노력한 끝에 유일한 혈을 찾아낸다. 그곳은 종산에서 서쪽으로 뻗은 부귀산富貴山의 남쪽 기슭으로, 당시에는 연작호燕雀湖라는 호수가 있던 땅이다. 그야말로 궁성을 두어야 할 정혈正穴이라고 유기는 왕에게 건의했다. 호수는 매립되고, 여기에 명나라 궁성이 조성된 것이다.

이 궁성이 놓인 곳은 혈임에 틀림없다. 다만, 왕조가 강대해지고, 그 국력에 걸맞은 황궁으로 확장하려 하자 장소가 비좁았다. 남경은 기본적으로 북쪽이 낮고 남쪽이 높다. 궁성을 넓히면, 그 지세에 휩쓸려서 북저남고北低南高가 되어 풍수가 흐트러져 버린다. 주원장은 천도遷都를 생각하고, 황제 자리를 물려주려 했던 적장남嫡長男을 천도 후보지인 서안西安,189) 한조漢朝와 당조唐朝의 제도帝都였던 장안長安으로 파견하여 시찰하게 하였다. 그런데 그 도중에 병사했기 때문에 주원장은 천도를 단념했다.

주원장의 사후 머지않아 남경의 제도로서의 결점이 드러났다. 남경보다 풍수적으로 뛰어난 현재의 북경에서 책봉되어 있던 연왕燕王 주체朱棣가 남경에 있던 2대 황제에게 반기를 들고 황제의 자리를 빼앗는다. 역사상 '정난靖難의 변變'190)이라고 불리는 사건이다.

189) 장안長安. 협서성陝西省의 성도. 구시가는 당나라 장안의 황성皇城 땅에 위치.
190) (1399~1402) 명나라 제2대 건문제建文帝에 대해 숙부 연왕零落帝이 거병, 남경

주체, 즉 영락제는 자신의 권력이 안정되었다고 여겨질 때 북경으로 천도하였다. 이렇게 해서 풍수상의 문제를 겪은 남경은 천하 3 대간의 북간에 위치한 북경에 제도의 자리를 물려준 것이다.

남경이 제도로 계속 이어지지 못한 것은, 왕기(제왕이 탄생할 기운)가 있기는 하나, 어떤 이유로 그 힘이 봉쇄되어 있기 때문이라고 전해진다. 남경은 별칭을 금릉金陵이라 한다. 전해오는 얘기에 따르면, 중국 전국 시대에 초나라 위왕은 이 땅에서 제왕이 나올 것을 예감하고, 오행五行의 균형을 깨기 위해, 종산鍾山에 금으로 만든 인형을 묻었다. 이 때문에 종산이 금릉으로 불렸다. 종산은 땅의 동쪽에 위치하고, 오행으로 볼 때 '목木'이다. 금으로 만든 인형은 물론 오행의 '금金'을 상징한다. 금과 목은 상극의 관계이다. 이렇게 해서 종산에 축적된 제왕까지도 낳을 기氣는 진정되어, 이후 제왕이 태어난다고 해도 오래가지 못하는 땅이 되었다.

또 다른 얘기로는 진시황秦始皇[191]이 남경의 풍수를 파괴했다고 한다. 진시황은 6국을 멸망시키고 천하를 통일한 후, 기원전 210년에 강남을 순행했다. 그 도중 남경에 이르렀을 때, 늘 진시황의 주변에 있던 풍수 선생이 침묵을 지키고 있었다. 진시황이 그 이유를 묻자, 풍수 선생은 "이 지세는 훌륭합니다. 오백 년만 있으면 반드시 천자가 탄생할 기氣를 발산하게 될 것입니다"고 답했다. 자신의 자손이 앞으로도 계속해 황제의 자리를 차지하기를 바랐던 진시황은, 이 기氣를 깨는 방법을 물었다. 이에 대해 풍수 선생은 대규모 토목

을 공략해 제위를 빼앗은 사건. 그때까지 북평北平이라 불리던 땅을 북경이라 개칭해 1421년 천도했다.

191) (기원전 259~210) 진나라 초대 황제. 이름은 정政. 기원전 221년 처음으로 중국 전역을 통일, 스스로 황제라 칭하였다.

공사를 하여, 첫째로 진회하秦淮河를 마을로 끌어들이고, 그 물을 도시 배수로 오염시킬 것, 둘째는 마을의 북쪽에 이어진 사자산獅子山과 마안산馬鞍山을 갈라놓을 것을 진언하였다. 진시황은 이에 따라 남경 지세를 바꾸고, 또한 금릉金陵이라 불리던 동네 이름을 '말릉秣陵'으로 바꿔 그 품격을 떨어뜨렸다. 이렇게 해서 남경의 풍수는 크게 훼손되었다.

명조明朝의 능묘陵墓

본서가 활용하고 있는 풍수서 『현관』은 명대에 저술된 것이다. 봉금산 개발이 논의되었던 같은 시대의 풍수 선생들이 명조의 운명을 어떻게 보았는지를 알기에는 좋은 자료라고 할 수 있다.

명조는 영원히 지속된다는 관점에서 『현관』은 쓰여졌다. 그 이유로, 역대 왕조 가운데 오직 명조만이 천하 3대간의 모든 풍수상의 요지에 황제의 조상을 모시는 능을 갖고 있는 왕조라는 점을 든다. 이 관점은 『현관』과 함께 명대에 저술된 『지리인자수지地理人子須知』에도 기록되어 있다. 같은 시대 풍수지리 선생에게 공통되는 정치 감각이었던 것 같다.

명조를 세운 주원장은 중간中幹에 속하는 회하淮河 유역에서 태어나 천하를 통일했다. 그의 아버지의 묘는 주원장이 봉양鳳陽으로 개명한 땅에 위치하였고, 그 고조부·증조부·조부 3대의 묘는 안휘성安徽省 간태현肝胎縣에 조성된 명조릉明祖陵에 모셔져 있다. 즉 중간中幹의 기氣를 받고, 그 자손, 주원장의 후손들에게도 생기를 불어넣는다.

　주원장 본인의 능은 남경의 효릉으로, 앞서 말했듯이 남간南幹의 정확한 혈穴에 조성되어 있다. 영락 연간永樂年間에 남경에서 북경으로 천도된 이후 역대 황제들은 영락제 주체朱棣의 능묘인 장릉長陵을 비롯하여, 북경 북쪽 약 40km의 천수산天壽山 자락에 조성되어 있다. 이는 북간北幹의 용맥 기운을 받는다.

　또 『현관』이 저술된 시대의 황제는 계보적으로는 제9대 황제 헌종憲宗(朱見深)의 아들로, 제10대 황제 효종孝宗(朱祐樘)의 동생인 흥헌왕興献王(朱祐杬)의 자손이다. 제11대 황제 무종武宗(朱厚照)이 음란하여, 쾌락만 좇다 결국 자식을 두지 못하고 세상을 떠난 이유로, 사촌인 세종世宗(朱祐熜)이 제12대 황제가 되었기 때문이다. 대를 잇는 문제로, 명조의 정계를 뒤흔든 '대례大禮의 의議'라고 불리는 분쟁이 발발하게 되지만, 여기에서는 깊이 언급할 필요는 없다. 풍수적으로는 아버지쪽 조상의 유골이 중요하기 때문에, 제12대 이후의 황제는 이 흥헌왕의 유골이 묻혀 있는 능묘의 위치가 문제가 된다. 흥헌왕은 생전에 호북성湖北省의 번왕藩王에 봉해져 있었기 때문에, 그 능묘인 현릉은 호북성湖北省 종상현鍾祥県에 놓였다. 그 결과 그 유골은 중간中幹의 기운을 받는다.

　이렇게 하여 명조 후반의 황제들은 남간南幹·중간中幹·북간北幹 용맥 모두에 직계 조상의 무덤을 갖게 되어, 중국에 이르는 모든 기운 가운데서도 가장 좋은 기気를 받게 된다고 한다. 그로 인해 명조의 공덕은 영원히 이어져 내려가고, 황제의 통치는 만세에 이어져 그 복은 헤아릴 수 없을 만큼 커진다.

　이처럼 왕조의 풍수를 보면, 남경의 효릉은 단순히 제국帝国의 개조開祖의 무덤일 뿐만 아니라, 유일하게 남간의 기氣를 받는 능묘로서 소홀히 할 수 없다는 것이다. 태조의 능묘에 이어지는 용맥은 결국 조금이라도 파괴되어서는 안 된다.

2. 지역의 용맥龍脈

산림 개발에 대한 반대론

『현관』이 탄생한 명대 후기라는 시대는 환경 파괴나 공해 문제가 쏟아져 나온 '상업의 시대'이기도 했다. 화폐경제가 지역사회에 스며들면서 특산물 생산이 활발해져 농민들은 면직물 등의 부업에 힘쓰고, 시장에 생산물을 가져 나감으로써 호경기의 혜택을 본다. 인구의 대부분을 차지하는 농민들이 화폐를 손에 넣고 농기구나 생활용품을 구입하게 되자, 철제품 수요가 증가하게 되고 제철업은 갑자기 활황을 띄게 되었다. 경제 호황을 배경으로 민간에서도 수공예품에 대한 수요가 많아지고, 제혁·제지 등에서 필요한 명반明礬192) 등의 채굴도 활발해진다. 게다가, 건축 붐에 힘입어 건설 자재나 한약재로도 쓰였던 석고石膏193)도 각지에서 채굴되기 시작했다. 이 가운데, 산지에 들어가 개발하는 민간업체가 많이 나타났다.

또한, 당시 왕조는 만성적인 재정 적자를 겪고 있었고, 황제는 자

---

192) 알루미늄 화합물로 염색의 매염제媒染劑로 이용되었다.
193) 유산염硫酸塩 광물. 해저의 침전물이 화학변화를 일으켜 생성된다.

신에게 직속된 환관들을 각지에 파견하여, 상업 활동을 통해 여러 가지 구실을 만들어 수탈함과 함께 광산 개발에도 힘썼다. 민간의 지하자원 수요 및 왕조의 광산 개발로 각지에서 풍수를 둘러싼 사건이 자주 일어났다. 민간자본을 가진 개발업자와 환관이 연계하여 이루어졌던 것이다.

환관 반상潘相은 봉금산뿐만 아니라 길안부吉安府 태화현泰和県[194] 무모산斌姥山에서도 석고 채굴 사업에 착수했다. 이 계획은 외부 개발업자에 의해 세워졌고, 황제와 직접 연결된 환관이 교섭에 응하는 형식으로 시작되었다. 개발업자의 계획에 따르면, 채굴된 석고를 상인에게 판매하여 그 매출금 중 40%를 국가에 납부하고, 나머지 60%를 개발업자가 자기 것으로 하는 것이었다.

앞서 소개한 강서江西 순안巡按의 오달가吳達可의 상주문上奏文 중에는 무모산에 대해서도 개발을 반대하는 이유가 밝혀져 있다.

> 시험 삼아 무모산의 석고에 대해 의견을 말하고자 한다. 그 산은 모두 태화현泰和県과 가깝고, 현의 용맥이 되어 또 (길안吉安) 부府(의 마을을 사기邪気로부터 보호한다) 전장前障[195]이 되기도 했다. 이 산이 (석고 채굴을 위해서) 깎여졌기 때문에 용맥과 전장을 손상시켜 부府도 현県도 (풍수상의 균형을) 잃어버렸다. 일찍이 이 현県의 인문人文은 예로부터 번성하여 학식이 있는 저명한 관료로는 양문원楊文員·나문장羅文荘 등 글과 업적으로 알려진 인물

---

194) 강서성江西省에 속한다. 명나라 때에는 과거 최종시험인 '전시殿試'의 우두머리인 장원壯元을 영락永樂 13년, 영락 19년, 성화成化 14년으로 냈다. 약재가 되는 닭 오골계가 명나라 때 이곳에서 생긴 것으로도 알려져 있다.
195) 장병障屏. 가로막이. — 역자 주

들이 많이 배출되었다. 그런데 (산지山地의) 바위가 조금만 깎여도 이러한 인물이 나타나지 않게 되는데, 하물며 이렇게 석고를 파내게 되고 나서는 해마다 전염병이 유행하고 주민이 활력을 잃게 되었다. 왜 (더 이상의 개발을 진행하여) 그 명맥을 끊으려 하는가.196)

이 상주문의 마지막에 적혀 있는 결론 부분에서는, "태화현泰和県의 석고에 이르러서는 그 이익은 미미하고 해는 매우 크다. 강서江西 풍속에서는 풍수를 중시하고 있다. 이 산은 강서성 전체의 용맥이 관련된 중요한 곳이다. 그것을 파손시키고 그 땅의 주민을 불안하게 하는 일이 어찌 간과될 수 있겠는가. 불온한 움직임이 되는 것도 이미 시간문제"라고 개발 반대론을 마무리하고 있다.

외래外来의 개발업자

지역의 주민은 자신들이 살고 있는 지역의 용맥을 보호하려 한다. 자본을 가지고 개발을 시행하여 용맥을 훼손하는 자는 외지에서 유입된 사람들이다. 지역의 용맥을 둘러싼 대립은 대부분 '지역 주민' 대 '외래 개발업자'라는 양상으로 나타난다. 당시 이 봉금산이 솟아 있는 광신부広信府 장관(지부知府)의 임무를 맡았던 진구소陳九韶는,

---

196) 試以姤姥山石膏言之, 本山均近泰和, 為県来脈, 為郡前障. 壁山石膏, 傷損龍脈・障屏, 是無郡県也. 且該県人文自昔最盛碩輔名臣如楊文貞・羅文荘, 文章助業済済為国. 在石梢有所損, 科名尚爾減額. 而況干藝石乎, 連歳疫潤盛行, 民力凋耗. 壷得傷残其命脈乎. (『明神宗実録』巻379, 万暦 30年 12月 辛卯)

환관의 후원을 받아 강력하게 진행된 산지의 개발에 대해서 다음과 같이 말하였다.

과거에는 지방정부 자금을 투입해서 종사자를 모집해 광산을 개발했기 때문에, 국고에서 많은 지출이 필요한 개발은 거의 이뤄지지 않았다. 이를 위해 (개발에 있어서는) 이해利害의 많고 적음을 저울질하여 개발을 중지해야 할 것은 그만둘 수 있었다.

현재의 광산 개발은 이전과 다르다. 간교한 무리들은 정부 자금을 쓰지 않고, 국세를 늘릴 수 있다고 개발을 신청한다. 그 말은 듣기는 좋지만, 실제로는 거의 세수稅收가 늘지 않는다. 게다가 남의 경작지를 망치고서 "작업장을 짓기 위해서다"고 하거나, 남의 산을 점거하고 "갱도를 파기 위해서다"고 태도를 바꾸기도 한다. 남의 수목을 베고 분묘를 파고서, "여기에 광맥이 있다" 따위로 말한다. 그 해악이 많음은 이루 말할 수 없을 정도다. 산골의 주민들은 울분을 참을 수밖에 없었다.

이전의 광산 개발은 지방 정부가 종사자를 모집해 개발 신청서를 냈다. 그 때문에 법령으로 구속되어 광산기술자도 제멋대로 횡포를 부릴 수는 없었다. 하지만 지금은 자기 자금을 가진 자가 지역과 교섭하지 않고 (개발을 추진), 조금이라도 따지고 추궁하면 "영업 방해다" 식으로 말한다. 법령으로 금지할 수 없고 구속할 수 없는 곳에서는 억지로 개발을 막을 수 없다.197)

이 글에서는 자기 자금을 가진 개발업자가 지역 주민의 생활을 파괴하면서 개발을 강행하는 모습을 읽을 수 있다. 황제와 연결되어 있는 환관들이 이러한 개발업자의 횡포를 용서해 주었던 것이다.

197) 陳九韶, 「鑛靑事宜第二議詳原稿」, 乾隆 『上饒県志』 卷八 関梁.

황산黃山　안휘성 황산시에 있는 높이 1,841m의 산　ⓒ 류현석

　　당시의 사료를 풀어서 보면, 개발업자는 휘주상인徽州商人198)과 연결되어 있었던 것이 분명해진다. 휘주상인은 신안상인新安商人이라고도 불리는 상인단체로, 안휘성安徽省에 우뚝 솟은 황산 기슭을 기점으로, 중국 전역으로 상권을 확장하고 있었다. 국가의 전매가 되고 있던 소금 거래에 참가하는 것으로 자산을 축적해서, 그 풍부한 자금으로 다양한 활동을 펼친 것으로 유명해진다. 휘주상인은 그 출신지가 산간 분지였던 적도 있어 삼림자원 등의 거래에 정통했다.

---

198) 외지로 나가 상업에 종사하는 자는 '진晉(山西)상商', '협陜(협서陜西)상商' 등으로 그 출신 지명을 따서 불렀다. 휘주상인은 명나라에 염상塩商으로서 중국 전역으로 네트워크를 넓혀 소금·양식·견직물·차·목재·서적 등을 취급하였고, 또한 가공업과 제철업에 종사하여 금융업과 식당 경영도 하였다.

봉금산의 개발을 둘러싼 논의는 지역의 사회질서 유지를 중시하는 지방장관들과, 개발업자와 결탁한 환관 사이에서 황제를 사이에 두고 전개되었다. 지역의 혼란을 배경으로, 만력 31년(1603)에 강서순무江西巡撫가 환관 반상潘相에게 개발 중지를 권유하는 문서를 보낸다. 그 안에 산지를 개발하는 자들 중에 무뢰한 무리들이 섞여서 반란을 일으킬 우려가 있다며, 개발을 중지하는 대가로 '산가은山價銀' 3천 냥을 내겠다고 제안한다. 환관들도 처음에 계획했던 만큼 이익이 오르지 않아, 반란이 일어난 책임을 추궁당해도 곤란하다고 느끼고 있었을 것이다. 건너는 참에 배라도 되는 듯이 이 제안에 응한다. 지방장관들과 절충해서 매년 1천 냥을 징수하여 그간의 세액에 추가 납부하기로 한 후, 개발 중단을 황제에게 상소하게 되었다.

개발 중지가 공식 인정된 것은 그로부터 1년 후인 만력 32년(1604)이었다. 그러나 약 150년 후 봉금산은 다시 위기를 맞게 된다.

산업 시대의 개발

중국 산림 수난사라는 제목으로 역사를 쓰자면, 가장 가혹한 시대는 18세기 중반에 시작되어 20세기 중반까지 이어지는 200년간이 될 것이다. 이 기간에 중국의 인구는 1억 수천만에서 13억으로 약 10배로 급증199)했으며, 그에 따르는 자연에 대한 부담이 강해

---

199) 명말청초明末淸初 사회 혼란과 전란의 시대가 끝나고 청조淸朝의 안정된 정치 아래 18세기 중반부터 인구가 늘어난다. 인두세人頭稅가 없어지면서 그동안 등록되지 않았던 인구가 표면화되었다는 이유도 있지만, 아메리카 대륙 원산작물의 작물 재배가 확산되거나 지역경제가 활기를 띠는 것이 실제로 인구를 증가시킨 것으

졌다. 식량 증산을 위해 산림이 많이 벌목되고, 인구가 포화된 지역으로부터 산간벽지로 사람들이 유입되었다. 상업의 시대라고 내가 쓴 16세기에도 산림 파괴가 진행되었지만, 그 정도는 18세기 산업 시대보다도 아직은 온당했다고도 평가할 만하다.

16세기의 번영기에는 도시만이 번영하고 농촌이 궁핍했다. 이에 반해, 18세기 산업의 시대 중국의 역사로 대응시키면 청대 중기 이 시대200)의 호황은 농경지 가격의 급상승을 동반한 농촌 중심의 붐이었다. 경지 가격이 급등하자 곡물 가격도 오르고, 연쇄적으로 다른 물가도 오르기 시작했다.

이 시기의 식량 가격 상승의 배경으로서, 구미欧米와 중국 간의 교역의 활발화와 경제 상승 국면에 따른 인구 증대라는, 두 가지 요인이 배후에 있었다. 해외와의 교역과 인구의 증가는 수요를 환기시키고, 새로운 인플레이션을 불러와서 상업 활동을 활성화시킨다. 인구 증가는 기존의 지역사회에서의 인구 밀도가 높아지고, 산지山地나 성 주변으로 이주를 증가시켰다. 상업 활동의 활성화로 상업 자본이 변방 지역으로도 널리 퍼져 이주지에서 상품 생산을 가능하게 하고, 산지山地에 '창廠'이라 불리는 각종 작업장이 형성되었다. 이주민 대부분이 옥수수나 고구마 등의 아메리카 대륙 원산의 작물을 식량으로 하면서, 산지와 성 주변의 개간과 상품 생산을 담당했던 것이다. 노동자가 많이 유입된 산지山地에서 자연 파괴가 진행되었다.

로 보인다.
200) 은銀 등의 귀금속으로 교역을 시행하는 시스템하에서 각지의 경제가 활황을 나타낸 18세기를 가리킨다. 정부의 산업 진흥 정책이 중요한 의미가 있다.

청대淸代의 봉금산

봉금산으로 불리던 동당산銅塘山. 명대에 내려진 봉금책封禁策은 청대에 와서도 순치順治 10년(1654)에 추인되어 지속되었다. 그러나, 제국의 이 산에 대한 자세는 크게 변화하고 있었다. 명대에는 용맥 3대간大幹의 하나인 남간南幹의 요충지였던 봉금산은, 명조의 개조인 주원장 등 황제들의 직계 조상들이 잠들어 있는 능묘에 막힘없이 기氣를 공급하기 위해서 보존할 필요가 논의되었다. 그런데 청조 황제의 조상들의 능묘는 남간의 연장선상에 놓여 있지 않다. 봉금산은 이미 나라의 운명을 좌우하는 산이 아니었다.

18세기에 들어서자 청조의 개발 의욕이 강해진다. 그 배경에는 전란의 시대가 끝나고, 태평성대가 되어 인구가 증가하기 시작한 것이다. 청조는 소수민족인 만주족滿洲族201)이, 인구의 다수를 차지하는 한족漢族을 지배하는 왕조이다. 만약 인민을 굶기고 사회 불안이 커져 왕조 타도의 움직임이 나타나면 단숨에 뒤집힌다. 이런 공포감이 역대 황제들에게 식량 확보를 무엇보다도 우선하는 의식을 낳았다.

18세기 중반, 홍력弘曆(건륭제乾隆帝)202)에 의한 통치가 시작되자, 중앙의 위정자들 사이에서도 식량 가격의 급등이 문제로 인식되어, 천연자원의 발굴이 주장되게 되었다. 산지山地 등에 잠재한 자원 개

---

201) 중국의 동북지구에 발상한 퉁구스계의 민족. 발해를 세운 말갈靺鞨, 금을 세운 여진女眞, 청나라를 세운 여진족의 후예. 만족滿族.

202) (1711~1799) 청의 제6대 황제. 고종高宗. 외국 정벌을 통해 판도를 넓혔다. 또 학술적 성사를 장려하고 『명사明史』, 『사고전서四庫全書』 등 여러 흠정서를 편찬하였다.

발을 명확하게 밝힌 것이 건륭 7년 6월 27일에 내각에 대해 나온 상유上諭203)이다. 이것은 18세기 중반 중국 각지에서 전개된 산지山地 개발의 기점으로 자리매김한 조서이며, 그 영향은 순무巡撫 등을 통해 각지에 파급되었다.

상유上諭는 첫머리에 이상적인 제도를 기록했다고 칭찬하는 고전 『주례周礼』204)를 인용하면서, 천하 만세를 위해 충분한 물자의 공급을 꾀하는 위정자들은 단지 농업뿐만이 아니라 곡물 이외의 초목을 길러서 산림과 천택의 자원을 개발하고 조수鳥獸를 번식시키는 역할도 다해야 한다고, 지방 관료들의 사명을 지시한다. 그 사명을 다하기 위해서는 각 토지의 이익에 따라 인민이 원예·과수를 재배하기도 하고, 축산을 하게 하거나 산에서 하는 일을 떠맡게 하고 천택에서 일을 하게 해서, 산림·천택·구릉에 사는 인민에게는 그곳의 이익을 얻을 수 있도록 해야 한다고 지방 관료들을 꾸짖었다. 이러한 경작지 이외의 천연자원의 개발을 황제 스스로가 지시하는 배경에 대해서, 상유上諭는 다음과 같이 말한다.

> 국가의 평안이 계속되고 인구가 날로 늘고 있다. (인민이) 삶을 부양하는 것에 기여하는 근원은 신속히 강구하지 않을 수 없다. 가난한 인민은 이익을 좇아 질주하는 듯하다. 대체 어떻게 게으름을 피울 수 있겠는가. 산림·천택 천지자연의 이익을 모

---

203) 군주가 신하에게 타일러 알리는 문서.
204) 유교 교전敎典의 하나. 삼례三禮의 하나. 주공단周公旦이 지은 것으로 전해지나, 성립은 전국 시대 이후 주周 왕조의 관직을 천·지·춘·하·추·동의 6관으로 나누어 총 360개의 관직에 대해 기술하였다. 동관편冬官篇은 후에 잃어버려 대신 「고공기考工記」로 보충된다.

두 내버려 둬야 할 일인가. 소벽疏闢(자원개발) 초창기에는 호강
豪强이 이미 떼를 지어 가서 일을 하고, 관업管業(산업으로 성립되
었다) 후에는 간교한 인민이 또 여러 수단으로 일을 그르치기
때문에, 지방 관리는 항상 자산을 하찮은 것으로 여기고 대책
을 세우지 않는다. 산업이 오히려 엉망이 된 이유는 이러한 곳
에서 발견된다.[205]

천연자원의 개발이 필요하게 되었고, 인민 측에서도 강력한 요망
이 있는데도, 지방 관료가 개발 전후의 혼란을 두려워해 굳이 착수
하지 않는다며 문제점을 지적한다. 이 조서의 직접적인 대상이 된
것은 총독總督·순무巡撫[206] 등 지방장관이다. 이들은 부임한 지방에
서 토지의 특성에 맞게 정책을 세워 시기를 놓치지 않고 운영하여,
이미 개간된 자산은 보호하고 아직 개간되지 않은 땅에 대해 여러
가지 계획을 세워 토지와 인력이 낭비되지 않도록 할 책임이 있다
고 밝혔다. 이 건륭제의 조서를 받아, 순치 연간順治年間에 제시된
동당산에서의 봉금의 지속에 대해 정면으로 반론을 제기한 관료가
건륭 6년 9월에서 8년 12월 사이 강서 순무江西巡撫의 임무를 수행
했던 진홍모陳弘謀이다. 그는 청나라 시대를 통틀어 가장 유능한 지
방장관 중 한 명으로 꼽히는 인물이다.

---

205) 国家承平日久, 生歯日繁. 凡資生養贍之源, 不可不為亟講. 夫小民趨利, 如鶩. 亦豈
甘為惰窳, 挙山林川澤·天地自然之利, 委為棄壊哉. 良以疏闢之初, 豪強既群起而争.
管業之後, 奸民又多方戕賊. 地方有司, 毎視為貲産細故, 不為申理. 此所以寧荒其業
耳. (中国第一歴史檔案館編, 『乾隆朝上諭檔』第1冊)
206) 총독은 여러 성을 관할하며 순무는 하나의 성을 담당한다. 단, 두 자리 사이에는
상하 관계가 없다.

봉금산의 개발 계획

진홍모는 그 강서 순무로부터 다른 곳을 다스리라는 명령을 받고, 이듬해 건륭 9년 정월에 북경으로 돌아왔을 때, "산림의 이익을 개발함으로써 민생을 돌보기를 청한다"는 표제의 상소를 썼다. 진홍모207)는 지난 건륭 8년 3월에 동당산을 관할하는 도태道台·광신지부広信知府 및 광풍지현広豊知県 등을 동반하여 현지에 들어가 실제로 견학했다. 그 조사를 바탕으로 동당산에 대해 다음과 같은 인식을 갖기에 이른다.

만약 봉금을 풀 수 있다면, 인민이 경계(개발 지구의 범위)를 정하는 것을 허락한다. '개채開採'(개발해 자원을 채굴함)가 시작되면, 우선 대나무 숲을 벌채하여 대나무가 다 없어지면 그 땅은 경작이 가능하게 된다. 물이 있는 곳은 논으로 만들 수 있고, 물이 없는 곳은 밭으로 만들 수 있다. 십 년 후에 점차 풍요로워지면서부터 세금을 물린다. 이 (곡물 생산) 이외에 마麻·남藍·야채·과수 재배는, 균등하게 이익을 올려 생계에 보탬이 되어야 한다. 당장은 개간할 사람을 뽑을 때에는 반드시 그 지역의 양민을 뽑아 서약서를 제출하도록 하고, 외부의 나쁜 패거리들이 섞여 들어오는 것을 허락하지 않는다.208)

---

207) (1696~1771) 광서広西 임계臨桂 사람. 30여 년 관원으로 12성을 두루 다니며, 인심풍속의 이해득실을 궁구하고 개혁했다고 한다. 찬저로 『오종유규五種遺規』, 『배원당고培遠堂稿』 등이 있다.

208) 若得弛其封禁, 聽民認界. 開採始則採伐竹木. 竹木既尽, 其地即可種植, 有水可以成田, 無水可以成地. 十年之後, 漸成沃壤, 然後升科. 此外芸麻種靛, 栽植蔬果之類,

진홍모는 다양한 지형을 읽고 해석하여 각각의 토지에 재배 가능한 작물을 제시하고 있다. 남藍과 마麻는 강서 산지에서는 명나라 때 이미 재배되었다. 요약하자면, 산림을 벌채하고, 이어서 '본지 양민本地良民' 즉 현지에서 정착해 살고 있는 주민을 대상으로 농사지을 사람을 모집한다. 개간 초기에는 세금을 면제해 주고 수확이 안정되는 10년 후를 목표로 과세하는 단계를 밟는 것이다. 개간자는 그 지역 주민으로 한정하려는 것에 진홍모의 개채책開採策의 요점이 있다. 이 진홍모의 정책을 특색 짓는 것은 철저한 현지 주민들이 가진 자력적인 노력을 바탕으로 한 개채론開採論이다.

봉금封禁의 곤란

강서성의 봉금산에서의 개발과 채굴[開採]을 인정하고, 산지 지역 주민의 항산화恒産化를 꾀한 진홍모의 제안은 그 후 이 산지에 인접한 복건성·절강성을 포함한 논의로도 발전했지만, 현지답사를 거쳐 결국 받아들여지지 않았다.

명나라 중기부터 이어져 온 봉금을 푸는 것은, 전례를 중시하는 경향을 지닌 관료들의 입장에서 보면 상당히 큰 결단이 필요한 것이었다고 생각된다. 그 결단 때문에 어떤 문제가 생기면 결정을 내린 관료가 책임을 추궁당한다. 만일 결단하지 않았기 때문에 문제가 생겨도, 그것은 그의 전임자가 결단하지 않았기 때문이라고 책

均可獲利資生. 目下招墾, 須澤本地良民, 取具甘結. 其外来奸匪, 不許混入. (『皇清奏議』卷39)

임을 회피하거나 경감시킬 수 있다. 관료 기구가 부작용을 낳기 쉬운 것은, 역사를 초월한 시스템적 결함으로 볼 수 있다.

실제로 진홍모 자신도 강서 순무의 임지를 떠날 때 개발과 채굴을 제안했다. 당시 나이 마흔아홉이 되어 공직사회로부터 곤경에 처한 경험을 가진 관료들의 값비싼 계산도 작용한 것으로 생각된다.

우여곡절 끝에 시행된 봉금책은, 그러나 지속되는 것이 어려웠다. 19세기가 되면서 뚫린 곳이 눈에 띄게 된다.

산지로 들어가는 좁은 길에 주재소駐在所가 놓여져, 부임한 순무巡撫가 열병하고, 구강총진九江總鎭209)이 매년 가을·겨울에 직접 산속으로 가서 자세하게 조사하게 되어 있었다. 그러나, 해를 거듭할수록 유명무실해져 형식적인 시찰을 하는 것만으로 오래 머무르지도 않고, 경계를 가로막는 성벽과 성루만 불필요하게 새로워질 뿐이라 실효성을 잃어 갔다. 단속의 책무가 무거워질수록, 미봉술彌縫術이 더욱 공들여지기만 했다고 한다.

봉금 구역을 둘러싸고 있는 경계지역에 사는 사람들은 산이 인접해 있는 것을 구실 삼아 경계를 넘어 제멋대로 땅을 개간하고, 근처의 산림을 마음대로 베거나 굽기도 한다. 이렇게 해서 얻은 수익의 일부를 경비하는 병사나 서리書吏에게 전달하고, 결탁하여 보호를 받았다. 이렇게 해서 봉금산은 토착한 유력자有力者들이 이익을 찾아다니는 땅이 되어 버렸다고 한다.

산에 사람들이 살지 못하도록 만들려는 데 봉금책의 모순이 있다. 주민이 없다는 것을 전제로 하고 있기 때문에 불법 유입자 적발에

---

209) 강서성 북부에 위치하며, 장강에 면한 곳에 놓인 행정구. 봉금산에서는 한참 떨어져 있다.

지역 거주자의 협조를 얻지 못하고 병사가 맡게 된다. 그러나 주둔 병사들은 본부에서 떨어져 있기 때문에 뇌물을 받고 불법적인 토지 이용을 묵인하고 훈련에도 소홀해진 것이다. 다른 지역에서는 주민들을 '보갑保甲'210)으로 불리는 자경단自警團에 편성시켜 치안 유지의 일부를 담당하게 하는 일이 행해지고 있었다. 그런데 봉금산에서는 실제로 금령禁令을 어기고 산중에 기거하는 자가 있었으나, 이런 무리들의 존재를 정식으로 인정하지는 않았기 때문에 보갑으로 편성할 수도 없는 것이다.

19세기도 시대가 내려갈수록 사태는 더욱 심각해진다. 사실 건륭 연간에 진홍모가 동당산의 개발과 채굴을 논할 때, 이미 인근 산지에 들어와 있었던 붕민棚民211)들이 봉금 구역에 들어가 벌목과 개간을 진척시키고 있었다. 봉금이란 명분뿐이고 실효는 없었다. 봉금 구역은 주변 지역으로부터 파괴적인 개발에 노출되어 축소되었다.

그 후에도 붕민의 유입은 멈추지 않아, 1860년이 될 무렵에는 300여 리에 달했던 봉금 구역은 3분의 1이 되었다. 함풍 연간咸豊年間 태평천국의 동란을 피해 산지로 들어온 자가 적지 않았다. 봉금 구역 내에서 수십 년이 지난 집들이 상요현上饒県 관할지에서 600호, 광풍현広豊県 관할지에서 200호를 밑돌지 않고, 인구도 6천에서 7천 명을 헤아렸다. 붕민棚民이라고 할 만한, 간이 오두막을 짓고 사는 사람은 2할 정도로 감소하여, 대부분은 튼튼한 구조의 집을

---

210) 청대에 지역 치안을 유지하기 위해 추진된 자경단 같은 조직. 1708년 제도에서는 1보保를 10갑甲, 1갑을 10패牌, 1패를 10호戸로 편성해 연대 책임을 진다.
211) 간이 오두막을 짓고 사는 사람들. 16세기에 복건과 강서성에서 유입되어 상품작물을 생산하고 지하자원을 채굴했다. 18세기가 되면 산비탈에서도 재배할 수 있는 옥수수를 식량으로 삼아 산지의 깊숙한 곳까지 개발하게 된다.

가지게 되었다고 한다. 동당산 중심부에서는 숲이라고 부를 수 있는 식물은 자취를 감췄다.

　그래도, 수백 년 동안 계속되어 온 봉금을 해제하는 일은 관료들에게는 쉬운 일이 아니었던 것 같다. 양무 관료洋務官僚212)로서 강력한 지도력을 발휘한 유곤일劉坤一213)은, 태평천국 시기의 혼란을 피해 산지로 유입된 사람도 적지 않고 개발이 진행되어 이미 봉금 구역 내에 사는 주민을 통제하는 것은 오히려 사회 불안을 키울 것으로 예측하였다. 동치同治 8년(1869) 드디어 봉금은 해제되었다. 이 시점에서 개간되었던 경지 면적은 상요현上饒縣 지역에서 7경頃214) 35묘畝215) 남짓, 광풍현広豊県 지역에서 2경頃 16묘畝 남짓 되었다.

---

212) 청나라 말기에 외국에서 앞선 기술을 중국에 도입하려는 일군의 한족 관료.
213) (1830~1902) 호남성湖南省 신녕현新寧県의 사람. 1875년 양강 총독兩江総督.
214) 1경頃이 100묘畝.
215) 1묘畝는 6.667아르.

3. 기気가 솟는 일본

구마자와 반잔熊沢蕃山의 '신기神気'

중국이 상업의 시대 속에 있고, 봉금산이 벌채의 위기에 처했을 때, 일본 또한 상업의 시대, 대개발의 한가운데에 있었다. 대규모 치수 관개治水灌漑가 이루어지고 새로운 농지가 조성되어 식량이 증산되었다. 17세기에 도쿠가와德川에 의해 평화로운 시대로 넘어갔을 때, 일본에서는 인구가 급증하기 시작한다. 경지가 늘어나면 논밭에 뿌릴 퇴비를 얻기 위해 사람들은 야산에 들어가 풀을 베는 횟수가 많아지고, 주민이 늘어나면 날마다 취사에 쓸 땔감과 숯도 많이 필요해진다. 생태 환경이 지닌 보존력을 넘을 정도로 초목을 빼앗기게 되면 산야는 황폐해진다. 17세기 중반 일본은 생태 환경의 열악화로 토사류·홍수·야생동물에 의한 비정상적인 피해 증가 등에 직면하게 되었다.

상업의 시대에 심각해진 환경의 열악화에 직면하여, 17세기 후반에서 18세기 전반에 걸쳐 일본에서는 환경을 보전하려는 다양한 시도가 행해졌다. 이러한 시책을 이론적으로 지지한 것이, 중국에서 전래되어 일본이 선택한 '기氣'의 사상이었다.

17세기에 일본이 직면한 생태 환경의 열악화를 재빨리 알아차리고, 환경의 보전에 힘쓴 인물로는 에도江戶 시대의 유학자인 구마자와 반잔熊沢蕃山216)이 있다.

그의 책 곳곳에서 생태 환경에 대한 사색이 묻어난다. 전 7권의 『증정번산전집增訂蕃山全集』(名著出版 刊)에 수록된 글을 살펴보았더니, 1679년에 거의 지금 시행되는 형태로 정리된 『집의외서集義外書』217)가 그 사색의 흔적을 더듬어 보기에 적합한 듯하다.

『집의외서』 권1에는 제염업製塩業과 제도업製陶業을 번蕃의 재정을 위해 진흥해야 할 것인가라는 물음에 다음과 같이 답하고 있다.

> 염전과 도자기로 산림을 다 쓰는 것은 큰일이다. 그 산림은 나라의 근본이다. 봄비·5월비는 천지를 기화氣化하는 비다. 6·7월 사이에는 기화한 비는 부지런히 내려 소나기로 논밭을 기른다. 소나기는 산천의 신기神氣로 좋은 구름을 만들어 비를 일으킨다. 산에 나무가 있을 때는 신기가 왕성하고, 나무가 없을 때는 신기가 쇠퇴하여 비구름을 일으킬 만한 힘이 없다. 게다가 초목이 우거진 산은 토사를 강으로 흘려보내지 않고, 폭우가 내

---

216) (1619~1691) 에도 전기의 유학자. 야마시로山城 사람. 나카에 토쥬中江藤樹에게 양명학을 배우고 오카야마岡山 번주藩主 이케다 미쓰마사池田光政를 섬기며 대홍수나 흉작 대기근 때 구제에 힘썼다. 말년에 정치 비판으로 막부에서 소외되어 투옥 중에 병사. 저서로 『집의외서集義外書』, 『대학혹문大學或問』, 『집의화서集義和書』, 『원씨외전源氏外伝』 등이 있다.

217) 간행된 것은 1686년(조쿄貞享 3). 1672년 초판된 『집의화서』에서 제외된 부분을 싣고 있다. 여기서 제시된 사상은 일본의 사회생태학으로서 최근 평가되고 있다.

려도 초목이 물을 머금고서, 열흘이든 스무날이든 자연스럽게 강으로 나가기 때문에 홍수 걱정이 없다. 산에 초목이 없으면 토사천土砂川 안으로 들어가서 강의 어디가 높아진다. 큰비를 비축해야 할 초목도 없는 까닭에 한꺼번에 강에 빠져들고, 거기에다 강의 어디가 높으면 홍수가 우려된다. 산천의 신기神気가 얇고, 산택山澤 기気를 통해 물이 생기는 일도 적으면, 평상시 논의 용수가 적고, 배가 지나다니는 것도 자유롭지 못하다. 이 모두 산천의 지리에 통달하여 신명神命의 이치를 아는 사람이 없기 때문이다. 염전과 도자기가 줄어든다고 해도 늘리지 말 것.

조금 길게 인용한 이유는, 이 부분에 구마자와의 생태 환경에 대한 사고가 대부분 담겨져 있기 때문이다.

구마자와는 "산에 나무가 자랄 때는, 신기가 왕성해지고, 나무가 없을 때는 신기가 쇠약해져 비구름을 일으킬 힘도 없다"고 했다. 구마자와는 주희의 저술들을 정독하였다. 주희가 풍수에 관심을 가졌던 것을 생각하면, 여기에서 구마자와가 말하는 '신기神気'란 풍수 사상의 기초가 되는 '기気'와 같은 개념으로 봐도 좋지 않을까.

수토水土의 사상과 '기氣'

신기神氣란 무엇인가, 우선 구
마자와 자신이 가지고 있던 구상
적인 이미지를 살펴보자.

『집의외서集義外書』 권3에는,
"앞에서는 산에 초목이 우거지면,
갑작스런 폭우 '철포수鉄砲水와

토석류土石流'가 일어날 염려가 없다고 하셨는데, 산택山沢이 기氣를
통해, 신神이 된다는 것은 무슨 뜻입니까"라는 질문에 대해, 구마자
와 자신이 가진 이미지를 말하는 대목이 있다. 그가 내세운 구체적
인 예는, 요시노 쿠마노吉野熊野의 오다이가하라大台ヶ原218)이다. 오
다이가하라는 최고봉인 히데가타케日出ヶ岳(해발 1694.9미터)를 중심
으로 한 산괴山塊이지만, 정상이 평평하고 주위는 경사가 가파른 벼
랑으로 둘러싸여 있다. 쿠로시오黒潮해류에서 솟아오르는 수증기가
부딪쳐, 세계적으로도 희귀한 다우多雨지대로, 다양한 식물과 동물
이 풍부한 생태계를 형성하고 있다.

오다이가하라에 대해서, 구마자와는 다음과 같이 말하고 있다.
지상에서는 약간 흐린 정도라도, 산정상의 들판에는 운무雲霧가 깊
고, 계곡에 모여든 안개 때문에 올라갈 때는 폭우를 만났던 것처럼
몸이 흠뻑 젖는다. 비가 오지 않아도 바람의 방향에 따라 운무가 몰
아쳐 산중에서 흘러나와 미야가와宮川·구마노가와熊野川·요시노가

---

218) 다양한 식물과 동물이 풍부한 생태계를 형성하고 있다.

와 吉野川를 적신다. 비는 하늘에서 내리는 것이 아니다. 다만 '신기 神気'가 정상에 가득하고, '수기水気'가 바람을 가로지른다. 이것이 "산택이 기를 통한다"고 하는 것이다.

이러한 구마자와 반잔의 '신기'에 대한 이미지를 따라가다 보면, 풍수론에서 볼 수 있는 기와는 분명히 다른 것 같다. 풍수론에 있는 곤륜산崑崙山에서 끝없이 이어지는 산줄기를 통해 대지를 기気가 흘러내린다는 발상법은 구마자와에게는 없다. 그의 '신기'는 그 '수토 水土'론과 밀접하게 관련된 것이다. 수토란, 예를 들어 오다이가하라 같은 풍부한 강수량과 온난한 기후에 적응한, 다양한 동식물이 만들어 내는 일본의 생태 환경, 그리고 이 생태 환경에 따라 발달한 일본의 문화, 이것이 구마자와가 이미지한 '수토'이다.

'수토水土'라는 말을 『집의외서集義外書』에서 찾아보면, "일본은 태양이 떠오르는 양국陽国(생기가 넘치는 나라)이지, 그 수토에서 태어나는 사람은 삶을 무겁게 여기고 죽음을 가볍게 여긴다"(권16), "나는 성학聖學(중국 고대에 설한 이념을 궁구하는 학)을 하고 있지만 유학에 얽매이는 것은 아니다 (……) 천지의 신의 도를 대도大道라고 한다. 우리나라에는 일본의 수토水土에 기초한 신도神道가 있다. 대도大道에는 이름은 없지만, 우리나라의 도道이니까, 무언가 하나를 선택하라면, 신도를 택하게 된다"(제6) 등이 있다. 여기에서 등장하는 '신도神道'는 에도 시대에 체계화된 종교라기보다는 자연에서 영혼을 찾아간다는 애니미즘animism적 감각을 말한다. 구마자와 반잔이 말하는 '신기神気'란 결국 일본 특유의 생태 환경에서 느껴지는 '거룩함'인 것 같다.

구마자와 반잔의 철학에는 또 하나 '이간易簡'이라는 키워드가 있다. 이것은 중국 고전 『역경易経』에 나오는 말이지만, 구마자와에 의하면 "이易인 때는 알기 쉽고, 간簡인 때는 따르기 쉽다"고 훈독訓読되어, 생태 환경과 마주했을 때 느껴지는 감각에 순응하는 사상이라는 것이다.

개발에 항거하는 사상

구마자와 반잔은 자신의 역사적인 역할을 상업 시대에 깊은 상처를 입었던 일본의 자연을 회복하는 데 있다고 정확하게 인식했던 것으로 느껴진다. 그의 역사관에 따르면, 일본이 통일되어 사치의 기풍이 생겨나 산림 벌채가 활발해져 산천의 '신기神気'가 희미해졌다고 한다. 도요토미 히데요시豊臣秀吉219)의 천하통일 후에는 산림을 모조리 벌채하는 사태가 되어 산림의 힘은 다해 버렸다고 생각한다. (『집의외서』 권14)

또, 그가 태어난 시대에 금은과 동철을 많이 채굴해 수출하는 바람에 산이 황폐해지고 강이 얕아졌다고 한다. 약물 등 수입에 의존하지 않으면 얻을 수 없는 물품을 별도로 해, 생사生糸나 견직물 등은 중국에서 수입하지 않고, 국산화를 생각해야 하지 않을까라고 제언하고 있다(권5). 일본에서 산림 파괴가 은 등을 채굴하고, 그 부로 중국의 물품을 대량으로 사들였던 것도 눈치채고 있었다.

---

219) (1536~1598) 아즈치모모야마安土桃山 시대의 무장武将. 미장인尾張人. 오다 노부나가織田信長를 섬기고 노부나가 사후, 아케치 미쓰히데明智光秀·시바타 카츠이에柴田勝家를 토벌하여 시코쿠·큐슈·관동·오슈를 평정하고 천하를 통일했다. 토지조사[検地]·무기몰수[刀狩] 등을 하고 조선에 출병하였다.

산의 나무가 벌채되면 어떻게 될까. 최근에는 하천에 토사가 퇴적되어 선박 운항에 차질이 생기고 있기 때문에, 하천 준설과 개보수를 해야 하지 않는가라는 질문에 구마자와가 답하고 있다. 거기에서는 나무를 베고 뿌리까지 파낸 산에는 산택山澤의 '신기神気'가 약해져 물이 생겨날 수 없다. 이로 인해 산에서 흘러나오는 하천의 흐름은 가늘어지고, 폭우 때마다 대량의 토사가 흘러나오며, 곳에 따라서는 천정천天井川으로 변하여, 홍수가 자주 일어나는 것이다(『집의외서』 권13). 하천 개수 등을 하기보다는 근본으로 돌아가 산림 보전이야말로 먼저 손을 써야 하는 것이다.

구마자와 반잔의 사상은 당시의 정치에 직·간접적으로 영향을 미쳤다. 1666년(관문寬文 6)에 에도막부江戸幕府는 '제국 산천정諸国山川掟'이라는 법령을 제정하고, 여러 대관들에게 초목의 난벌을 정지하고 식림植林을 장려하여, 강가에서 화전이나 새로운 논 개간을 금지했다. 이것은 일본 역사 중에서도 획기적인 법령이다. 이 '제국 산천정'의 사상적 배경에, 구마자와 반잔의 주장과 오카야마에서의 수토水土 유지의 활약이 있었다고 지적된다.

대마도에서 멧돼지의 반란

상업의 시대에서 산야山野 개발이 한
계에 이르렀던 17세기 중반경, 깊은
상처를 받은 생태계의 변화가 두드러
진다. 쓰시마對馬220) 섬에서는 멧돼지
로 인한 농작물 피해가 급증하는 형
태로 그 변화가 나타났다. 멧돼지는 섬이라는 한정된 공간 안에서,
역사가 생기기 이전부터 사람과 공존했다. 이것이 17세기에 '해害'
로 인식되게 된 이유는 멧돼지가 아니라 사람 쪽에 있다.

상업의 시대에 쓰시마에서도 산야가 개발되어 17세기에 한계에
이르렀다고 생각된다. 17세기 불황의 시대에 쓰시마 번藩은 핍박해
진 재정을 바로 세우기 위해서 1658년에 오우라 곤다유大浦権太夫가
등용되어 근본적인 개혁이 단행되었다.221) 개혁의 일환으로 그동안
향사郷士(마을에 거주하며 농사에도 종사했던 무사)와 부농富農에 의해 소
유되었던 산간 경지와 화전이 번藩의 소유로 여겨져서 본백성本百姓
으로 불리는, 공적으로 지정된 농민에게 맡겨지게 되었다. 쓰시마에
서는 '갑진甲辰의 땅 나누기'라 불리는 1664년의 토지개혁이다.

쓰시마에서는 화전을 '코바こば(木庭)'라 불렀다. 아와코바粟木庭·
무기코바麦木庭·소바코바蕎麦木庭의 조·보리·메밀처럼 재배되는 잡곡
에 따라 구분되었다. 그 코바에 대해서도 토지 조사가 실시되어 토

---

220) 규슈와 한반도 사이 현해탄에 있는 섬. 면적 약 698km²로 나가사키현에 속함. 예
　　로부터 한반도와 중국의 통로에 해당하는 요지였다.
221) 桧垣元吉,『近世北部九州諸藩史の研究』, 九州大学出版会, 1991.

양 상태나 접근의 어려움 등을 참작해서 상상·상·중·하 네 단계로 구분하여, 각각 점화시켜 개간하는 주기가 정해졌다(상상목정은 10년을 1주기, 상목정은 12년, 중목정은 17년, 그리고 하목정은 25년). 다시 번藩이 고바의 경작자로부터 상납을 징수하는 소작료의 기준이 정해졌다.

개혁이 이루어진 연호를 따서, '관문寬文의 개혁'이라 불리는 정책은 당연히 기존의 이권을 위협하는 것이었으므로, 오우라 곤다유 大浦権太夫는 1665년에 실각, 그리고 처형되었다. 향사鄕士의 토지 이용권이 일부 땅에서 부활되는 등 개혁의 반대 움직임에 따른 여파가 있었지만, 화전을 중·하층의 농민도 하게 되는 추세는 멈추지 않았다.

뒤에 얘기할 스야마 도츠안陶山訥庵의 지적처럼, 향사鄕士와 부농 富農이 화전을 할 때는 생활이 넉넉하기 때문에 생태계의 균형을 깨지 않는 전통적인 방식을 따랐다. 그러나 소농小農이 화전을 하게 되면서 조금이라도 이익을 남기려고 목정木庭으로 개간되는 산림은 계속 넓어지고, 또한 주기도 단축되었다. 농민의 생활은 넉넉해지고 번의 재정도 회복된 것처럼 보였지만, 1680년대 무렵부터 생각지 않은 자연의 반격을 받는다. 멧돼지 피해의 증대이다. 나가사키長崎의 농업 역사에 정통한 츠키가와 마사오月川雅夫222)는 이를 '돼지들의 반란'이라고 불렀다.223)

멧돼지가 마을에까지 나타나 농작물에 피해를 입히게 된 이유는 다음과 같이 생각된다. 먼저, 그때까지 멧돼지가 살고 있던 산야가

---

222) 1928년 나가사키현 태생. 농학 박사. 저서로는 『茂木枇杷発達史』(長崎県園芸農業協同組合連合会), 『対島の四季』(農文協) 등이 있다.
223) 『対馬の自然と文化』第23集, 対馬の自然と文化を守る会.

황폐해져 사람의 영역에까지 밀려 나오게 된 것. 그리고 그것보다 큰 것은, 화전에서 재배되는 작물이 멧돼지의 좋은 먹이가 되었던 것. 게다가 사람의 손이 산림에 가해진 결과, 조엽수림照葉樹林이 덮여 있던 어두운 숲에 빛이 비치고 방치된 화전지에 멧돼지가 좋아하는 칡과 고사리 등이 늘어난 것 등이다.[224]

　대마도에는 들고양이Felis bengalensis euptilura와 일본담비Martes melampus tsuensis 및 족제비Mustela sibirica와 같은 작은 육식동물만 서식하고 있었다. 생태계에서 멧돼지의 개체수를 제한하는 야생동물은 전무했던 것이다. 결국 멧돼지를 줄이려면 사람의 사냥밖에 방법이 없었다.

　18세기에 들어선 쓰시마에서는 1700년(원록元禄 13)부터 1709년 (보영宝永 6)에 걸쳐 대규모로 철저한 멧돼지 사냥이 실시되었다. 섬 전체를 9구역으로 나누어, 각각의 구획에 큰 울타리를 세우고, 그 구역 안에도 울타리를 설치하여, 섬의 북단에서 한겨울에 한 구역씩, 멧돼지를 북단의 도요사키豊崎에서 남쪽으로 쫓아내기를 시작한다는 계획이다. 이것이 남단에 이르기까지 9년의 세월이 걸렸다. 계획을 세우고 수행한 인물은 스야마

224) 月川雅夫,「'木庭停止論' 解題」,『日本農書全集』64, 農文協, 1995.

도츠안陶山訥庵이었다. 그의 책 『저록추힐각서猪鹿追詰覚書』와 『철포격식첨의조목鉄炮格式僉議条目』에 따르면, 멧돼지 소탕을 위해서 3만 명 가까운 인원, 2만여 마리의 사냥개가 동원되고, 전해 들은 바에 의하면 8만 마리의 멧돼지가 도살되었다고 한다.

섬이라는 피할 수 없는 상황에서 대마도의 멧돼지는 멸종되었다 (최근에는 섬 밖에서 가축으로 들여온 멧돼지가 야생하고 있다). 철저한 멧돼지 사냥의 성과는 곧 나타났다. 멧돼지 때문에 농작물이 훼손될 우려가 없어졌다는 것만이 아니다. 화전지와 산지에 인접한 계단식 밭에서는 멧돼지의 해를 막기 위해서 담을 두르고, 밤에는 멧돼지를 쫓기 위해 순번을 서야만 했다. 멧돼지 사냥 후에는 이런 수고를 덜 수 있어서 경작에 전념할 수 있게 되었고, 농가의 수입은 올랐다. 스야마 도츠안도 그의 「목정정지론木庭停止論」225)에서,

멧돼지로 황폐한 때 거적을 깐 농부는 멧돼지가 사라진 후에는 돗자리를 깔고, 돗자리를 깐 농부는 다다미를 깔고, 거기에 맞춰 집을 짓고, (집의 구조) 기물器物에 이르기까지 사치를 부린다.

라고 말하고 있다.

그러나 생태 환경을 사람이 철저하게 개선할 때에는 반드시라고 말해도 좋을 만큼 사람이 의도하지 않은 대가를 치러야 한다는 것226)은 역사가 늘 가르쳐 주는 바이다. 멧돼지 사냥 이후 쓰시마

---

225) 陶山訥庵 著(月川雅夫 現代語 訳·解題), 「木庭停止論」, 『日本農書全集』 64, 農文協, 1995.
226) 1955년 모택동이 지시하여 농작물을 망친다고 참새 등 들새를 대량으로 죽이는 바람에 벌레가 늘어 오히려 농업 피해가 커진 사례도 있다.

는 심각한 토사 유출과 하천 범람에 시달리게 되었다. 워낙 험준한 지형이 많기 때문에 비가 많이 온 뒤에는 토석류도 자꾸 생기게 되었다. 화전이 넓게 펼쳐져 비가 올 때마다 깎여진 경사면에서 토사가 강으로 흘러내리니, 강바닥을 높여 수해가 발생하기 쉬워진 것이다.

스야마 도츠안의 산기山氣

멧돼지 사냥 계획을 세웠던 스야마 도츠안陶山訥庵은 멸종시키려고 까지는 생각하지 않았는지도 모른다. 『토곡담土穀談』[227]이란 책에서 스야마 도츠안은 "남김없이 없애는 것은 할 수 없는 도리가 아니다"라고 적고 있다. 농작물이 망가져 멧돼지에 대한 원망을 갖고 있던 농민들이 사냥에 나섰을 때, 그 증오를 멈출 수 없게 된 그런 상황이 눈에 선하다. 멧돼지는 학살당한 것이다. 무너진 생태계의 균형을 회복하기 위해 스야마 도츠안은 '목정작정지론木庭作停止論', 즉 화전을 그만두게 해서 산림으로 되돌리는 시책을 제안한다.

스야마 도츠안이 전개한 목정작정지론의 포인트는, 유지하는 데 노력이 필요한 화전을 제한하는 것으로, 농가의 노동력을 작물 재배에 적합한 농지에 집중시킨다는 것이다. 즉 자연 수탈적이고 조잡한 농업에서 노동집약적인 농업으로 전환시켜, 생태계의 회복과 수확량 증대를 양쪽 모두 달성하려는 것이다.

---

227) 1720년(향보享保 5) 도산눌암陶山訥庵이 처음에 농서農書를 저술하였다.

그 논의는 그러나 이념에 그치는 것이 아니었다. 화전을 그만두는 것으로 생기는 노동력을 이용해, 소와 말의 방목에서 사료로 바꾸어 마른 풀 등을 밟게 해 퇴비의 원료로 하는 것, 거름도 한 번에 진한 것을 이용하는 것이 아니라 물로 희석한 것을 몇 번으로 나누어 이용하면, 작물이 비료가 필요한 시기와 일치할 확률이 높아지는 것 등 매우 구체적이다. 더구나, 자신의 이론에 대한 반론도 거론하며 검토 대상으로 하는 등, 지극히 합리적인 사고에 근거해 쓰여 있음이 분명하다.

게다가 자연에 대한 관찰도 깊다.

목정 경작을 멈추고 산마다 나무가 자라는 곳이 많아지면, 폭우가 올 때 토사가 흘러내리는 것도 줄고, 나뭇잎에 비를 머금고 있는 것이 많아지면, 거수遽水(폭우·폭포수)가 나오는 일도 적다. 산마다 풀잎·낙엽에 빗물을 머금은 것이 많아지면, 비가 온 뒤 가뭄에 물이 마르는 것도 늦춰진다.

그리고, 이 논의에 이어, '기気'가 등장한다.

산기山気가 두터우면 소나기가 내려 산기가 얇을 때에 비해, 토사가 흘러내려가는 것이 적어서 강바닥이 점점 깊어져 강 주변 땅의 수리, 공사의 수고가 차차 줄어든다. 산마다 나무가 많이 자라면 땔감·재목·판자의 용도로 사용하기 쉬우며, (······)

라고 이어진다.

스야마 도츠안의 '산기'는 산의 생기로도 해석할 수 있을 것이고, 현대어로 번역을 한 츠키가와月川씨도 그렇게 해석하고 있다. 그러나, 스야마의 논리 전개를 보면, 앞에서 소개한 구마자와 반잔의 『집의외서集義外書』에서 볼 수 있는 '신기神気'와 서로 같은 가치 평가를 부여하고 있음을 알 수 있다. 중국의 풍수론에서 볼 수 있는 '기気'의 감각과, 일본의 산림 보호론에서 볼 수 있는 '기気'의 함의, 어디가 비슷하고 어디가 다른지 간단하게 정리해 두자.

풍수風水와 수토水土

구마자와 반잔과 스야마 도츠안이 생태 환경 보전을 주장할 때, 그 이론의 기초적 관념으로 '신기神気'와 '산기山気'를 들 수 있다. 이러한 관념과, 중국 풍수론의 근간을 이루는 '기気'228)란 모두 다양한 생물에 활력을 주고, 하천의 흐름 등을 정비하여, 자연재해가 일어나지 않도록 하는 힘이라는 점에서, 유사하다는 것은 명백할

---

228) 일본에서의 '기気'(キ)의 뉘앙스를 찾기 위해 이와나미서점의 『광사원広辞苑』을 보자. "① 천지간을 채우고 우주를 구성하는 기본이라 생각되는 것. 또, 그 움직임. ② 생명의 원동력이 되는 기세. 활력의 근원. ③ 마음의 움직임·상태·기능을 포괄적으로 나타내는 말. ④ 확실히는 보이지 않아도 그 자리를 감싸 그 자리에 감돈다고 느낄 수 있는 것. 그 물건의 본래의 성질을 형성하는 특유의 향과 맛."이라고 나와 있다. '気'를 '케ケ'라고 읽는 경우에는, "① 실체를 손으로 잡을 수는 없지만, 그 존재가 느껴지는 것. ② 모습. 눈치. 기분전환. ③ 기분. ④ 기력. 심신의 힘. ⑤ 심기. ⑥ 그 맛·냄새 등이 있는 것. 그 성분을 포함할 것. ⑦ 천성적으로 가지고 있는 자천성"이라고 적혀 있다. 이러한 의미에 공통되고 있는 것은, '눈에 보이지 않으면서도, 거기에 있는 것'이라고 하게 되어, 중국에서의 '기気'와 같이 유동하고 있다고 하는 뉘앙스가 결여되어 있다.

것이다. 산 위로 솟아오르는 '기気'는 지상[下界]으로 내려가 인간 세상에 큰 영향을 미친다. 기를 보호하려면 산속의 나무숲을 정돈해야만 한다. 자연과 인간을 중개하는 힘으로서 '기気'가 이미지 되어 있다는 점에서, 일본의 '신기神気'·'산기山気'와 중국 풍수의 '기気'의 사상이 서로 공명共鳴한다고 생각할 수 있다.

한편, 큰 차이점도 있다. '신기神気'나 '산기山気'에 대해 논하는 것을 보면, 끝없이 이어진 산을 따라 '기気'가 흘러간다, 라는 용맥龍脈이라고 하는 풍수의 기본적인 발상이 명시되어 있지 않다. 기는 산지의 풍성한 초목이 우거진 곳에서 솟아난다. 그러나 그 기가 어디에서 온 것인지, 구마자와 반잔도 스야마 도츠안도 논하지 않는다. 또, 『현관』에서 항상 강조되고 있는 감응이라고 하는 발상을 전혀 볼 수 없다. 기는 산지의 수목에 작용하며, 좋은 기가 모이는 곳에서는 나무들의 성장이 빠르다. 기気가 키운 나무숲은 홍수를 줄여 인간에게 좋은 영향을 미친다고는 하나, 산지를 흐르는 기気가 직접적으로 인간에게 작용해, 뛰어난 기気가 사회 번영을 가져온다는 내용은 없다.

구마자와 반잔熊沢蕃山의 논의에 명확하게 나타나 있듯이, 일본에서 '기気'는 대지를 흐르는 것으로는 상상되지 않는다. 그 땅의 '수토水土', 즉 물과 토양, 그리고 일본의 온난한 기후가 기르는 식생, 이러한 풍요로운 생태 환경 속에서, 저절로 솟아 나온다. 솟아난 기気는 산신山の神, 바위 신磐の神, 나무 신大樹の神, 폭포 신瀑の神이라고 하는, 자연에 기인한 신들로 의식되고 신앙된다. 기気를 유지하기 위해서는 그 토지의 '수토水土'를 보전하면 된다.

여기에서 확인해 둘 필요가 있는 것은 그 수토水土는 태양이 떠오르는 일본에서의 고유한 생태 환경으로 여겨지며, 그것이 일본 우위성의 근거가 된다는 점이다. 구마자와는 수토로 되돌아갈 수 있다면, 일본에서는 불교는 물론이고 유교조차 필요 없다고 단언한다. '신기神気'를 보전하기 위해서는 심플하게 그 땅의 '수토水土'에 몸을 담그는 것으로써 취해야 할 길이 보이기 시작한다. 이것이 구마자와 반잔이 말하는 '역간易簡'이 아닐까. 결국 중국 풍수 선생이 하는 복잡한 기술, 습득해야 할 방대한 지식은 필요 없다.

이러한 신기神気·산기山気는 개별적인 환경 파괴에 직면할 때에는 효과가 있을지도 모른다. 그러나, 지금 우리가 직면하고 있는 지구 전체적 규모로 진행되고 있는 생태 환경의 열악화라는 문제에 대처하기에는, 너무 일본의 고유성에 얽매여 있는 것 같기도 하다. 일본인이 중국에서 배운 '기気'의 감각을, 지금 현대에 살려 나가기 위해서는 체계적이면서 보편적이기도 한 풍수론에서의 '기気' 이론과 연결해 갈 필요가 있지 않을까. 일본과 중국을 연결하는 하나의 단서로서, 마지막으로 또 한 사람의 논의를 살펴보도록 하자. 그 인물은 류큐국琉球國을 만든 채온蔡溫229)이다.

229) (1682~1761) 류큐 왕국의 정치가. 채온은 중국식 이름. 청나라의 복건에서 유학하고 귀국 후 상경왕尚敬王의 후견역으로서 업적을 올렸다.

산업 시대의 류큐

류큐琉球230)는 14세기 후반 중국의 명나라와 조공朝貢231) 관계를 맺었다. 조공이 막힘없이 행해지려면, 동지나해를 건너 중국의 복건福建과 왕래하기 위해 필요한 항해와 조선 등의 기술, 또 외교 실무 지식 등이 필요했다. 류큐에는 이러한 기술과 학식을 가진 복건인이 건너와 나하那覇 항구에서 가까운 구메무라久米村에 모여 살게 되었다. 풍수지식도 아마 그때 류큐에 전해졌을 것이다. 그러나, 류큐의 국가 건설에 직접적으로 풍수가 도입되는 시기는, 18세기 전반의 채온蔡溫의 활약을 기다리지 않으면 안 된다.

복건인을 조상으로 두고, 구메무라에서 태어나 자란 채온은 아마 어린 시절부터 풍수를 가까이에서 보고 들었을 것이다. 그 기초 위에 1708년(강희 47)에 통역관으로 복주福州에 파견되어, 유학생으로 연구를 쌓은 3년 동안에 풍수를 체계적으로 배웠다. 귀국한 채온은 얼마 안 있어 국정의 중추로 들어가, 1728년(옹정 6)에는 국왕을 직접 보좌하는 삼사관三司官이 된다. 국무장관이라 할 수 있는 자리다.

---

230) 14세기에 오키나와沖縄섬에 키타야마北山·나카야마中山·미나미야마南山의 3개의 소국가가 생겨났고, 이후 나카야마가 통일왕조를 수립, 1609년 사쓰마 번薩摩藩에 정복당했지만, 청나라와의 관계도 유지. 메이지 정부는 1872년 류큐 번琉球藩을 설치, 후왕국 체제를 해체하고 오키나와를 설치하였다.

231) 외국의 사절 등이 와서 조정에 공물을 바치는 것. 1372년 홍무제는 류큐에 사절을 파견하고, 같은 해 중산왕찰도中山王察度는 명나라에 입공하였다. 류큐는 합계 171회 진공進貢했다.

전통적인 설탕 짜기의 재현(오키나와 관광지)

사임할 때까지의 24년 동안, 류큐에서 120년 만에 행해진 토지 조사를 실시하는 것과 동시에 치수와 산업의 육성 등을 시행했다. 그 정책의 골격을 이루고 있는 것이 풍수학이었다.

채온이 활약한 18세기 전반, 중국과 일본은 모두 산업의 시대에 돌입하였다. 류큐는 그 상황에 적응하기 위해 중계 무역에 의지하던 왕권을 탈피하고, 국내에서 산업을 일으킬 필요가 있었다. 그 산업이 설탕이다. 류큐에 제당 기술이 중국에서 전해진 것은 1623년이었다. 불과 100년 정도 사이에 류큐 산업의 근간으로 자리매김하게 된 것이다. 생산된 설탕은 류큐를 실질적으로 지배하고 있던 사쓰마 번薩摩藩을 경유해 일본에 보내졌다. 그리고 일본에서는 처음에는 중국의 물산을 사들이기 위해 필요한 은이, 나중에는 오사카를 경유해 가져온 다시마 등의 해산물이 류큐로 운반되었다.

제당업製糖業은 숲을 어지럽혔다. 사탕수수밭 개간을 위해, 사탕수수 짜는 롤러를 만들기 위해, 거기에서 짜낸 주스를 졸여 흑당으로 만들기 위해, 산림이 파괴된 것이다. 18세기 류큐의 산림은 상당히 황폐해졌다.

국정을 맡은 채온에게, 이 황폐한 산림을 복구하는 것은 중요한 시책이었던 것이다. 그는 풍수론을 응용하여 임업 행정[林政]에 정력을 쏟았다.

류큐관琉球館

류큐관 내부

복건성의 복주福州(푸저우) 시내에는 류큐인의 발자취가 지금도 보존되어 있다. 명나라의 성화成化 10년(1474)에는 외국인을 응접했던 시박사市舶司가 천주泉州(취안저우)에서 복주로 옮겨졌다. 류큐인이 기거한 유원관柔遠館은 류큐관으로서 원래의 땅에 재건되어 있다. 중국에서 사망한 류큐인은 묘지에 매장되어 있다.

류큐琉球墓 가장 오래된 묘 중의 하나. 비석에는 '류쿠국 나하부 대좌사우리축 등지친운상묘 건륭 10년 축 5월 23일 립(琉球國 那霸府 大佐事友利筑 登之親雲上墓 乾隆十年乙丑五月廿三日立)'이라 쓰여 있다. 쿠둔페친筑登之親雲上는 류큐국의 위계.

채온蔡溫의 산기山気

채온의 임정론林政論 총론으로 자리매김하는 『산산법식장杣山法式帳』(이하 『법식장法式帳』)은 풍수론이 설명의 기초가 되고 있다. 아래에 『일본농서전집日本農書全集』[232]에 수록되어 있는 현대어 번역을 이용하여 소개한다.

> 산의 갑자기 일어서는 경사면을 '봉지峰地'라고 하고, 또 완만하게 일어서는 경사면을 '영지嶺地'라고 한다. (……) 좌우에 높은 산이 있어 그 사이의 골짜기 바닥이 평평하게 되어 있는 땅을 '간지澗地'라고 한다. '영지'앞에 마주보고 있는 높은 산을 '대치対峙'라고 한다. '영지' 뒤에 있는 높은 산을 '조산祖山'이라고 한다. 마찬가지로 마주보는 좌우의 높은 산을 '상대치相対峙'라고 한다. 또, 산기山気가 새지 않도록 산들이 둘러싸고 있는 상태를 '포호抱護'라고 한다. 그 '포호'의 좌우 양쪽에서 나와, 의상衣裳의 깃襟을 맞부딪치듯이 엇갈리는 장소를 '포호抱護의 폐閉'라고 한다.

이와 같이 기본 용어 설명을 한 후에, '봉지峰地', '영지嶺地', '간지澗地', '포호抱護'의 조건의 조합에 따라서 수목 생육의 좋고 나쁨을 논한다.

---

232) 蔡溫 外 著(加藤衛拡 現代語 訳·解題),「林政八書」,『日本農書全集』57, 農文協, 1997.

'소마야마杣山'는 사람의 행동방식에 따라 성쇠가 생겨 버린다. '포호'가 굳게 닫혀 있고, 나무들이 기운을 되찾으면, 산기山気가 풍부해져 나무들은 더욱 더 높이 자라고, 그 산은 점점 풍요로워진다. 또, '포호'의 닫힌 입구의 나무들을 베어 내면, 산기山気가 새어나가 깊은 산속까지 차츰 나무가 상한다. 다음에 자라나는 어린나무는 높이 자라지 않고, 결국에는 덤불이 되어 버린다.

'소마야마杣山'는 류큐 왕국의 국유림이다.

『법식장法式帳』에 보이는 풍수론을 복건의 『현관玄関』과 비교하면, 같은 점과 다른 점이 있음을 알 수 있다. 『법식장』의 '영지嶺地'는 복건 풍수론의 용어 '후룡後龍'에 해당한다. '후룡'의 뒤에는 산맥이 이어져 그 갈라지는 지점에 위치하는 산을 '조산祖山'이라고 부르는 것은 양쪽이 같다. 『법식장』에서 '포호抱護의 폐폐閉'는 『현관』에서 말하는 '수구水口'에 해당한다. 지형을 읽는 방법에서, 『법식장』은 복건의 풍수론을 완전히 따르고 있다고 할 수 있다. 채온은 복건에서 유학했을 때, 산맥을 따라 전해 온 '기気'가 어디에 응집하는지 판별하는 방법을 배운 것이다.

중국의 풍수 사상은 기気의 흐름을 기준으로 발전해 왔기 때문에 각 토지의 고유성에 대해서는 그다지 크게 고려하지 않았다. 흐름만 유지되면, 설령 산지가 민둥산으로 되어 있다 해도 산등성이에 몇 안 되는 나무만 남으면 그것으로 충분하다고 한다. 중국에서는 마을에서 하천이 흘러나오는 곳을 수구水口로 보고, 좋은 기가 마을 지역에서 흘러나가지 않고, 나쁜 기가 하류에서 마을로 거슬러 흘러들어오지 않도록 나무를 남긴다. 그러나, 그것은 단 한 그루의 큰 나무로도 충분하다고 여겼다.

풍수림(복건성·영덕寧德)

채온의 포호抱護는 이 수구水口의 이론에 따르면서도, 그 구체적인 모습은 크게 다르다. 일본의 사색思索에 나타나는 '수토水土'에 가까운 감각을 채온은 가지고 있다. 포호는 단순한 흐르는 기의 방파제가 아니다. 기의 흐름을 땅에 연결시켜 그 장소의 '수토'를 기른다. 한편으로는 큰 용맥의 구도를 내다보면서도 동시에 국지적인 땅의 개성을 신경 쓴다. 이러한 채온 사상의 양면성이 산업 시대에 세계 각지에서 진행된 자연의 황폐로부터 류큐를 보호한 것이다.

사토야마里山의 얼굴[顔]

마을 인근에 우거진 숲에는 각각의 표정이 있다. 자연과 인간과의 관계에 관심을 가지기 시작하면서 사토야마里山의 생김새가 궁금해졌다.

중국 복건성福建省. 수송水松과 만난 병남현屛南県을 뒤로하고 차로 산을 내려왔다. 산지를 다 내려와 곧 평야로 나가려고 하였다. 큰 커브를 돌았을 때 계곡을 사이에 둔 맞은편의 능선에 띠 모양의 숲이 이어져 있었다. 황급히 운전사에게 부탁해 차를 세우고, 차 밖으로 나가 그 숲을 바라보았다. 그 숲은 상록 활엽수가 만든 조엽수림照葉樹林으로, 여름 햇살을 받아 암록색 잎이 반짝반짝 빛났다. 숲속 검은 그림자! 복건의 숲은 용맥을 따라 띠 모양으로 이어져 있었다. 산에서 내려온 기氣는 이 숲에 이끌려 마을로 내려가는 것이다.

일본은 시코쿠四国. 대학원생이던 나는 중국 동남부의 지역사를 배우고 있었다. 당시 중국은 아직 외국인에게 산촌을 돌아다니는 것을 허락하지 않았다. 복건福建·절강浙江의 기온과 강수량, 지세를 조사한 결과, 일본에서 가장 비슷한 땅이 시코쿠임을 알게 되었다. 봄방학 일주일간, 시코쿠의 산촌을 종단할 계획을 세우고 걷기 시작했다. 사누키讃岐 평야의 마을에는 경작지에 둘러싸여 울창한 진수鎭守의 숲이 우거져 있다. 그런데 일단 산지에 들어서자 길이 끊겼다. 지도에는 있는 산촌이 과소화過疎化로 인해 황폐한 폐촌이 되었다. 폐가의 다다미는 썩었고, 구르는 도자기 찻잔 하나에 저무는 해가 하얗게 되비치고 있었다. 폐촌 주위의 숲은 사람의 손길도 없이 빽빽이 자랐다. 그러나 그 숲은 인간과의 관계를 잃어버렸다.

오키나와沖縄현의 나고名護 시. 그곳의 민가는 짙은 녹색의 상록수에 안기듯이 세워져 있다. 후쿠기福木(Garcinia subelliptica)이다. 후쿠기는 풍수 사상에 따라 기氣를 놓치지 않기 위해 심어졌다. 채온의 말로 하면 '포호抱護'의 숲이다. 그리고 마을에는 신들과 교감하는 숲森(ムイ)이 있다. 거의 사람의 손이 닿지 않는 원시림 속에, 절대 남자는 발을 들여놓지 못하게 했던 성역聖域이다. 어악御嶽(우타키)라고 불린다. 일본 진수鎭守의 신사[杜]233)를 떠올리게 하지만, 신전은 아니다. 거기에 있는 것은 순수한 생태 환경이다. 일본에서도

신도神道가 제도화되기 전에는 이러한 성역이 여러 곳에 있었으리라. 나는 오키나와에서 숲ㅅㅓ에 몸을 담그고, 풍수와 수토水土가 교감하는 모습을 보았다.

진수鎭守의 신사 엄도신사의 후박나무

사람의 환경을 인식하는 틀이 다르면, 사람의 손길이 미친 다음의 생태 환경은 크게 달라진다. 일본에는 용맥龍脈이라는 발상이 없고, 중국에는 수림樹林에 성역이 있다는 감성은 없다. 어느 쪽이 올바르게 숲과 접하는 방법이냐가 아니라, 각각이 전승해 온 자신의 문화를 존중하면서, 배워야 할 점을 서로 배우면서 지구 환경을 염두에 둔 새로운 환경학을 발전시켜 나가야 할 것이다.

---

233) 카가와현香川県 사이타쵸財田町 엄도신사嚴島神社. 높이 22m의 후박나무를 중심으로 한 상록광엽수림의 사총社叢이 있다.

저자 후기

풍수를 하나의 주제로 내가 의식하기 시작한 것은, 코지마 신지 小島晋治 선생의 대학원 연습演習에서 『문속록問俗錄』이라는 이름의 교재를 읽었던 때로 거슬러 올라간다. 이 교재는 중국 호남성湖南省 출신 관료가 19세기 전반부에 복건福建과 대만台湾의 지방 장관을 역임하며, 그때 만났던 풍속을 자세하게 기록한 책이다. 그중에 풍수에 관한 항목이 몇 가지 포함되어 있었다. 그 일부를 이 책에서도 소개했다.

이 관료는 복건 사람들은 이상할 정도로 풍수에 집착한다고 적고 있다. 나는 그 문장의 한문을 읽어 내려가며 일본어 번역문을 만들게 되었다. 그 당시에 풍수란 무엇인가가 문제가 되었다. 무라야마 지준村山智順의 『조선의 풍수』를 도서관에서 빌려와, 거기에 그려져 있는 환경 인식의 세계에 눈이 열리면서 간신히 번역문을 써낸 것이다. 무라야마의 책은 풍수론의 고전으로서의 지위를 지금도 유지하고 있다.

때마침 일본은 거품 경제, 땅 투기라는 폐해를 동반하면서 잇따라 고층 빌딩이 세워졌다. 포스트모던post modern이라는 풍조가 학술계를 석권하고 있었다. 건축의 영역에서는 근대가 만들어 낸 정사각형의 효율 일변도의 빌딩을 대신하여 포스트모던이라고 불리는 건축이 유행했다. 이러한 유행의 하나로 풍수도 휩쓸려 들었던 것이다. 건축이나 도시 계획의 영역에서 불붙은 풍수에 대한 관심은 문화인류학으로 확산되어 더 나아가서는 중국 사상 연구로도 파급되었다. 옆에서 보기에도 설레는 시기였다고 할 수 있다. 미국발 팝 문화pop culture에 싫증 난 젊은이의 관심은 홍콩과 동남아 등의 흙냄새를 풍기며 뜨거운 열기를 뿜어내는 지역으로 번져 나가 에스닉ethnic(민족적인)이라는 정체를 알 수 없는 무국적인 문화가 서로 뒤섞이면서 일본에 유입되었다. 이 가운데 역시 풍수도 있었다. 홍콩에서 포스트모던을 구현하는 듯한 홍콩상해은행 본사 건물이, 홍콩에서 가장 풍수가 좋은 지점에 지어져 있다고 한다. 이 풍수를 깨기 위해, 전면 유리로 된 삼각형의 중국은행이 나쁜 기운을 홍콩상해은행 건물에 쏘듯이 세워졌다 하더라는 얘기가 아시아의 각지로 나가는 젊은이들의 입에 오르내리고 있었다. 요즘 풍수를 말할 때 빼놓을 수 없는 와타나베 요시오渡辺欣雄(문화인류학)씨, 미우라 쿠니오三浦國雄(동아시아 사상)씨 등의 풍수에 관한 중요한 업적도 1980년대 후반부터 1990년대 초반에 모두 나왔다.

그러나, 거품 경제가 꺼지며 풍수라는 말도 위축된다. 땅을 논하고 도시를 말하는 용어에서 집을 고르는 방법, 나아가 가구의 배치 등 풍수 인테리어라고 하는 형태로. 개인의 일상사를 정리하는 방법으로 풍수라는 말이 쓰이게 되었다. 이것도 일본에서 사는 사람들의 관심이 작게 축소되어 버렸기 때문일 것이다.

나의 풍수에 대한 평가도 항상 흔들려 왔다. 나는 심술궂기에 풍수가 유행할 때는 풍수는 어디까지나 유사 과학일 뿐임을 강조하고, 풍수에 관해 말할 때는 반드시 그 한계를 언급했다. 그 무렵 주로 야외수업의 대상으로 삼았던 절강성에서는 풍수가 너무 추상화되었기 때문에 '숲을 베고 나무 한 그루만 남기고 이것으로 풍수는 보호되고 있다'는 경향이 강했던 것도 있어 풍수를 무조건 친환경적인 인식론으로 내세울 생각은 하지 않았다.

그러나, 풍수의 유행이 지나가고 논의가 위축되자, 이번에는 근대적인 학문적 지식과는 다른 재미를 풍수론이 갖추고 있다고 강조하게 된다. 우연하게 지역도 절강성浙江省에서 복건성福建省으로 넓혔다. 복건성에서 이 책「사토야마里山의 얼굴」에 소개한 띠 모양의 숲을 보았을 때, 풍수도 좀 더 잘되지 않을까 하고 실감한 것도 하나의 계기가 되었다.

21세기가 되어 북경올림픽이다, 상해박람회다 하고 중국 사람들이 들뜨면서 풍수의 본고장인 중국에서 풍수 열풍이 불고 있다. 잘 팔리는 책만 진열하는 공항 면세점에서도 풍수 서적 코너가 반드시 있을 정도이다. '풍수의 본고장인 중국의 풍수 붐을 일본에서 소개하는 것도 중국 연구자의 책임 중 하나가 아닐까' 하고, 다시금 풍수에 관한 서적과 풍수서를 읽기 시작한 것이다.

이 책을 집필하는 데는 풍수에 대한 이러한 나 자신의 흔들림을 반영해서인지, 집필이 부진하여 편집을 담당하신 농문협農文協『중국문화백화中国文化百華』의 편집실, 특히 이가와 고조井川宏三씨와 히로오카 준広岡純씨에게 많이 폐를 끼쳤다. 처음에는 졸저『숲과 초록의 중국사森と緑の中国史』의 속편과 같은 것을 의뢰하였는데, 풍수에 관한 저작물로 둔갑한 것도, 필자인 나의 힘이 부족했기 때문이다. 고생하신 편집자분들을 위해서도, 한 사람이라도 더 많은 독자가 이 책을 손에 들고 자신이 사는 환경을 다른 시각으로 보려고 생각해 주신다면 이것만큼 기쁜 일은 없으리라.

2007년 5월 층층나무水木 꽃이 필 무렵

저   자

참고 문헌

풍수에 관한 문헌은 다수 있으므로, 여기에는 학술적으로 제대로 된 서적을 산정하여 게재한다. 또한, 이 책을 집필할 때 직접 참조한 문헌은 본문 각주에 알려 둔다.

고전적 연구

徐世彦, 『地理独啓玄関』, 間建書林, 1632

デ·ホロート, 牧尾良海 訳, 『風水—地霊人傑の思想』, 大正大学出版部, 1977

村山智順, 『朝鮮の風水』, 朝鮮総督府(復刊 : 国書刊行会, 1972), 1931

철학·사상에서의 연구

三浦國雄, 『中国人のトポス』, 平凡社, 1988

三浦國雄, 『気の中国文化—気·養生·風水·易』, 創元社, 1994

三浦國雄, 『朱子と気と身体』, 平凡社, 1997

三浦國雄, 『風水·暦·陰陽師—中国文化の辺縁としての沖縄』, 榕樹書林, 2005

三浦國雄, 『風水講義』, 文藝春秋, 2006

何曉昕·三浦國雄 監訳, 『風水探源』, 人文書院, 1995

牧尾良海, 『風水思想論考』, 山喜房仏書林, 1994

加納善光, 『風水と身体—中国古代のエコロジー』, 大修館書店, 2001

　* 앞으로 활약이 기대되는 젊은 연구자로 宮崎順子가 있다.

민속학·문화인류학에서의 연구

窪德忠 編, 『沖縄の風水』, 平河出版社, 1990

渡邊欣雄, 『風水思想と東アジア』, 人文書院, 1990

渡邊欣雄, 『風水—気の景観地理学』, 人文書院, 1994

渡邊欣雄·三浦國雄 編, 『風水論集』, 凱風社, 1994

瀬川昌久, 『族譜—華南漢族の宗族·風水·移住』, 風響社, 1996

聶莉莉·曽士才·韓敏·西沢治彦, 『大地は生きている—中国風水の思想と実践』, 2000

  * 앞으로 활약이 기대되는 젊은 연구자로 水口拓寿 등이 있다.

중국어 최근 출판된 특색 있는 책으로 한정하였다.

程建軍·孔尚朴, 『風水与建築』, 以西科学技術出版社, 2005

程建軍 編, 『中国風水羅盤』, 江西科学技術出版社, 2005

龍彬, 『風水与城市営建』, 江西科学技術出版社, 2005

于希賢·于涌, 『中国古代風水的理論与実践』, 光明日報出版社, 2005

郭或 編, 『風水史話』, 華夏出版社, 2006

▌저자 촬영

p87, 93, 106, 149, 150, 154~5, 157, 182, 188~9, 197, 201, 220, 224~5, 278~9, 282, 284

옮긴이의 말

　이 책은 릿쿄대立敎大 문학부의 환경사 관련 연구자인 역사학자 우에다 마코토上田 信 교수의 저서이다. 나는 이 책을 박사과정 지도 교수이신 최재목 교수님의 권유로 번역하게 되었다. 처음에는 번역할 자신이 없어 거듭 사양하였다. 교수님께서는 번역 또한 하나의 공부 방법론임을 강조하시며 전공자(이제는 까마득한 내 학부 전공은 일본학이었고, 오십 중반에야 진학한 대학원 석사과정에서 풍수지리를 공부했다)는 못 한다는 말을 해서는 안 된다며 끝까지 해낼 수 있도록 용기를 주셨다. 교수님이 계셔서 이렇게 책으로 엮어져 나왔다. 많이 부족하고 완성도가 떨어진 문장이지만 늦은 나이에 다시 공부를 시작한 만큼 무언가를 도전하여 마무리 짓는다는 일은 그 자체가 동기 부여가 되는 경험이었다.

　이 책은 『지리독계현관地理獨啓玄關』(이하 『현관』)을 바탕으로 중국 풍수 부분을 설명하고 있다. 『현관』은 명나라 후기 서세언徐世彦이 편찬하고 복건성福建省에서 출판되었는데, 예전의 중국 풍수서와는 달리 그 지역의 전문성이 있다. 새로운 견해를 제시할 때는 반드시

291

선행 풍수서를 언급하고, 기존의 논의와 자신의 독창적 기술을 명확히 밝히며, 책 앞부분에는 저자가 참조한 지리서의 목록을 게재했다. 『풍수 환경학』(원서명 『風水という名の環境学』)은 이러한 특징을 활용하여 중국인의 풍수관을 원리부터 풀어내 자연과 인간 사이에 조화로운 공간 질서가 어떻게 생기는지를 규명하고, 일본의 전통적 환경관도 소개하면서 일본과 중국의 땅에 대한 개념 차이를 비교하고 있다.

중국과 일본은 내륙과 섬이라는 큰 틀에서 다른 지형의 환경이며 풍수에서 가장 중요한 개념인 기氣에 대한 이해의 관점도 다르다. 중국은 기가 산맥을 따라 흐른다는 용맥龍脈 개념이고, 일본은 물과 토양, 기후 식생의 풍요로운 생태 환경 속에서 저절로 기가 솟아나 산·바위·나무 등 자연에 기인한 신들로 의식·신앙되어 수림樹林에 성역聖域이 있다는 개념이다. 그러나 양국 모두 기는 생물에 활력을 주고 물 흐름의 조절로 자연재해가 일어나지 않도록 하는 힘이라는 생각은 같았다. 이처럼 두 나라는 지역적 환경과 문화적 양식은 다르지만, 시간대를 초월하여 안정된 생활을 유지하기 위하여 자연환경과 적절히 조화를 이루며 함께하려고 끊임없이 노력해 왔다. 그 사실은 이 책을 통해 확인할 수 있을 것이다.

오늘날 우리는 산업 발달로 무분별하게 자연이 훼손되고 환경 오염으로 심각한 지구 온난화의 위기에 처해 있다. 지금 이 시점에서 우리나라는 물론 일본·중국 각각의 환경 속에서 만들어진 전통적 환경관으로 눈을 돌려 전승해 온 문화를 존중하며 바람직한 새로운 환경관의 방향을 모색해야 할 필요성을 느낀다. 이것이 현재 환경학적 관점의 풍수관이라 생각된다.

끝으로 책이 나오기까지 추천과 감수를 해 주신 최재목 교수님께 다시 한번 감사의 인사를 올리며, 아울러 21세기문화원의 출판에도 깊은 감사의 말씀을 드린다. 일이 원만하게 해결되도록 도와주신 엔터스코리아의 최다연 과장님과 원고를 최종 검토해 주신 이 책의 저자 우에다 마코토 교수님께도 심심한 사의를 표한다.

2022년 5월 2일
옮긴이 조용미

풍수 환경학

2022년 6월 1일 초판 1쇄 인쇄
2022년 6월 10일 초판 1쇄 발행

지은이 우에다 마코토
감수자 최재목
옮긴이 조용미
펴낸이 류현석

펴낸곳 21세기문화원
등 록 2000.3.9 제2000-000018호
주 소 서울 성북구 북악산로1가길 10
전 화 923-8611
팩 스 923-8622
이메일 21_book@naver.com

ISBN 979-11-973329-5-1 93150

값 42,000원